Gottfried Kinkel

Ausgewählte Tragödien

Gottfried Kinkel

Ausgewählte Tragödien

ISBN/EAN: 9783743309951

Hergestellt in Europa, USA, Kanada, Australien, Japan

Cover: Foto ©Thomas Meinert / pixelio.de

Manufactured and distributed by brebook publishing software (www.brebook.com)

Gottfried Kinkel

Ausgewählte Tragödien

AUSGEWÄHLTE TRAGÖDIEN DES EURIPIDES.

FÜR DEN SCHULGEBRAUCH ERKLÄRT

VON

DR. GOTTFRIED KINKEL,
DOCENTEN DER CLASSISCHEN PHILOLOGIE IN ZÜRICH.

ERSTES BÄNDCHEN:

PHÖNISSEN.

BERLIN.
H. EBELING & C. PLAHN.
1871.

SEINEM VEREHRTEN LEHRER,

HERRN PROF. DR. HERMANN KÖCHLY

IN HEIDELBERG

DER VERFASSER.

EINLEITUNG.

In den **Phönissen** behandelt Euripides den durch die Waffen ausgekämpften Streit der feindlichen Brüder Eteokles und Polyneikes. Um die eigenthümliche Stellung des Dichters zu dieser Episode der Oedipusfabel zu kennzeichnen, wollen wir uns zuerst bei seinen Vorgängern umsehen, und daraus die Kenntniss der Anregungen schöpfen, die Euripides von dorther empfangen hat. Daraus ergeben sich dann sofort die dem Dichter selbst angehörenden Abweichungen und Neuerungen.

In den homerischen Gedichten wird des Oedipus und seines Geschlechtes an mehreren Stellen erwähnt. So heisst es λ 271 ff.:

Μητέρα τ' Οἰδιπόδαο ἴδον, καλὴν Ἐπικάστην,
ἣ μέγα ἔργον ἔρεξεν ἀϊδρείῃσι νόοιο,
γημαμένη ᾧ υἱεῖ· ὁ δ' ὃν πατέρ' ἐξεναρίξας
γῆμεν· ἄφαρ δ' ἀνάπυστα θεοὶ θέσαν ἀνθρώποισιν.
ἀλλ' ὁ μὲν ἐν Θήβῃ πολυηράτῳ ἄλγεα πάσχων
Καδμείων ἤνασσε θεῶν ὀλοὰς διὰ βουλάς·
ἣ δ' ἔβη εἰς Ἀΐδαο πυλάρταο κρατεροῖο,
ἁψαμένη βρόχον αἰπὺν ἀφ' ὑψηλοῖο μελάθρου,
ᾧ ἄχεϊ σχομένη· τῷ δ' ἄλγεα κάλλιπ' ὀπίσσω
πολλὰ μάλ', ὅσσα τε μητρὸς Ἐρινύες ἐκτελέουσιν.

Sodann Ψ 677 ff.:

Εὐρύαλος δέ οἱ οἶος ἀνίστατο, ἰσόθεος φώς,
Μηκιστέος υἱὸς Ταλαϊονίδαο ἄνακτος,
ὅς ποτε Θήβασδ' ἦλθε δεδουπότος Οἰδιπόδαο
ἐς τάφον· ἔνθα δὲ πάντας ἐνίκα Καδμείωνας.

Und zuletzt Δ 376 ff. vom Streit der Brüder:

Ἤ τοι μὲν γὰρ ἄτερ πολέμου (Tydeus) εἰσῆλθε Μυκήνας
ξεῖνος ἅμ' ἀντιθέῳ Πολυνείκεϊ, λαὸν ἀγείρων.
οἱ δὲ τότ' ἐστρατόωνθ' ἱερὰ πρὸς τείχεα Θήβης,
καί ῥα μάλα λίσσοντο δόμεν κλειτοὺς ἐπικούρους·
οἱ δ' ἔθελον δόμεναι καὶ ἐπῄνεον ὡς ἐκέλευον·
ἀλλὰ Ζεὺς ἔτρεψε παραίσια σήματα φαίνων.
οἱ δ' ἐπεὶ οὖν ᾤχοντο ἰδὲ πρὸ ὁδοῦ ἐγένοντο,

EINLEITUNG.

Ἀσωπὸν δ' ἵκοντο βαθύσχοινον λεχεποίην,
ἔνθ᾽ αὖτ᾽ ἀγγελίην ἐπὶ Τυδῆ στεῖλαν Ἀχαιοί.
αὐτὰρ ὃ βῆ, πολέας δὲ κιχήσατο Καδμείωνας
δαινυμένους κατὰ δῶμα βίης Ἐτεοκληείης.

(Folgt die Beschreibung eines Abenteuers des Tydeus; vgl. dazu *E* 802 ff. *K* 285 ff.)

Während sich nun das Stück aus λ durch eine auffallende Kürze und Knappheit auszeichnet und wir in Ψ eine beiläufige Erwähnung des Oedipus vor uns haben, setzt die in Δ enthaltene Geschichte die Bekanntschaft mit der Ursache der Feindschaft zwischen Eteokles und Polyneikes bei dem Hörer resp. Leser voraus. Ja, es werden die Eltern der Beiden nicht einmal genannt*).

Da trat nun ein im Alterthum hochberühmtes Gedicht, die dem sog. epischen Cyclus angehörende Thebais, in die Lücke. Sie behandelte 1) Ursprung und Ursache des verhängnissvollen Streits, 2) den Streit selbst, 3) den Zug der mit dem vertriebenen Polyneikes verbündeten Argeier gen Theben und den Tod der beiden Brüder. Oedipus, so sang der Dichter dieses herrlichen Epos, wurde durch die ihm von seinen Söhnen zugefügten — wirklichen oder vermeintlichen — Beleidigungen so aufgebracht, dass er sie verfluchte und die Götter bat, ihnen unaufhörlichen Streit und Wechselmord zu Theil werden zu lassen**).

Während nun die Thebais den ganzen Heerzug der von Adrastos geführten Argeier mitsammt dem Zweikampf der Brüder umfasste, scheint der Dichter der Oedipodia sich auf die Schicksale des Oedipus beschränkt zu haben***). Dieselbe Richtung befolgte der um Ol. 33 angesetzte Pisander von Kamiros, über dessen Leistungen auf dem Gebiete der Oedipusfabel ein ausführliches Scholion†) berichtet. Sicher ist, dass beide Dichter den auf Oedipus und dessen Vorfahren bezüglichen Mythencyclus bedeutend erweitert und mannigfach ausgeschmückt haben; so berichteten beide, dass Oedipus von Iokaste keine Kinder gehabt, sondern

---

*) Bei Hesiod finden sich nur zwei beiläufige Erwähnungen des Oedipus: WW. u. TT. 163 und Fr. 152 Goettl. (ed. 2).

**) So setzt Polyneikes dem Vater einige von Kadmos herrührende Familiengeräthe (einen silbernen Tisch und einen Becher) vor; als dieser sie erkennt, glaubt er, seine Söhne wollten ihn — durch diese Hinweisung auf seinen Vater — kränken (αἶψα δὲ παῖσιν ἑοῖσι μετ᾽ ἀμφοτέροισιν ἐπαρὰς | ἀργαλέας ἠρᾶτο, θεὸν δ᾽ οὐ λάνθαν᾽ Ἐρινύν, | ὡς οὔ οἱ πατρώα ἐνὶ φιλότητι δάσαιντο, | ἀμφοτέροισι δ᾽ ἀεὶ πόλεμοί τε μάχαι τε [γένοιντο] — Fr. 1 bei Athen. XI S. 465 E — 466 A); dann schicken ihm die beiden Söhne ein Hüftstück; auch darin sieht der alte Mann eine Beleidigung (ῥίπτο δὲ Διὶ βασιλῆι καὶ ἄλλοις ἀθανάτοισι | χερσὶν ὑπ᾽ ἀλλήλων καταβήμεναι Ἄϊδος εἴσω — Fr. 2 bei Schol. zu Soph. Oed. Kol. 1377).

***) Dazu die Notiz über den Epiker Epimenides (Schol. zu Eur. Phoen. 13): Ἐπιμενίδης Εὐρύκλειαν τὴν Ἔκφαντος φησιν αὐτὸν (den Laios) γεγαμηκέναι, ἐξ ἧς εἶναι τὸν Οἰδίποδα.

†) Schol. zu Eur. Phoen. 1760 (Dindorf. Scholl. Grr. in Eur. Tragg. Bd. III. S. 407 ff.).

EINLEITUNG.

nach dem Tode derselben die Euryganeia (Eurygane bei Pisander) geehelicht und mit dieser dann die vier bekannten Kinder Eteokles, Polyneikes, Antigone und Ismene gezeugt habe *). Auch die Sage von der Sphinx und deren Verhältniss zu den Thebanern und zu Oedipus wurde hier zuerst eingehend behandelt. Aus den Lyrikern lässt sich für unseren Zweck so gut wie nichts entnehmen **). Dagegen bezeichnet das Auftreten des Aeschylus eine neue Epoche. 467 führt er den Streit der Brüder als den Theil einer Tetralogie auf, die aus folgenden Stücken bestand: Laios, Oedipus, Sieben gegen Theben, mit der „Sphinx" als Satyrspiel***). Die uns erhaltenen Sieben gegen Theben verrathen die Grösse der Auffassung und die Idealität, deren Aeschylus fähig war; sie sind ein Product der alten, für uns durch Aeschylus vertretenen Richtung der dramatischen Poesie und das Vorwiegen des rein kriegerischen Elements rechtfertigt die Bezeichnung Ἄρεως μεστόν, die bei Aristophanes†) dem Dichter selbst in den Mund gelegt wird. Das Stück beginnt mit einer muthigen Ansprache des Eteokles; sodann erscheint ein Bote, der das Herannahen und die Vorbereitungen des feindlichen Heeres beschreibt und namentlich den König auf die Absicht des Feindes, die sieben Thore der Stadt durch ebensoviele Heerhaufen anzugreifen, aufmerksam macht. Nachdem Eteokles seinen Entschluss kundgegeben hat, durch sieben an den Thoren aufgestellte Anführer diesem Angriff zu begegnen, geht er ab, um den Widerstand zu organisiren††). Inzwischen ertönt das erste, von thebanischen Jungfrauen vorgetragene Chorlied, das die Furcht und Angst der jungen Mädchen wiederspiegelt und ausserdem von den inbrünstigsten Gebeten an verschiedene Gottheiten angefüllt ist. Der wiederkehrende Eteokles tadelt diese unzeitgemässen Schmerzensrufe und spricht dem geängstigten Chor Trost und Muth ein. Ein darauf folgendes zweites Chorlied zeugt von der grösseren Ruhe des Chors und läuft in seinem Schlusstheile in eine ergreifende Schilderung der Erstürmung einer Stadt aus†††). Daran schliesst sich eine lange Unterredung zwischen Eteokles und dem Boten in der Weise, dass der letztere die einzelnen Heerführer der Argeier beschreibt, während der König über die von ihm bezeichneten Vertheidiger der thebanischen Thore berichtet. Somit treten den sechs argivischen Helden Tydeus, Kapaneus, Eteoklos, Hippomedon, Parthenopäos und Amphiaraos die sechs thebanischen

---

*) Sie schlossen sich somit an Homer oder vielmehr an die Stelle der Odyssee an, wo die Ehe des Oedipus und der Epikaste (der späteren Iokaste) kinderlos bleibt.
**) Zug der Sieben, Pindar Nem. IX, 9—27. Isthm. VII, 10 f.
***) Diese von Franz im J. 1848 entdeckte Didaskalie s. bei Ritschl Aeschyli Septem ad Thebas S. 3.
†) Frösche 1021.
††) V. 1—77 (Dind.).
†††) V. 78—368.

Krieger Melanippos, Polyphontes, Megareus, Hyperbios, Aktor und Lasthenes entgegen*). Aber noch ein Kämpferpaar bleibt übrig. Nachdem der Bote den Polyneikes als den siebenten feindlichen Anführer genannt hat, gibt Eteokles seinen festen Entschluss kund, den Bruder aufzusuchen und rüstet sich, allen Bitten und Abmahnungen des Chors zum Trotz, znm Kampfe.**) Nach einem auf Laios und Oedipus, sowie auf die Macht des Schicksals bezüglichen Chorlied erscheint der Bote mit der Nachricht, dass der Sieg auf Seite Thebens sei, aber die beiden Brüder sich gegenseitig getödtet hätten. Der Chor freut sich über den Sieg, beklagt aber den Tod der beiden Brüder***). Inzwischen erscheinen Antigone und Ismene mit den Leichen; es folgt ein Klagelied ($κομμός$), das durch das Erscheinen eines Herolds unterbrochen wird, der einen Beschluss der Behörde mittheilt, wonach nur Eteokles eines Begräbnisses theilhaftig werden, während Polyneikes' Leichnam der Verwesung und den Hunden überlassen werden soll. Dagegen erhebt sich nun Antigone; sie erklärt, sie werde trotz des Verbotes ihren Bruder bestatten. Das Stück schliesst damit, dass der Chor sich in zwei Hälften spaltet, deren eine sich der Antigone anschliesst, während die andere die Auffassung der Behörde theilt†).

Auch Sophokles hat sich mehr als einmal mit der Oedipusfabel beschäftigt; ausser der 440 aufgeführten Antigone dichtete er den Oedipus König, von dem wir nicht wissen, wann er zuerst auf die Bühne gebracht wurde††), und den Oedipus auf Kolonos, der, einem ausdrücklichen Zeugnisse zufolge†††), erst 401, also vier Jahre nach dem Tode des Dichters, zur Aufführung gelangte. Von diesen Dichtungen waren also nur Antigone und Oedipus König dem Euripides bekannt: da sie aber nicht den Streit der Brüder betreffen, sondern vor resp. nach demselben spielen, kommen sie hier nicht in Betracht.

Von wem hat nun Euripides die wichtigsten Anregungen empfangen? Um es gerade herauszusagen: von den von uns beschriebenen Sieben gegen Theben des Aeschylus. Dieses Drama war ein Hauptwerk des grossen Meisters und erfreute sich einer verdienten Popularität; somit muss es auch auf Euripides einen grossen Eindruck gemacht haben. Er hat es fleissig studirt und sich in manchen Punkten daran angeschlossen. Dabei hat er aber die von den Fortschritten des Dramas geforderten Veränderungen vorgenommen: Während Aeschylus der Erzählung eine grosse Rolle zuweist, ist bei Euripides die Entwickelung der Charaktere die Hauptsache.

---

*) V. 369—630.
**) V. 631—719.
***) V. 720—860.
†) V. 861 bis Ende.
††) Wahrscheinlich 429. Vgl. K. Fr. Hermann. Quaestt. Oedipodeae. Marburg 1837.
†††) Hypothesis zu Soph. Oed. auf Kolonos.

EINLEITUNG.

Aeschylus ist episch, Euripides dramatisch. Aeschylus scheut sich nicht, uns 300 Verse hindurch die bis in's Einzelste beschriebenen thebanischen und argivischen Helden vorzuführen: Euripides legt weit mehr Gewicht auf die Hauptpersonen und tadelt einmal in nicht misszuverstehender Weise die epische Breite seines Vorgängers*). Somit erhalten wir zwei Kunstwerke, deren jedes in seiner Zeit steht und durch seine Zeit verstanden werden will; zwei Dramen, die dem Stoffe nach verwandt, als die reichsten Erzeugnisse zweier grosser Geister erscheinen und schon dadurch zu ernster Vergleichung auffordern. Wenn nun das schliessliche Resultat des Kampfes der feindlichen Brüder — also der Tod — von Euripides nicht umgestossen wird, so hat doch der Dichter, indem er sich zahlreiche Abweichungen im Einzelnen erlaubt hat, eine Menge von Schönheiten geschaffen, die, so lange die Welt steht, alle fühlenden Menschen entzücken werden. Während bei seinen Vorgängern Iokaste sich unmittelbar nach der verhängnissvollen Entdeckung den Tod gibt, bleibt sie bei Euripides noch leben und erscheint in einer der effectvollsten Rollen, die es je gegeben hat. Zunächst spricht sie den Prolog; in einfachen, aber tiefgefühlten Worten drückt sie das namenlose Leid aus, das sie und ihr Haus betroffen. Sodann dient sie als Vermittlerin; sie macht noch einen Versuch, die Söhne mit einander auszusöhnen und führt so die in echt euripideischem Style gehaltene Scene herbei, in der die beiden Brüder, anstatt sich zu nähern, ihren gegenseitigen Hass zur blinden Wuth anwachsen lassen. Wie ergreifend ist das Zusammentreffen der greisen Mutter mit ihrem innigst geliebten jüngeren Sohne, wie rührend die an beide Söhne gerichteten Ermahnungen! — Und dann Oedipus. Beide Dichter (Aeschylus und Euripides) folgen der Erzählung der Thebais, wonach der blinde König von seinen Söhnen vernachlässigt wird**) und ihnen darum flucht; aber von hier an gehen sie auseinander. Während bei Aeschylus der alte Mann bereits vollständig von der Lebensbühne verschwunden ist, lässt Euripides den blinden alten König fortleben. Schon hat das Stück mehrere Stunden gespielt, da lässt er ihn ganz unerwartet aus dem Palaste hervortreten und schafft so einen Auftritt, der durch das Uebermass von Leid, das sich am Schlusse des Stücks zusammendrängt, den furchtbarsten Eindruck hinterlässt. Auch das Auftreten der Antigone ist sehr wirksam.

Soweit die hauptsächlichsten Abweichungen von der bis zur Aufführung der Phönissen gangbaren Mythologie. Die übrigen Zuthaten erscheinen als freie Erzeugnisse der liebenswürdigen Phantasie des Dichters; von besonderer Wirkung muss der aus phöni-

---

*) S. V. 751 f. mit der Anmerkung.
**) Sieben 786 (Vernachlässigung); Phoen. 871 ff. (Einsperrung und Vernachlässigung).

ΤΑ ΤΟΥ ΔΡΑΜΑΤΟΣ ΠΡΟΣΩΠΑ

ΙΟΚΑΣΤΗ.
ΠΑΙΔΑΓΩΓΟΣ.
ΑΝΤΙΓΟΝΗ.
ΧΟΡΟΣ ΦΟΙΝΙΣΣΩΝ.
ΠΟΛΥΝΕΙΚΗΣ.
ΕΤΕΟΚΛΗΣ.
ΚΡΕΩΝ.
ΤΕΙΡΕΣΙΑΣ.
ΜΕΝΟΙΚΕΥΣ.
ΑΓΓΕΛΟΣ.
ΕΤΕΡΟΣ ΑΓΓΕΛΟΣ.
ΟΙΔΙΠΟΥΣ.

Vor dem Königspalaste in Theben. Die hintere Scenenwand stellt eben diesen Palast dar. Rechts Gebäude, die an den Palast anstossen; links der Weg in die Fremde. Rechts und links vom Zuschauer aus.

ΙΟΚΑΣΤΗ
(aus der Palastpforte heraustretend).

Ὦ τὴν ἐν ἄστροις οὐρανοῦ τέμνων ὁδὸν
καὶ χρυσοκολλήτοισιν ἐμβεβὼς δίφροις
Ἥλιε, θοαῖς ἵπποισιν εἰλίσσων φλόγα,
ὡς δυστυχῆ Θήβαισι τῇ τόθ᾽ ἡμέρᾳ
ἀκτῖν ἐφῆκας, Κάδμος ἡνίκ᾽ ἦλθε γῆν   5
τήνδ᾽, ἐκλιπὼν Φοίνισσαν ἐναλίαν χθόνα·

1 ff. Dieser Prolog ist echt euripideisch; wie in so vielen andern Tragödien unseres Dichters wird auch hier zuerst der Stammbaum der Hauptacteure in sehr eingehender Weise entwickelt. Erst dann kommt die allernächste Ursache des Auftretens des ersten Schauspielers in Betracht.
1—3. Ὦ τὴν — Ἥλιε] Diese Wortstellung mit dem nachgesetzten Vocativ dient zur Verstärkung des Ausrufs. Die Elektra des Sophokles hebt ebenso an: ὦ τοῦ στρατηγήσαντος ἐν Τροίᾳ ποτὲ | Ἀγαμέμνονος παῖ. Die Aehnlichkeit der beiden Stellen wurde schon von den alten Erklärern bemerkt, die daran die wunderliche Anecdote knüpfen, dass Sophokles und Euripides einander die Entbehrlichkeit der dem Vocativ vorangehenden Worte vorgeworfen hätten. Vgl. auch Hel. 386 f.: ὦ τὰς τεθρίππους Οἰνομάῳ Πῖσαν κάτα | Πέλοψ ἁμίλλας ἐξαμιλληθεὶς ποτε. Aehnlich der nachgesetzte Accusativ Med. 395 ff.
1. τέμνων ὁδόν, wie das engl.: to cut one's way.
2 f. S. unten 1562 f.: τὰ τέθριππα ... ἅρματα ... ἀελίου.
3. θοαῖς ἵπποισιν, Dativ des Mittels; vgl. Iph. Taur. 2: θοαῖσιν

ἵπποις. Stuten wurden wegen ihrer Schnelligkeit den Hengsten vorgezogen. (Köchly zu Iph. Taur. 2.) — εἰλίσσων φλόγα] εἰλίσσω bedeutet drehen, besonders im Kreise herum; hier ist es auf die Flamme bezogen und führt uns den feurigen Kreis vor, den dieselbe am Himmel beschreibt. Vgl. auch zu 5 f.
4—6. Dieses pathetische Zurückgehen auf den eigentlichen Ursprung des Uebels findet sich häufiger bei Euripides, so unten 803 ff., dann in der Medea gleich zu Anfang: εἴθ᾽ ὤφελ᾽ Ἀργοῦς μὴ διαπτάσθαι σκάφος | Κόλχων ἐς αἶαν κυανέας Συμπληγάδας, | μηδ᾽ ἐν νάπαισι Πηλίου πεσεῖν ποτὲ | τμηθεῖσα πεύκη κτλ. — Auch der wilde Ausbruch des Menelaos (Hel 386 ff.) gehört dahin. Schon die alten Erklärer machen auf diese Liebhaberei des Dichters aufmerksam (εὐεπίφορος δὲ ὁ Εὐριπίδης πρὸς ἕτερα πρόσωπα πρεσβύτερα τὴν τῶν δυστυχημάτων αἰτίαν ἀναφέρειν) und führen einige auf derselben Auffassung beruhende Stellen des Homer an, so E 62 ff. und ξ 68.
5 f. ὡς — ἐφῆκας erinnert an Soph. Ant. 100 ff.: ἀκτὶς ἀελίου τὸ κάλλιστον ἑπταπύλῳ φανὲν | Θήβᾳ τῶν προτέρων φάος, woher vielleicht der Gedanke ge-

ὃς παῖδα γήμας Κύπριδος Ἁρμονίαν ποτὲ
Πολύδωρον ἐξέφυσε, τοῦ δὲ Λάβδακον
φῦναι λέγουσιν, ἐκ δὲ τοῦδε Λάιον.
10 ἐγὼ δὲ παῖς μὲν κλῄζομαι Μενοικέως,
Κρέων τ' ἀδελφὸς μητρὸς ἐκ μιᾶς ἔφυ·
καλοῦσι δ' Ἰοκάστην με, τοῦτο γὰρ πατὴρ
ἔθετο, γαμεῖ δὲ Λάιός μ'· ἐπεὶ δ' ἄπαις
ἦν χρόνια λέκτρα τἄμ' ἔχων ἐν δώμασιν,
15 ἐλθὼν ἐρωτᾷ Φοῖβον ἐξαιτεῖ θ' ἅμα
παίδων ἐς οἴκους ἀρσένων κοινωνίαν.
ὁ δ' εἶπεν· ὦ Θήβαισιν εὐίπποις ἄναξ,
μὴ σπεῖρε τέκνων ἄλοκα δαιμόνων βίᾳ·
εἰ γὰρ τεκνώσεις παῖδ', ἀποκτενεῖ σ' ὁ φύς,
20 καὶ πᾶς σὸς οἶκος βήσεται δι' αἵματος.
ὁ δ' ἡδονῇ δοὺς εἴς τε βακχεῖον πεσὼν
ἔσπειρεν ἡμῖν παῖδα, καὶ σπείρας βρέφος,

nommen ist. — Uebrigens war dieser ganze Anfang im Alterthum sehr berühmt und wurde häufig citirt; auch besitzen wir eine Nachbildung desselben von dem Tragiker Theodektes, der sich auch sonst den Euripides zum Vorbild nahm: ὦ καλλιφεγγῆ λαμπάδ' εἱλίσσων φλογὸς | ἥλιε, ποθεινὸν πᾶσιν ἀνθρώποις σέλας, | εἰδές τιν' ἄλλον πώποτ' εἰς οὕτω μέγαν | ἐλθόντ' ἀγῶνα καὶ δυσέκφευκτον κρίσιν;
7. In der bewegten Rede sind die Auflösungen häufig; dies ist wohl nirgends schöner durchgeführt als in der schon erwähnten heftigen Rede des Menelaos, Hel. 386 ff., namentlich 390—392.
12. καλοῦσι, „man nennt mich".
13. γαμεῖ, das Praesens historicum, das namentlich im Prolog sehr häufig zur Anwendung gelangt; vgl. 31. 37. 39 u. sonst.
13 — 16. Kinderlosigkeit erschien den Griechen als das grösste Unglück; diese Anschauung vergegenwärtigt uns die an Aegeus gerichtete, das höchste Erstaunen ausdrückende Frage der Medea (Med. 670): πρὸς θεῶν, ἄπαις γὰρ δεῦρ' ἀεὶ τείνεις βίον; In derselben Tragödie (488—491) macht Medea ihrem Gatten Vorwürfe darüber, dass er sie verlasse, um eine andere Frau zu ehelichen, und fügt hinzu, dass Kinderlosigkeit allein im Stande wäre, sein schmachvolles Verfahren einigermassen zu entschuldigen. Eine ähnliche Argumentation findet sich im Ion (839 ff.) — Die ἀπαιδία wurde wohl der ungünstigen Einwirkung einer Gottheit zugeschrieben, Med. 671; und man wendete sich, wie Laios es hier thut, an Apollon, um Abhülfe zu begehren (Med. 667—669).
17. Θήβαισιν εὐίπποις, Dativ, indem dieser Casus überhaupt die Bestimmung eines Gegenstandes, dadurch dessen engste Verknüpfung mit einem andern bezeichnet und demnach an die Stelle des possessiven Genetivs treten kann. Dativ der Bestimmung Soph. Ant. 571: κακὰς ἐγὼ γυναῖκας υἱάσι στυγῶ. Daraus der zu einem Genetiv gewordene Dativ der Verknüpfung resp. Angehörigkeit, Hek. 1267: ὁ Θρῃξὶ μάντις εἶπε Διόνυσος τάδε. Or. 363: ὁ ναυτίλοισι μάντις ἐξήγγειλέ μοι. — Zur Sache vgl. Soph. Ant. 149: τᾷ πολυαρμάτῳ Θήβᾳ.
18. τέκνων ἄλοκα, der Schooss der Kinder, d. h. aus dem Kinder hervorgehen. — δαιμόνων βίᾳ, „den Göttern zum Trotz". Vgl. 868: βίᾳ θεῶν. Dieser Ausdruck erinnert an das homerische ὑπὲρ μόρον, Od. α 34 f. mit der Anmerkung von Ameis.
20. βήσεται δι' αἵματος, „wird durch Blut waten".
21. δούς, sc. ἑαυτόν. — βακχεῖον, Weinrausch. — Es liegt ein hysteron proteron, d. h. eine Umkehrung der Zeitfolge vor, indem das was eigentlich die zweite Stelle einnehmen sollte, zuerst zu stehen kommt. Vgl. die zu 4 ff. angeführte Stelle der Medea.
22. ἡμῖν, Dativ des Interesses, d. h. der Person oder Sache die durch

ΦΟΙΝΙΣΣΑΙ. 3

γνοὺς τἀμπλάκημα τοῦ θεοῦ τε τὴν φάτιν,
λειμῶν᾽ ἐς Ἥρας καὶ Κιθαιρῶνος λέπας
δίδωσι βουκόλοισιν ἐκθεῖναι βρέφος, 25
σφυρῶν σιδηρᾶ κέντρα διαπείρας μέσον.
[ὅθεν νιν Ἑλλὰς ὠνόμαζεν Οἰδίπουν.]
Πολύβου δέ νιν λαβόντες ἱπποβουκόλοι
φέρουσ᾽ ἐς οἴκους εἴς τε δεσποίνης χέρας
ἔθηκαν. ἡ δὲ τὸν ἐμὸν ὠδίνων πόνον 30
μαστοῖς ὑφεῖτο καὶ πόσιν πείθει τεκεῖν.
ἤδη δὲ πυρσαῖς γένυσιν ἐξανδρούμενος
παῖς οὑμὸς ἢ γνοὺς ἤ τινος μαθὼν πάρα
ἔστειχε τοὺς φύσαντας ἐκμαθεῖν θέλων
πρὸς δῶμα Φοίβου, Λάϊός θ᾽ οὑμὸς πόσις 35
τὸν ἐκτεθέντα παῖδα μαστεύων μαθεῖν,
εἰ μηκέτ᾽ εἴη. καὶ ξυνάπτετον πόδα
εἰς ταὐτὸν ἄμφω Φωκίδος σχιστῆς ὁδοῦ·
καί νιν κελεύει Λαΐου τροχηλάτης·
ὦ ξένε, τυράννοις ἐκποδὼν μεθίστασο. 40

die Handlung am meisten betroffen, resp. in Mitleidenschaft gezogen wird. S. Krüger § 48, 4. — ἔσπειρεν — σπείρας] die Wiederholung des Verbums wie II. Α 595 f.: μείδησεν δὲ θεὰ λευκώλενος Ἥρη, | μειδήσασα δέ. Uebrigens strotzt der ganze Prolog von derartigen Wiederholungen derselben Worte innerhalb weniger Verse; vgl. 47 mit 49; 48 mit 50; 51 mit 52; 53 mit 54.
24. ἐς zur Bezeichnung der Richtung, die von den Aussetzenden (ἐκθεῖναι βρέφος) eingeschlagen wird. S. auch zu 38 und 1010. — λέπας (von λέπω, abschälen) bedeutet die kahle felsige Höhe des Berges. Bei Euripides findet sich das Wort besonders häufig, vgl. Bakch. 751, wo ebenfalls Κιθαιρῶνος λέπας. Unter dieser Höhe befand sich nun eine der Hera geweihte Aue. So hatte auch Artemis einen solchen λειμών, s. Iph. Aul. 1464.
26. σφυρόν bedeutet nicht blos den Knöchel, sondern auch den untern Theil des Schienbeins. „Die Durchbohrung der Knöchel selbst hätte den Oedipus auf Zeitlebens zum Gehen unfähig gemacht" Hartung. — Schiller übersetzt unrichtig Sohlen. Bei Sophokles (Oed. Kön. 1034) werden dem kleinen Oedipus die Fussspitzen durchbohrt (ἔχοντα διατόροις ποδῶν ἀκμάς).
28. Πολύβου] Wir erfahren nicht einmal wer dieser Polybos war, wo er wohnte ̦u. s. w.; alles dies setzt der Dichter als selbstverständlich und allbekannt voraus. Er erzählt das Ganze nur, um das Publikum auf die von ihm vorgenommenen Neuerungen aufmerksam zu machen. — βουκόλος ist der Rinderhirt und dann der Hirt überhaupt (mit besonderer Rücksicht auf grösseres Vieh); so kann dann ἱπποβουκόλος einfach den Pferdehirten bezeichnen.
32. Diese ganze Erzählung von der Reise des Oedipus nach Delphi und der unheilvollen Begegnung mit seinem Vater erinnert lebhaft an die Behandlung desselben Gegenstandes durch Sophokles im Oed. Kön. 774 ff.; doch hat Euripides seinem Zwecke gemäss den ganzen Bericht verkürzt und verallgemeinert.
33. ἤ — πάρα] Der Dichter stellt zwei Möglichkeiten hin, — Oedipus kann es entweder selbst geahnt oder von einem Dritten gehört haben. Gerade dieser Punkt wird von Sophokles näher ausgeführt; da wirft ein Trunkener dem Oedipus vor, er sei untergeschoben.
38. εἰς ταὐτὸν Φωκίδος, „an derselben Stelle in Phokis". εἰς zur Bezeichnung der von den Zusammentreffenden eingeschlagenen Richtung, s. zu 24. — σχιστῆς ὁδοῦ (an einem Kreuzwege) steht für sich und ist ein Genetiv der Localität, die dadurch näher bestimmt wird.

1*

ΕΥΡΙΠΙΔΟΥ

ὁ δ' εἰρπ' ἄναυδος, μέγα φρονῶν· πῶλοι δέ νιν
χηλαῖς τένοντας ἐξεφοίνισσον ποδῶν.
ὅθεν — τί τἀκτὸς τῶν κακῶν με δεῖ λέγειν; —
παῖς πατέρα καίνει καὶ λαβὼν ὀχήματα
45 Πολύβῳ τροφεῖ δίδωσιν. ὡς δ' ἐπεζάρει
Σφὶγξ ἁρπαγαῖσι πόλιν, ἐμός τ' οὐκ ἦν πόσις,
Κρέων ἀδελφὸς τἀμὰ κηρύσσει λέχη,
ὅστις σοφῆς αἴνιγμα παρθένου μάθοι,
τούτῳ ξυνάψειν λέκτρα. τυγχάνει δέ πως
50 μούσας ἐμὸς παῖς Οἰδίπους Σφιγγὸς μαθών,
ὅθεν τύραννος τῆσδε γῆς καθίσταται
καὶ σκῆπτρ' ἔπαθλα τῆσδε λαμβάνει χθονός.
γαμεῖ δὲ τὴν τεκοῦσαν, οὐκ εἰδὼς τάλας
οὐδ' ἡ τεκοῦσα παιδὶ συγκοιμωμένη.
55 τίκτω δὲ παῖδας παιδὶ δύο μὲν ἄρσενας,
Ἐτεοκλέα κλεινήν τε Πολυνείκους βίαν,
κόρας δὲ δισσάς· τὴν μὲν Ἰσμήνην πατὴρ
ὠνόμασε, τὴν δὲ πρόσθεν Ἀντιγόνην ἐγώ.
μαθὼν δὲ τἀμὰ λέκτρα μητρῷων γάμων
60 ὁ πάντ' ἀνατλὰς Οἰδίπους παθήματα

41. εἶρπ'] Das Verbum ἕρπω steht häufig an Stelle von ἔρχομαι (so namentlich bei den Doriern), hat aber zuweilen eine Nebenbedeutung, indem der Begriff des hinterlistigen Schleichens hinzukommt. Vgl. Med. 402: ἕρπ' ἐς τὸ δεινόν. Soph. Aias 157: πρὸς γὰρ τὸν ἔχονθ' ὁ φθόνος ἕρπει.
41 f. νιν — τένοντας doppelter Accusativ (τέν. Acc. des Bezugs, zu 264).
44 f. λαβὼν — δίδωσιν] Nach der Ermordung des Laios kehrt Oedipus zuerst zu seinem Pflegevater zurück, übergibt diesem das Gespann, das ihn sonst sofort verrathen hätte, und geht erst dann wieder in die weite Welt hinaus.
45—52. Auch hier (vgl. zu 28) ist das Materielle der Erzählung sehr kurz ausgefallen; über die zweite Reise des Oedipus, über die Art und Weise, wie er nach Theben gekommen, erfahren wir nichts.
45. ἐπεζάρει] Das Verbum ἐπιζαρέω nur hier und Rhes. 441; es wird durch ἐπιβαρέω „belasten", erklärt. Es gehörte zu den Eigenheiten der Arkadier, das β mit einem ζ zu vertauschen; so sagten sie ζέρεθρον für βάραθρον, ζέλλω für βάλλω, u. s. w.
47—49. ὅστις — μάθοι ist ein von τούτῳ abhängiger Relativsatz, der aber des Nachdrucks halber dem Demonstrativsatz vorangestellt ist (Krüger I § 51, 11; ähnlich 463); dadurch wird der Dichter bewogen, den jetzt von seinem Verbum (ξυνάψειν) zu weit entfernten Accusativ λέχη wenigstens in anderer Form (λέκτρα) zu wiederholen.
51—54. S. zu 22.
55. παῖδας παιδί] S. zu 371.
56. κλεινήν] Schon hier erkennt man die Vorliebe der Mutter für ihren jüngeren Sohn. — Πολυνείκους βία (wie Aesch. Sieben 569, 571 und sonst), epische Umschreibung. Solche dem Epos angehörende Formen kommen zuweilen — Dank der Popularität der heroischen Poesie — auch in andern Dichtungsgattungen zur Anwendung; vgl. zu 123. 817.
58. τὴν πρόσθεν, die ältere. Vollständiger erscheint die Formel bei Sophokles Oed. Kol. 375: τὸν πρόσθε γεννηθέντα Πολυνείκη.
59. τἀμὰ — γάμων] Dem Sinne nach = τἀμὰ λέκτρα τὰ τῆς μητρὶς [λέκτρα] ὄντα. Der Dichter hat zunächst nach μαθὼν das Particip unterdrückt und anstatt des Prädicats einen in loser Verbindung mit dem Vorhergehenden stehenden Genetiv hingestellt; diese Freiheit durfte er sich um so eher gestatten, als gerade Worte wie λέκτρα, γάμος u. dgl. sehr freie Constructionen zulassen.

ΦΟΙΝΙΣΣΑΙ.

εἰς ὄμμαθ' αὐτοῦ δεινὸν ἐμβάλλει φόνον,
χρυσηλάτοις πόρπαισιν αἱμάξας κόρας.
ἐπεὶ δὲ τέκνων γένυς ἐμῶν σκιάζεται,
κλήθροις ἔκρυψαν πατέρ', ἵν' ἀμνήμων τύχη
γένοιτο πολλῶν δεομένη σοφισμάτων. 65
ζῶν δ' ἔστ' ἐν οἴκοις, πρὸς δὲ τῆς τύχης νοσῶν
ἀρὰς ἀρᾶται παισὶν ἀνοσιωτάτας,
θηκτῷ σιδήρῳ δῶμα διαλαχεῖν τόδε.
τὼ δ' εἰς φόβον πεσόντε μὴ τελεσφόρους
εὐχὰς θεοὶ κραίνωσιν οἰκούντων ὁμοῦ, 70
ξυμβάντ' ἔταξαν τὸν νεώτερον πάρος
φεύγειν ἑκόντα τήνδε Πολυνείκην χθόνα,
Ἐτεοκλέα δὲ σκῆπτρ' ἔχειν μένοντα γῆς
ἐνιαυτὸν ἀλλάσσοντ'. ἐπεὶ δ' ἐπὶ ζυγοῖς
καθέζετ' ἀρχῆς, οὐ μεθίσταται θρόνων, 75
φυγάδα δ' ἀπωθεῖ τῆσδε Πολυνείκην χθονός.
ὁ δ' Ἄργος ἐλθών, κῆδος Ἀδράστου λαβών,
πολλὴν ἀθροίσας ἀσπίδ' Ἀργείων ἄγει·
ἐπ' αὐτὰ δ' ἐλθὼν ἑπτάπυλα τείχη τάδε,
πατρῷ' ἀπαιτεῖ σκῆπτρα καὶ μέρη χθονός. 80
ἐγὼ δ' ἔριν λύσουσ' ὑπόσπονδον μολεῖν
ἔπεισα παιδὶ παῖδα πρὶν ψαῦσαι δορός·

62. χρυσηλάτοις πόρπαισιν, vgl. Soph. Oed. Kön. 1268 f.: χρυσηλάτους περόνας.
64. Das Nähere darüber s. unten v. 870 ff.: dort wird entwickelt, dass die Söhne den Vater einsperrten, um seinen Zustand und die Schande des Hauses vor den Augen der Welt zu verbergen: aus der vorliegenden Stelle geht nun hervor, dass Iokaste mit diesen Massnahmen ihrer Söhne einverstanden ist.
64 f. ἵν' — γένοιτο, damit das Geschick in Vergessenheit gebracht werde.
68. θηκτῷ σιδήρῳ, vgl. Med. 397: θηκτὸν ...... φάσγανον.
74. ἐνιαυτόν ist nicht von ἀλλάσσοντα abhängig, sondern bezeichnet nur die vorher festgesetzte Dauer der Regierung des Eteokles; ἀλλάσσοντα ist ein erklärendes Particip, das, wie zum Ueberfluss, die Natur des Vertrags noch einmal in das hellste Licht setzen soll. Durch diese Stellung des Particips, gleichsam des punctum saliens, tritt dann auch der Gegensatz zwischen Ἐτεοκλέα — ἀλλάσσοντα und ἐπεὶ — χθονός besonders scharf hervor.
74 f. ζυγοῖς — ἀρχῆς] ζυγόν ist ein über zwei andere Dinge hinüber-

gelegtes Holz; so auch die Ruderbank; hier metaphorisch von dem Sitz der höchsten Gewalt. Vgl. Ion 595: πρῶτον πόλεος ζυγόν. Ueber solche dem Seeleben entnommene Gleichnisse s. zu 835.
78. πολλὴν — ἀσπίδ' Ἀργείων, ein grosses Heer von schwerbewaffneten Argivern. Das Wort für einen Theil der Rüstung ist hier, wie 442 (μυρίαν ἄγων λόγχην), auf den Kämpfer selbst übertragen. Dieser Gebrauch von ἀσπίς scheint in der Poesie sonst nicht vorzukommen. Dagegen ist er den Prosaikern geläufig, vgl. Xen. Anab. I 7, 10: ἀριθμὸς ἐγένετο τῶν μὲν Ἑλλήνων ἀσπὶς μυρία καὶ τετρακοσία. — Unten 1326 und in dem Fragment des Kritias bei Athen. X p. 432 F bedeutet ἀσπίς „Gefecht".
81. ὑπόσπονδον μολεῖν] Derselbe Versschluss 273 und 450.
82. ἔπεισα παιδὶ παῖδα πρὶν ψ.] Die Alliteration wird von den Tragikern als ein wirksames Mittel zur Steigerung des Ausdrucks betrachtet und findet demnach häufige Anwendung. Vgl. zu 127; ferner Iph. Taur. 765: τὸ σῶμα σώσας τοῖς λόγοις σώσεις ἐμοί. Med. 340: μίαν με μεῖναι τήνδ' ἔασον ἡμέραν. Das. 553: τί τοῦδ' ἂν

ΕΥΡΙΠΙΔΟΥ

ἥξειν δ' ὁ πεμφϑείς φησιν αὐτὸν ἄγγελος.
(Pause.)
ἀλλ' ὦ φαεννὰς οὐρανοῦ ναίων πτυχὰς
85 Ζεῦ, σῶσον ἡμᾶς, δὸς δὲ σύμβασιν τέκνοις.
χρὴ δ', εἰ σοφὸς πέφυκας, οὐκ ἐᾶν βροτὸν
τὸν αὐτὸν ἀεὶ δυστυχῆ καθεστάναι.

ΠΑΙΔΑΓΩΓΟΣ
(erscheint auf der Zinne des Palastes; in's Haus hineinsprechend).

ὦ κλεινὸν οἴκοις Ἀντιγόνη θάλος πατρί,
ἐπεί σε μήτηρ παρθενῶνας ἐκλιπεῖν
90 μεθῆκε μελάθρων ἐς διῆρες ἔσχατον
στράτευμ' ἰδεῖν Ἀργεῖον ἱκεσίαισι σαῖς,
ἐπίσχες, ὡς ἂν προυξερευνήσω στίβον,
μή τις πολιτῶν ἐν τρίβῳ φαντάζεται,
κἀμοὶ μὲν ἔλθῃ φαῦλος ὡς δούλῳ ψόγος,
95 σοὶ δ' ὡς ἀνάσσῃ· πάντα δ' ἐξειδὼς φράσω
ἅ τ' εἶδον εἰσήκουσά τ' Ἀργείων πάρα,

εὕρημ' εὗρον εὐτυχέστερον. Hel. 128; ἦν, ἀλλὰ χειμὼν ἄλλοσ' ἄλλον ὤρισεν. — Dabei sind einzelne Stellen, wo die Allitteration oder Assonanz möglicherweise unabsichtlich war, aber doch ihre Wirkung nicht verfehlte, schon von den Alten beleuchtet worden. Med. 476 mit den Scholien.

84. πτυχή ist eine Falte und wird dann im Plural häufig auf die waldigen Schluchten und Schlupfwinkel des Gebirges bezogen. So kann es hier die entferntesten, dem menschlichen Auge sich entziehenden Regionen des Firmaments, in denen Zeus thront, bezeichnen; vgl. Hel. 44: ἐν πτυχαῖσιν αἰθέρος.

86 f. Ein sichtbarer Wechsel vom Glück zum Unglück und umgekehrt schien den Alten durch göttliche Fügung eingesetzt zu sein; vgl. Soph. Ant. 1158 f.: τύχη γὰρ ὀρθοῖ καὶ τύχη καταρρέπει | τὸν εὐτυχοῦντα καὶ τὸν δυστυχοῦντ' ἀεί. S. dann noch Hesiod Werke und Tage 5 ff. und Horaz Od. II 10, 13 ff.

88 ff. Es folgt eine Scene, in der Antigone und der alte Erzieher, die auf das Dach des Palastes gestiegen sind, das vor ihnen ausgebreitete Schauspiel betrachten und besprechen. Die griechischen Häuser hatten, wie noch jetzt die Häuser im Süden, flache Dächer, auf denen man herumgehen konnte.

88. οἴκοις und πατρί sind Dative des Interesses, d. h. der Person resp. des personificirten Gegenstandes, für die Antigone speciell ein θάλος ist. S. zu 22.

89. παρθενῶνας ἐκλιπεῖν] Dieses Verlassen der für die Jungfrauen bestimmten Gemächer konnte nur in ausserordentlichen Fällen gestattet werden. Selbst da wird eine derartige Ankündigung mit dem Ausdruck des höchsten Erstaunens aufgenommen; vgl. den Ausruf der Antigone 1275.

90. μελάθρων — διῆρες] „Das zweifach Gefügte des Hauses", d. h. das Geschoss, das an zwei Enden, also sowohl unten als oben, mit Fugen an etwas Anderes befestigt ist, also das Obergeschoss. Bei dem Komiker Platon (Meineke II, 655) heisst dasselbe διῆρες ὑπερῷον. — ἔσχατον, weil Antigone auf den äussersten Punkt dieses Geschosses, nämlich auf das Dach, gelangen will.

92 ff. Der alte Erzieher will dem Tadel entgehen und zugleich von seinem Schützling den übeln Ruf fernhalten, in den Frauen geriethen, welche aus ihrer Sphäre heraustraten und sich da zeigten wo es sich für sie nicht schickte. Der in Rede stehende ψόγος ging häufig von den Frauen selbst aus, vgl. 198. — Der Gegensatz zwischen δοῦλος und ἄνασσα tritt sehr markirt hervor.

95. πάντα — φράσω bezieht sich offenbar auf das was der Erzieher der Ant. mittheilen will, wenn sie oben angekommen ist, ἐξειδὼς speciell auf seine Kenntnisse. Schiller unrichtig: „Hab' ich erst rings mich

ΦΟΙΝΙΣΣΑΙ. 7

σπονδὰς ὅτ' ἦλθον σῷ κασιγνήτῳ φέρων
ἐνθένδ' ἐκεῖσε δεῦρό τ' αὖ κείνου πάρα.
ἀλλ' οὔτις ἀστῶν τοῖσδε χρίμπτεται δόμοις,
κέδρου παλαιὰν κλίμακ' ἐκπέρα ποδί· 100
σκόπει δὲ πεδία καὶ παρ' Ἰσμηνοῦ ῥοὰς
Δίρκης τε νᾶμα, πολεμίων στράτευμ' ὅσον.

ΑΝΤΙΓΟΝΗ
(noch nicht sichtbar).

ὀρεγέ νυν ὄρεγε γεραιὰν νέᾳ
χεῖρ' ἀπὸ κλιμάκων, ποδὸς
ἴχνος ἐπαντέλλων. 105

ΠΑΙΔΑΓΩΓΟΣ.

ἰδοὺ ξύναψον, παρθέν'· εἰς καιρὸν δ' ἔβης·
κινούμενον γὰρ τυγχάνει Πελασγικὸν
στράτευμα, χωρίζουσι δ' ἀλλήλων λόχους.

ΑΝΤΙΓΟΝΗ
(die jetzt oben angekommen ist; im höchsten Erstaunen).

ἰὼ πότνια παῖ Λατοῦς
Ἑκάτα, κατάχαλκον ἅπαν 110
πεδίον ἀστράπτει.

umgesehen, alsdann erzähl' ich dir"
u. s. w.
99 f. Die Aufforderung in 100 ist von dem Vorhandensein des in 99 Ausgesagten abhängig; aber anstatt der caussalen Verbindung werden die beiden Satzglieder unabhängig neben einander gestellt. S. zu 999.
100. Der Dichter fügt hinzu, dass die Leiter von Cedernholz war. Vgl. noch 2 und 220 f., besonders aber fr. 475, 8, wo bei einem Tempelbau die Holzart angegeben ist. Dieser Sinn für Material und Technik begleitet Euripides durch sein ganzes Leben; er ist nicht umsonst in seiner Jugend Maler gewesen.
103 ff. Die jugendliche Antigone bedient sich in ihrer Unruhe und Aufregung eines bewegteren Metrums, das auch zu den weiteren von ihr ausgehenden Fragen und Ausrufungen vortrefflich passt. Im schärfsten Gegensatz dazu stehen die ruhigen, in Trimetern abgefassten Anworten und Erklärungen des Erziehers. — Diese ganze Scene ist der Mauerschau im dritten Buch der Ilias nachgebildet; wie dort Helena dem Priamos die einzelnen Helden nennen muss, so gibt hier der Erzieher der Antigone auf ihre Fragen Antwort.

103. Der Begriff von γεραιός wird hier nach trag. Sprachgebrauch (besonders bei Eurip.) anstatt auf den ganzen Körper, auf ein einzelnes Glied bezogen; so unten 302 und Alk. 611 γηραιῷ ποδί. (Unten 834 τυφλῷ ποδί.) So sagen wir etwa: „meine alten Augen". — Die Nebeneinanderstellung von γεραιάν und νέᾳ ist sehr wirksam.
104. ποδός ἴχνος, nämlich der Antigone.
106. „Du bist (gerade) zur (rechten) Zeit gekommen". ἐς verbindet sich mit vielen Substantiven zu einem adverbialen Begriff. S. Krüger I § 68, 21 A. 11.
109 f. Antigone ruft eine und dieselbe Göttin unter drei verschiedenen Namen an; hier heisst sie Ἑκάτα, 152 und 192 Ἄρτεμις, 176 Σελαναία. — Artemis ist so recht die Vertreterin und Beschützerin der jungen unverheiratheten Mädchen, und erhält in der Plastik die Bildung derselben, so namentlich das nach hinten zurückgestrichene Haar und den hellen fröhlichen Blick. — Auch in den Sieben gegen Th. des Aeschylos wird Artemis von dem bedrängten Chor der Jungfrauen angerufen (148 ff.). — Hekate ist nach Hesiod Tochter des Perses und der Asteria; nachher wurde sie mit Artemis identificirt. Schon bei Hesiod wird ihr ein

8 ΕΥΡΙΠΙΔΟΥ

ΠΑΙΔΑΓΩΓΟΣ.
οὐ γάρ τι φαύλως ἦλθε Πολυνείκης χθόνα,
πολλοῖς μὲν ἵπποις, μυρίοις δ' ὅπλοις βρέμων.
ΑΝΤΙΓΟΝΗ.
ἆρα πύλαι κλήθροις χαλκόδετ' ἔμβολά τε
115 λαϊνέοισιν Ἀμφίονος ὀργάνοις
τείχεος ἥρμοσται;
ΠΑΙΔΑΓΩΓΟΣ.
θάρσει· τά γ' ἔνδον ἀσφαλῶς ἔχει πόλις.
ἀλλ' εἰσόρα τὸν πρῶτον, εἰ βούλει μαθεῖν.
ΑΝΤΙΓΟΝΗ.
τίς οὗτος ὁ λευκολόφας,
120 πρόπαρ ὃς ἁγεῖται στρατοῦ
πάγχαλκον ἀσπίδ' ἀμφὶ βρα-
χίονι κουφίζων;
ΠΑΙΔΑΓΩΓΟΣ.
λοχαγός, ὦ δέσποινα.
ΑΝΤΙΓΟΝΗ.
τίς πόθεν γεγώς;
αὔδασον, ὦ γεραιέ, τίς ὀνομάζεται;
ΠΑΙΔΑΓΩΓΟΣ.
125 οὗτος Μυκηναῖος μὲν αὐδᾶται γένος,
Λερναῖα δ' οἰκεῖ νάμαθ', Ἱππομέδων ἄναξ.

ziemlich ausgedehnter Wirkungskreis zugeschrieben. In der späteren Zeit gilt sie als Abwenderin des Bösen; und aus diesem Grunde stellte man ihr Bild, wie das des Apollon Agyieus (zu 631), vor den Häusern auf.
114—116. Antigone fragt, ob die Thore mit Schlössern versehen und die erzbeschlagenen Fallthüren in den amphionischen Steinbau der Mauer eingelassen sind. (Eine kurze Beschreibung dieses wunderbaren Mauerbaus s. unten 832 f.) — ὄργανον ist hier von dem Werkzeug auf das Werk übertragen. Vgl. den auch von den Scholien z. d. St. angeführten Vers des Sophokles (fr. 365 N.), wo es vom Honig heisst: ξουθῆς μελίσσης κηρόπλαττον ὄργανον. — ἔμβολα sind nach der Erklärung der Scholiasten erzbeschlagene Fallthüren (Schiller unrichtig: „Riegel"), die im Kriege herabgelassen wurden und so die Thore verdeckten; im Frieden waren sie zur Tageszeit über den Thoröffnungen angebracht, um nur während der Nacht herabgelassen zu werden; die Thore waren immer offen.

117. θάρσει gehört dem leichten euripideischen Conversationsstil an und wird häufig zu Anfang des Verses angetroffen, vgl. 718. 845. Med. 1015 u. sonst. — τὰ ἔνδον, im Betreff des Innern, im Innern. — ἀσφαλῶς ἔχει, beliebte Wendung der Attiker. S. 1202: καλῶς ἔχει und vgl. Krüger I § 52, 2 A. 2.
119. λευκολόφας nur hier.
123. λοχαγός bedeutet in der poetischen Sprache einen Anführer überhaupt (vgl. 148); in der Prosa der besten Zeit dagegen bezeichnet es den Anführer einer etwa 100 Mann starken Heeresabtheilung.— τίς πόθεν (γεγώς); Epische Formel, indem nach dem Vorgange Homers (Od. α 170 und noch an 7 andern Stellen: τίς πόθεν εἶς ἀνδρῶν;) zwei Fragen in eine zusammengezogen sind. Vgl. Hel. 86: ἀτὰρ τίς εἶ πόθεν; und s. zu 56.
126. νάματα, wie 102 (Δίρκης νᾶμα), Strom, Lauf. Schiller unrichtig „Teich". — Diesen Ἱππομέδων kennen wir aus den Sieben des Aeschylos (486—499), wo er als ein wilder ungeschlachter Recke geschildert wird.

ΦΟΙΝΙΣΣΑΙ. 9

ΑΝΤΙΓΟΝΗ.

ἒ ἒ ὡς γαῦρος, ὡς φοβερὸς εἰσιδεῖν,
γίγαντι γηγενέτᾳ προσόμοιος
ἀστρωπὸς ἐν γραφαῖσιν, οὐχὶ πρόσφορος
ἀμερίῳ γέννᾳ. 130
τὸν δ' ἐξαμείβοντ' οὐχ ὁρᾷς Διρκης ὕδωρ;
ἄλλος ἄλλος ὅδε τευχέων τρόπος.
τίς δ' ἐστὶν οὗτος;

ΠΑΙΔΑΓΩΓΟΣ.

παῖς μὲν Οἰνέως ἔφυ
Τυδεύς, Ἄρην δ' Αἰτωλὸν ἐν στέρνοις ἔχει.

ΑΝΤΙΓΟΝΗ.

οὗτος ὁ τᾶς Πολυνείκεος, ὦ γέρον, 135
αὐτοκασιγνήτας νύμφας
ὁμόγαμος κυρεῖ;
ὡς ἀλλόχρως ὅπλοισι μιξοβάρβαρος.

Mit jener Beschreibung stimmt der Eindruck, den er hier auf Antigone macht. 127 ff. γίγαντι γηγενέτᾳ] Man bemerke die Allitteration. γηγενέτης (so viel als γηγενής) kommt nur noch Ion 1466 vor. — „Er ähnelt einem erdgeborenen Giganten, wie man einen solchen auf Gemälden sieht". — Euripides wendet derartige der bildenden Kunst entnommene Gleichnisse mit besonderer Vorliebe an; vgl. Hel. 262 f.: εἴθ' ἐξαλειφθεῖσ' ὡς ἄγαλμ' αὖθις πάλιν | αἴσχιον εἶδος ἀντὶ τοῦ καλοῦ λάβοιν. Hek. 560 f. von der Polyxena: μαστούς τ' ἔδειξε στέρνα θ' ὡς ἀγάλματος | κάλλιστα. Das. 807 f. das schöne der Thätigkeit des Malers entnommene Gleichniss: οἰκτειρὸν ἡμᾶς, ὡς γραφεύς τ' ἀποσταθείς | ἰδοῦ με κἀνάθρησον οἷ ἔχω κακά. — Uebrigens waren gerade künstlerische Darstellungen des Gigantenkampfs den Athenern geläufig; derselbe wurde von Alters her in den kostbaren Peplos eingewebt, den man bei den Panathenäen der Athene Parthenos darbrachte. — Das Epitheton ἀστρωπός („wie ein Stern funkelnd") ist nachgesetzt und hat mit ἐν γραφαῖσιν nichts zu thun.
131. Bei Aeschylos (Sieben 377, 392) steht Tydeus am Ufer des Ismenos, dessen Ueberschreitung ihm von Amphiaraos verwehrt wird. In Betreff des Topographischen s. zu 825 ff.
132—134. Antig. erkennt einen Kämpfer mit ganz verschiedener Rüstung; 138 nennt sie ihn, mit Bezug darauf, μιξοβάρβαρος. Nun erklärt der Erzieher, dass er ein Aetoler sei; er hat den ätolischen Arcs auf der Brust, d. h. ist wie ein ätolischer Krieger gewappnet. Schiller folgt einer anderen Erklärung: „Dem schlägt der kalydon'sche Mars im Busen".
135—137. Die Ordnung ist: κυρεῖ οὗτος ὁ ὁμόγαμος αὐτοκασιγνήτας νύμφας τᾶς Πολυνείκεος; Ist dieser der Gemahl der leiblichen Schwester der Gattin des Polyneikes? — νύμφη „die junge Frau" (wie Homer Γ 130 und sonst [s. La Roche zu Γ 130], Hel. 725 und sonst; vgl. die Erklärung des Scholiasten zum Theokrit II, 136: νύμφην, ἤγουν γυναῖκα ἄνδρα ἔχουσαν), obwohl das Wort ursprünglich die Braut bedeutet. Aehnlich ist es dem engl. bride (Braut) ergangen, das jetzt die Frau am Hochzeitstage und kurz nach demselben bezeichnet. — Aus dem Grundbegriff von ὁμόγαμος, „zusammen verheirathet", ergeben sich zwei genauere Bedeutungen: ein Mann kann der ὁμόγαμος, d. h. Gatte einer Frau, oder der ὁμόγαμος eines Mannes sein, in dem Sinne dass beide eine gemeinschaftliche Frau haben. So ras. Herakl. 339 im Munde des Amphitryon: ὦ Ζεῦ, μάτην ἄρ' ὁμόγαμόν σ' ἐκτησάμην (vgl. σύλλεκτρον das. 1, Ζηνὸς ὁμόλεκτρον κάρα Or. 476).
138. μιξοβάρβαρος] S. zu 132 ff. Dieses konnte um so eher der Fall sein, als die Aetoler vielfach mit räuberischen und barbarischen Horden in

10 ΕΥΡΙΠΙΔΟΥ

ΠΑΙΔΑΓΩΓΟΣ.
σακεσφόροι γὰρ πάντες Αἰτωλοί, τέκνον,
140 λόγχαις τ᾽ ἀκοντιστῆρες εὐστοχώτατοι.
ΑΝΤΙΓΟΝΗ.
σὺ δ᾽, ὦ γέρον, πῶς αἰσθάνει σαφῶς τάδε;
ΠΑΙΔΑΓΩΓΟΣ.
σημεῖ᾽ ἰδὼν τότ᾽ ἀσπίδων ἐγνώρισα,
[σπονδὰς ὅτ᾽ ἦλθον σῷ κασιγνήτῳ φέρων·]
ἃ προσδεδορκὼς οἶδα τοὺς ὡπλισμένους.
ΑΝΤΙΓΟΝΗ.
145 τίς δ᾽ οὗτος ἀμφὶ μνῆμα τὸ Ζήθου περᾷ
καταβόστρυχος, ὄμμασι γοργὸς εἰσ-
ιδεῖν νεανίας
λοχαγός; ὡς ὄχλος νιν ὑστέρῳ ποδὶ
πάνοπλος ἀμφέπει.
ΠΑΙΔΑΓΩΓΟΣ.
150 ὅδ᾽ ἐστὶ Παρθενοπαῖος, Ἀταλάντης γόνος.
ΑΝΤΙΓΟΝΗ.
ἀλλά νιν ἁ κατ᾽ ὄρη μετὰ ματέρος
Ἄρτεμις ἱεμένα τόξοις δαμάσασ᾽ ὀλέσειεν,
ὃς ἐπ᾽ ἐμὰν πόλιν ἔβα πέρσων.
ΠΑΙΔΑΓΩΓΟΣ.
εἴη τάδ᾽, ὦ παῖ· σὺν δίκῃ δ᾽ ἥκουσι γῆν,

Berührung kamen und kaum als reine Griechen betrachtet wurden.
140. ἀκοντιστήρ als Substantiv nur hier.
145 ff. Jetzt erregt der schöne Parthenopäos ihre Aufmerksamkeit. Auch dieser junge Held wird von Aeschylos in den Sieben (526 ff.) sehr eingehend, und zwar mit besonderer Rücksicht auf seine zarte Jugend, geschildert.
145. μνῆμα τὸ Ζήθου] Die beiden Brüder Amphion und Zethos hatten ein gemeinschaftliches Grab, über das der Reisende Pausanias IX 17, 4 sagt: „Ζήθῳ δὲ μνῆμα καὶ Ἀμφίονι ἐν κοινῷ, γῆς χῶμα οὐ μέγα. Dasselbe befand sich vor dem krenäischen Thor (zu 1123), im Norden der Stadt. Vgl. die schon angeführte Stelle der Sieben des Aeschylos, 527 f., wo es von Parthenopäos heisst: πέμπτοισι προσταχθέντα Βορραίαις πύλαις. | τύμβον κατ᾽ αὐτὸν Διογενοῦς Ἀμφίονος. S. auch die Karte des alten Thebens in Ulrichs' Reisen und Forschungen in Griechenland II (Berl. 1863) S. 3.
146. γοργὸς εἰσιδεῖν, wie oben

127: ὡς γαῦρος, ὡς φοβερὸς εἰσιδεῖν. Der Dichter hat hier auf Aeschylos Rücksicht genommen, bei dem es (a. a. O. 536 f.) heisst: ὁ δ᾽ ὠμόν, οὔτι παρθένων ἐπώνυμον, | φρόνημα, γοργὸν δ᾽ ὄμμ᾽ ἔχων, προσίσταται.
151 ff. ἀλλά leitet einen leidenschaftlichen Wunsch ein, wie unser „nun so (möge) doch!" — Ἄρτεμις] S. zu 109. Die Göttin wird angerufen, weil Atalante eine grosse Jägerin war und darum zu dieser Göttin in Beziehung tritt. — Aehnliche Wünsche werden in den Sieben g. Th. geäussert; vgl. namentlich 566 f.: εἴθε γὰρ θεοὶ τούσδ᾽ ὀλέσειεν ἐν γᾷ.
153. ἔβα] βαίνω hier in feindlichem Sinne. Vgl. 1729 und den Gebrauch des lat. grassari. — πέρσων] Die Erklärung dieses Worts s. zu 488.
561 ff.
154. Wie der Erzieher hier sein zustimmendes εἴη τάδε beifügt, so spricht auch in den Sieben g. Th. (526) der Bote den Wunsch aus, dass die Bitten des Chors erhört werden möchten: οὕτως γένοιτο. — σὺν δίκῃ] Der Erzieher constatirt, dass das Recht

ΦΟΙΝΙΣΣΑΙ. 11

ὃ καὶ δέδοικα μὴ σκοπῶσ' ὀρθῶς θεοί. 155
ΑΝΤΙΓΟΝΗ.
ποῦ δ' ὃς ἐμοὶ μιᾶς ἐγένετ' ἐκ ματρὸς
πολυπόνῳ μοίρᾳ;
ὦ φίλτατ' εἰπέ, ποῦ 'στι Πολυνείκης, γέρον.
ΠΑΙΔΑΓΩΓΟΣ.
ἐκεῖνος ἑπτὰ παρθένων τάφου πέλας
Νιόβης Ἀδράστῳ πλησίον παραστατεῖ. 160
ὁρᾷς;
ΑΝΤΙΓΟΝΗ.
ὁρῶ δῆτ' οὐ σαφῶς, ὁρῶ δέ πως
μορφῆς τύπωμα στέρνα τ' ἐξεικασμένα.
ἀνεμώκεος εἴθε δρόμον νεφέλας
ποσὶν ἐξανύσαιμι δι' αἰθέρος
πρὸς ἐμὸν ὁμογενέτορα, περὶ δ' ὠλένας 165
δέρᾳ φιλτάτᾳ βάλοιμι χρόνῳ
φυγάδα μέλεον. ὡς
ὅπλοισι χρυσέοισιν ἐκπρεπής, γέρον,
ἑῴοις ὅμοια φλεγέθων βολαῖς ἁλίου.

auf Polyneikes' Seite ist. Vgl. 317 ff. und 1655. — 781 nimmt Eteokles die δίκη für sich in Anspruch, obgleich er bereits 603 anerkannt hatte, dass er seinen Bruder überlistet hat.
155. ὅ, wesswegen, drum = διό. Freier Gebrauch des rel. ntr., um den Grund zu bezeichnen. Aehnlich 263. 159 f. παρθένων — Νιόβης] Νιόβης ist Genetiv der Zugehörigkeit. Dadurch erhält dann παρθένος zuweilen die Bedeutung von „Tochter". Vgl. den Gebrauch von κόρη und s. zu 1243. — τάφου] Die eigentliche Grabstätte (πυρά) der Niobiden befand sich, wie aus Pausanias zu schliessen ist, in der Nähe des Prötidenthors (zu 1109); vgl. seine Worte IX 17, 2: ἀπέχει δὲ ἡ πυρὰ τῶν Ἀμφίονος παίδων ἥμισυ σταδίου μάλιστα ἀπὸ τῶν τάφων· μένει δὲ ἡ τέφρα καὶ ἐς τόδε ἔτι ἀπὸ τῆς πυρᾶς. Dies ist also der τάφος, in dessen Nähe Adrastos und Polyneikes Posto gefasst hatten. Ausserdem hatte man innerhalb der Stadt noch ein Grabmal der vierzehn Kinder der Niobe, vgl. Paus. IX 16, 7.
163 ff. ἐξανύω wird von dem Erreichen eines Zieles und dem damit verbundenen Zurücklegen einer Entfernung gesagt. Der Weg, den Antig. betreten möchte, wird durch den δρόμος der νέφελη bezeichnet. Sie möchte es in ihrem Gange (ποσίν) der Wolke gleichthun (δρόμον νέφελας ἐξανύσαιμι) und durch die Luft (δι' αἰθέρος) ihrem Bruder (πρὸς ἐμὸν ὁμογενέτορα) entgegenfliegen. Damit verbindet sich dann der weitere Wunsch, ebenso schnell als diese (ἀνεμώκεος) fliegen zu können.
165. ὁμογενέτωρ nur hier.
165 ff. περὶ — βάλοιμι] Sie möchte ihre Arme um den Hals des Bruders, des unglücklichen Flüchtlings, schlingen. So viel ist klar: aber die Construction ist schwierig, wenn nicht unmöglich. Man kann in der trag. Sprache sagen: περιβάλλειν τί τινι, oder περιβάλλειν τινά τινι. Im ersten Falle steht der Gegenstand, der um einen andern, im zweiten der Gegenstand, um den etwas geworfen wird, im Accusativ. Wir haben nur hier, wenn ὠλένας richtig ist, den ersten der beiden Fälle (vgl. 189: δουλείαν περιβαλών). Aber dann hängt φυγάδα μέλεον in der Luft und lässt keine befriedigende Erklärung zu.
166. χρόνῳ (gehört zu βάλοιμι), „nach langer Zeit", „endlich"; s. 295. 305.
167 ff. Antigone freut sich über die Erscheinung ihres Bruders, der mit seiner goldenen Rüstung dem Morgenstrahl gleicht.

12 ΕΥΡΙΠΙΔΟΥ

ΠΑΙΔΑΓΩΓΟΣ.
170 ἥξει δόμους τούσδ', ὥστε σ' ἐμπλῆσαι χαρᾶς,
ἔνσπονδος.
ΑΝΤΙΓΟΝΗ.
οὗτος δ', ὦ γεραιέ, τίς κυρεῖ,
ὃς ἅρμα λευκὸν ἡνιοστροφεῖ βεβώς;
ΠΑΙΔΑΓΩΓΟΣ.
ὁ μάντις Ἀμφιάραος, ὦ δέσποιν', ὅδε·
σφάγια δ' ἅμ' αὐτῷ, γῆς φιλαίματοι ῥοαί.
ΑΝΤΙΓΟΝΗ.
175 ὦ λιπαροζώνου θύγατερ ἁ Λατοῦς
Σελαναία, χρυσεόκυκλον φέγγος,
ὡς ἀτρεμαῖα κέντρα κέντρα καὶ σώφρονα
πώλοις διαφέρων ἰθύνει.
ποῦ δ' ὃς τὰ δεινὰ τῇδ' ἐφυβρίζει πόλει
180 Καπανεύς;
ΠΑΙΔΑΓΩΓΟΣ.
ἐκεῖνος προσβάσεις τεκμαίρεται
πύργων ἄνω τε καὶ κάτω τείχη μετρῶν.
ΑΝΤΙΓΟΝΗ.
ἰώ,
Νέμεσι καὶ Διὸς βαρύβρομοι βρονταί,
κεραυνῶν τε φῶς αἰθαλόεν, σύ τοι
μεγαλαγορίαν ὑπεράνορα κοιμίζεις·
185 ὅδ' ἐστίν, αἰχμαλώτιδας
ὃς δορὶ Θηβαίας Μυκήναισιν

171. ἔνσπονδος] So viel als ὑπόσπονδος; vgl. zu 81.
171 f. Antigone ist so neugierig, dass sie die freudige Nachricht nicht einmal mit einem Worte begrüsst. — κυρεῖ, s. 137.
172. ἅρμα λευκόν] Der Wagen wird so bezeichnet, weil die Rosse weiss waren (Schol.). Eine ähnliche Uebertragung eines Adjectivs unten 792.
175 f. Die Adjj. λιπαροζωνος und χρυσεόκυκλος nur hier.
177 ff. Wie ruhig und gemässigt schwingt er die Geissel hierhin und dorthin über die Pferde und lenkt seinen Wagen. — Amphiaraos, der um seinen eigenen Untergang weiss, unterscheidet sich von den übrigen Helden durch sein besonnenes Wesen. Dieses fällt der Antig. sofort auf. Vgl. Aeschylos Sieben 568 ff.: ἧκτον λέγοιμ' ἄν ἄνδρα σωφρονέστατον, u. s. w.
179 f. Dieses Auftreten des Kapaneus stimmt mit den Aussagen des Aeschylos (Sieben 423 — 429); die Worte die man 426 liest: πύργοις δ' ἀπειλεῖ δεῖν', mögen unserem Dichter vorgeschwebt haben.
180. προσβάσεις sind die Zugänge zu den Thürmen; vgl. 744 τειχέων προσαμβάσεις. Diesen forscht er nach, indem er die Mauern nach allen Richtungen mit den Augen misst. Diese Recognoscirung der feindlichen Befestigungen führt dann später zu dem verwegenen Versuch, die Mauer mittelst einer Leiter zu ersteigen, wobei er umkommt (1172 ff.).
184. μεγαλαγορίαν] Das verwegene Reden und laute Prahlen wird übereinstimmend als die hervorstechendste Eigenschaft des Kapaneus bezeichnet; dadurch verfiel er dem Zorne des Zeus und dem Tode durch den Blitzstrahl, den Antigone soeben erwähnt hat.
185. αἰχμαλώτιδας] Vgl. 189, 192, 564 und zu 561 ff.

ΦΟΙΝΙΣΣΑΙ. 13

Λερναία τε δώσειν Τριαίνᾳ,
Ποσειδανίοις Ἀμυμωνίοις
ὕδασι, δουλείαν περιβαλών;
μήποτε μήποτε 190
τάνδ᾽, ὦ πότνια, χρυσεοβόστρυχε,
ὦ Διὸς ἔρνος Ἄρτεμι, δουλοσύναν τλαίην.

ΠΑΙΔΑΓΩΓΟΣ.
ὦ τέκνον, εἴσβα δῶμα καὶ κατὰ στέγας
ἐν παρθενῶσι μίμνε σοῖς, ἐπεὶ πόθου
εἰς τέρψιν ἦλθες ὧν ἔχρῃζες εἰσιδεῖν. 195
ὄχλος γάρ, ὡς ταραγμὸς εἰσῆλθεν πόλιν,
χωρεῖ γυναικῶν πρὸς δόμους τυραννικούς.
φιλόψογον δὲ λῆμα θηλειῶν ἔφυ,
σμικράς τ᾽ ἀφορμὰς ἢν λάβωσι τῶν ψόγων,
πλείους ἐπεισφέρουσιν· ἡδονὴ δέ τις 200
γυναιξὶ μηδὲν ὑγιὲς ἀλλήλαις λέγειν. (Beide ab in's Haus.)

ΧΟΡΟΣ
(von der rechten Seite in die Orchestra hineinziehend).
(στροφὴ α΄.)
Τύριον οἶδμα λιποῦσ᾽ ἔβαν
ἀκροθίνια Λοξίᾳ

187. δώσειν ist von einem verlorengegangenen Indicativ, wahrscheinlich εὔχεται, abhängig. — Λερναίᾳ — Τριαίνᾳ] Wenn hier alles in Ordnung ist, so muss Τρίαινα ein Ortsname sein. „Τρίαινα τόπος Ἄργους, ἔνθα τὴν τρίαιναν ἔπηξεν ὁ Ποσειδῶν συγγενόμενος τῇ Ἀμυμώνῃ, ὅπου καὶ πηγὴ ἀνεδόθη καὶ τὴν ἐπίκλησιν ἔσχεν ἐξ Ἀμυμώνης." So der Scholiast.
188 f. Ποσειδανίοις — ὕδασι] In epexegetischer Apposition zu Λερναίᾳ Τρίαινα. „Zum Dienste kriegsgefangener Sclavinnen gehörte es, Wasser zu holen und Wäsche zu fleuen; darum stehen diese Gewässer hier der Antigone so lebhaft vor der Seele." Hartung. Vgl. Homer Z 456 ff., wo Hektor zu Andromache spricht: καί κεν ἐν Ἄργει ἐοῦσα πρὸς ἄλλης ἱστὸν ὑφαίνοις, | καί κεν ὕδωρ φορέοις Μεσσηΐδος ἢ Ὑπερείης | πολλ᾽ ἀεκαζομένη, κρατερὴ δ᾽ ἐπικείσετ᾽ ἀνάγκη.
195. Wenn τέρψιν richtig ist, so bedeutet es „Sättigung", nämlich der Sehnsucht (πόθου). — ὧν, zu 482.
196. Da in Folge der allmählig entstehenden Verwirrung ein grösserer Schwarm von Frauen sich dem Palaste zu bewegt, ist Gefahr vorhanden, dass Ant. in übeln Ruf geräth

(vgl. zu 92 ff.). Darum soll sie schleunigst in ihre Gemächer zurückkehren.
198. λῆμα bedeutet nicht blos den Willen, sondern auch Character, Gesinnung, Disposition. So Heraklid. 3: ὁ δ᾽ εἰς τὸ κέρδος λῆμ᾽ ἔχων ἀνειμένον. Das. 199: ἀλλ᾽ οἶδ᾽ ἐγὼ τὸ τῶνδε λῆμα καὶ φύσιν. Die wichtigste Parallele Med. 348: ἥκιστα τοὐμὸν λῆμ᾽ ἔφυ τυραννικόν. — Das Gemüth der Frauen ist zum Tadel geneigt; wenn man ihnen nur eine kleine Handhabe (ἀφορμή) gibt, so hängen sie mehr daran. (Schiller unrichtig: „Je seltner sie zum Plaudern kommen, desto emsiger wird die Gelegenheit benutzt.") „Wenn man dem Teufel den kleinen Finger gibt, so nimmt er die ganze Hand." (Vgl. Simrock „Die deutschen Sprichwörter" n. 2450.) — Sehr bezeichnend ist die Aeusserung der Andromache (Troad. 647 ff.).
200 f. „Es muss, ich weiss nicht, welche Wollust für sie sein, einander nichts gesundes vorzuschwatzen." Schiller.
— ὑγιές, sincerum. Vgl. Andr. 952 f.: ὑγιὲς γὰρ οὐδὲν αἱ θύραθεν εἴσοδοι | δρῶσιν γυναικῶν, ἀλλὰ πολλὰ καὶ κακά.
203. ἀκροθίνιον (zusammengesetzt aus ἄκρος· und θίς, „von der

Φοινίσσας ἀπο νάσου
205 Φοίβῳ δούλα μελάθρων,
ἵν' ὑπὸ δειράσι νιφοβόλοις
Παρνασοῦ κατενάσθη,
Ἰόνιον κατὰ πόντον ἐλά-
τᾳ πλεύσασα περιρρύτων
210 ὑπὲρ ἀκαρπίστων πεδίων
Σικελίας Ζεφύρου πνοαῖς
ἱππεύσαντος ἐν οὐρανῷ
κάλλιστον κελάδημα.
(ἀντιστρ. ά.)
πόλεος ἐκπροκριθεῖσ' ἐμᾶς

Spitze eines Haufens genommen", und meistens, wie hier, im Plur.; unten 282 im Sing.) bedeutet alles den Göttern als Erstling Dargebrachte und bezieht sich gewöhnlich auf die Erzeugnisse des Friedens, also z. B. auf Feldfrüchte, die zu dem angegebenen Zwecke ausgewählt werden. Dann wird es aber auch auf den den Göttern geopferten Theil der Kriegsbeute übertragen. (Ein solches Weihgeschenk kann sogar aus Personen bestehen. So wurde die von den Ἐπίγονοι in Theben erbeutete Manto als ein ἀκροθίνιον ausgewählt und nach Delphi geschickt. Der Schol. zu Apollon. Rhod. I 308: οἱ δὲ τὴν Θηβαῖδα γεγραφότες φασὶν ὅτι ὑπὸ τῶν Ἐπιγόνων ἀκροθίνιον ἀνετέθη Μαντὼ ἡ Τειρεσίου θυγάτηρ εἰς Δελφοὺς πεμφθεῖσα.) — Wir haben nun hier ein ἀκροθίνιον, das nicht aus der Kriegsbeute genommen ist; das geht aus dem ganzen Zusammenhange hervor. Die Tyrier haben einen Sieg errungen (284: ἀκροθίνιον δορός) und diese Schaar von Jungfrauen, die ihrer eigenen Stadt angehören, als das einem Gotte zu opfernde ἀκροθίνιον bezeichnet. Die letzteren sind zu Dienerinnen des Apollon bestimmt (205, 221, 225) und gegenwärtig auf der Reise nach Delphi begriffen.
203, 205. Λοξίᾳ und Φοίβῳ sind Dative der Bestimmung. S. zu 17.
206. νιφοβόλοις] Vgl. unten 234.
207. κατενάσθη, sc. μέλαθρα, „wo seine Behausung aufgerichtet ist".
208. Ἰόνιον κατὰ πόντον] Der Name Ἰόνιος πόντος bezeichnet zunächst den Theil des Mittelmeers, den die Io auf ihren Wanderungen durchschwommen haben soll (daher der Name; vgl. Aesch. Prom. 839 ff.), also in engerem Sinne den südlichen Theil zwischen Italien und Griechenland; in weiterem werden auch die anstossenden Theile des Mittelmeers dazu gerechnet. Zuweilen steht Ἰ. π. schlechthin für das ganze Mittelmeer (vgl. Eustath. zu Dionys. Perieg. 92: λέγουσι δέ τινες καὶ τὸ ἀπὸ Γάζης μέχρι Αἰγύπτου πέλαγος Ἰόνιον λέγεσθαι ὁμοίως ἀπὸ τῆς Ἰοῦς); so auch hier.
209 f. περιρρύτων — πεδίων] Damit ist, wie schon die Alten sahen, die Meeresfläche gemeint, indem der Dichter sich eines dem homerischen ἀτρύγετος πόντος (vgl. ἁλὸς ἀτρυγέτοιο, ἀτρυγέτοιο θαλάσσης u. s. w.) analogen Ausdrucks bedient hat. Bei πεδία dachte er vielleicht an die homerische Formel ὑγρὰ κέλευθα. — Das Adj. ἀκάρπιστος nur hier.
211. Σικελίας kann nur mit den vorhergehenden Worten verbunden werden und muss zu περιρρύτων in Beziehung treten: das Meer, das Sicilien umfliesst.
Ζεφύρου] Dieser Wind begleitete die Jungfrauen wenigstens zum Theil auf ihrer Fahrt und war derselben, wie aus 213 hervorgeht, günstig; sie fuhren also von Tyros an der Küste von Kleinasien und Kreta vorbei, liessen beide Peloponnes rechts liegen, bogen sodann in den korinthischen Meerbusen ein und kamen so nach Kreusis, der Hafenstadt von Thespiä und Theben.
213. κάλλιστον κελάδημα, ein beschreibender Accusativ, der den Character des ἱππεύειν weiter ausführen soll. Vgl. zu 293.
214. Vgl. zu 202 ff.

ΦΟΙΝΙΣΣΑΙ. 15

καλλιστεύματα Λοξία 215
Καδμείων έμολον γᾶν,
κλεινῶν Ἀγηνοριδᾶν
ὁμογενεῖς ἐπὶ Λαΐου
πεμφθεῖσ᾽ ἐνθάδε πύργους.
ἴσα δ᾽ ἀγάλμασι χρυσοτεύ- 220
κτοις Φοίβῳ γενόμαν λάτρις.
ἔτι δὲ Κασταλίας ὕδωρ
περιμένει με κόμας ἐμᾶς
δεῦσαι παρθένιον χλιδὰν
Φοιβείαισι λατρείαις. 225
(ἐπῳδός.)
ὤ λάμπουσα πέτρα πυρὸς
δικόρυφον σέλας ὑπὲρ ἄκρων
Βακχείων Διονύσου

215. *Λοξίᾳ*] Vgl. zu 203. Die Tragiker liebten es, an den einander entsprechenden Stellen der Strophe und Antistrophe dasselbe Wort oder wenigstens gleichlautende Silben und Vokale anzubringen; vgl. 784 mit 801: *ὤ — ὤ*; 791 mit 808: *ἀναυλότατον — ἀμουσοτάταισι*; Med. 829 mit 840: *ἀεί — ἀεί*. — Hier ist die Uebereinstimmung wenigstens dem Sinne nach noch weiter durchgeführt: so entspricht *καλλίστευματα* den *ἀκροθίνια* und der ganze 214. Vers dem ersten Verse des Chorgesangs.

217 ff. „Hieher gesandt nach der mit den edlen Agenoriden verwandten Stadt des Laios"; vgl. 291. Agenor hatte sechs Söhne, Kadmos, Thasos, Kepheus, Kilix, Phönix und Phineus. Von diesen ging Kadmos nach Griechenland und gründete Theben, während Phönix der Stammvater der Phönizier wurde.

220. Der Chor vergleicht seine Bestimmung mit der von Ehrengeschenken; er tritt hier an die Stelle der goldenen Bildsäulen, die man sonst den Göttern weihte. Der Dichter benutzt diese Gelegenheit, um einen wenn auch nur äusserlichen Vergleich zwischen Menschen und den Erzeugnissen der bildenden Kunst anzubringen. Vgl. zu 100. 128 f.

222. Die kastalische Quelle lag auf dem Parnassos, von dem weiter unten die Rede ist.

224. *δεῦσαι* ist von *περιμένει* abhängig, indem es als Infinitiv den Zweck des *περιμ.* ausdrücken soll. —

χλιδάν, Schmuck; das Wort wird zuweilen auf üppig blühendes Haar bezogen (vgl. unser: „Haarschmuck"); s. Soph. El. 52: *καρατόμοις χλιδαῖς*.

225. *λατρείαις*, Dativ des Zwecks.

226 ff. Der Chor verbreitet sich über die Einzelheiten der Gegend, die er von jetzt an bewohnen soll. Da ist zunächst der mit zwei Gipfeln zum Himmel emporstrebende Parnassos mit seinen bacchischen Höhen; darauf folgen die Rebe des Dionysos, die Höhle des Drachen und die Warten der Götter; den Schluss bildet die schneebedeckte Bergesfläche. Die ganze Stelle erinnert lebhaft an den prachtvollen Chor in der Antigone 1126 ff., den Euripides frei benutzt hat.

226 f. *ὤ — σέλας*] Poetische Umschreibung zur Bezeichnung des doppelten Gipfels des Berges: vgl. die Erklärung des Scholiasten: *δικόρυφος ὢν ὁ Παρνασὸς ἐν μὲν τῇ μίᾳ κορυφῇ Ἀρτέμιδος ἱερὸν καὶ Ἀπόλλωνος εἶχεν, ἐν δὲ θατέρᾳ Διονύσου καὶ Σεμέλης. ὅθεν καὶ δικόρυφον σέλας καλεῖ ἀπὸ τοῦ ἐν αὐταῖς ἀναπτομένου πυρὸς εἰς τὴν τῶν θεῶν θυσίαν ὀνομάσας*. Bei Sophocles heisst der Berg einfach *δίλοφος πέτρα*.

226. *λάμπουσα*] Das Verbum ist hier, wie Hel. 1131 (*δόλιον ἀστέρα λάμψας*) transitiv: „ausstrahlend".

227 f. *ὑπὲρ ἄκρων Βακχείων*] Der ganze Berg hat Beziehung zu Dionysos; hier hatte er seinen Tempel, und hier feierten die Thyiaden ihre bacchischen Feste (vgl. zu 234).

ΕΥΡΙΠΙΔΟΥ

οἴνᾳ θ', ἃ καθαμέριον
230 στάζεις τὸν πολύκαρπον
οἰνάνθας ἱεῖσα βότρυν,
ζάθεά τ' ἄντρα δράκοντος οὐ-
ρειαί τε σκοπιαὶ θεῶν
νιφόβολόν τ' ὄρος ἱερόν, εἱ-
235 λίσσων ἀθάνατον θεὸν
χορὸς γενοίμαν ἄφοβος
παρὰ μεσόμφαλα γύαλα Φοί-
βου Δίρκαν προλιποῦσα.
  (στροφὴ β'.)
νῦν δέ μοι πρὸ τειχέων
240 θούριος μολὼν Ἄρης
αἷμα δάιον φλέγει
τᾷδ', ὃ μὴ τύχοι, πόλει·
κοινὰ γὰρ φίλων ἄχη·
κοινὰ δ', εἴ τι πείσεται
245 ἑπτάπυργος ἅδε γᾶ,
Φοινίσσᾳ χώρᾳ. φεῦ φεῦ.
κοινὸν αἷμα, κοινὰ τέκεα

229 ff. οἴνα — βότρυν] „Φασὶ δὲ καὶ ὅτι ἄμπελος ἦν ᾽ῳ τῷ τοῦ Διονύσου ἱερῷ, ἥτις καθ᾽ ἡμέραν ἑκάστην ἔφερε βότρυν, ἐξ οὗ ἡ σπονδὴ τῷ Διονύσῳ ἐγένετο." So die Erklärung des Scholiasten im Anschluss an das zu 226 f. Ausgezogene. Vgl. auch Soph. a. a. O. 1133.
232. δράκοντος] Nämlich des Drachen Python, den Apollon erschlagen hatte. Schol.: „Σπήλαιόν ἐστιν ἐν τῷ Παρνασῷ ὁράκοντος, ὃν ἀνεῖλεν Ἀπόλλων, καὶ τὸ δέρμα αὐτοῦ παρὰ τὸν ναὸν εὔρηται, τὴν τοῦ θεοῦ παριστῶν νίκην."
232 ff. οὔρειαι — θεῶν] Diese „Warten der Götter" sind eben jene oben erwähnten Bergspitzen.
234. Nach den Berichten der Alten war der Parnassos fast immer mit Schnee bedeckt; vgl. 206 und Soph. Oed. Kön. 474 f.: τοῦ νιφόεντος — Παρνασοῦ. Doch wird dieser Umstand von neueren Reisenden in Zweifel gezogen.
234 ff. εἱλίσσων — ἄφοβος] „Möge ich zu dem von Furcht befreiten Reigen werden der den unsterblichen Gott mit Tänzen ehrt". Der Chor will aus diesem Gewühl heraus und strebt der seligen Ruhe zu, die seiner in Delphi wartet. — εἱλίσσων mit dem Accusativ der Person, zu

deren Ehren man tanzt, s. ras. Herakl. 688 f.: τὸν | Λατοῦς εὔπαιδα γόνον | εἱλίσσουσαι καλλίχορον —, also auch wie hier, zu Ehren des Apollon. — χορεύω wird ebenso verbunden: vgl. die letzten Worte der oben erwähnten Chorgesangs — die Euripides hier nachgeahmt hat — (Ant. 1150 ff.) [προφάνηθι Ναξίαις σαῖς ἅμα περιπόλοις | Θυίαισιν,] αἵ σε μαινόμεναι πάννυχοι | χορεύουσι τὸν ταμίαν Ἴακχον.
237. μεσόμφαλα γύαλα] Delphi mit seinem Parnass, und speciell der ὀμφαλός im Tempel des Apollon galt den Alten als der Mittelpunkt der Erde. Vgl. Aesch. Sieben 746 ff.: ἐν | μεσομφάλοις Πυθικοῖς | χρηστηρίοις. Choeph. 1036: μεσόμφαλόν θ' ἴδρυμα, Λοξίου πέδον. — γύαλα, „Höhlung", wird zuweilen auf das verborgene μαντεῖον in Delphi bezogen; vgl. Ion 220. Andr. 1093.
242. ὃ μὴ τύχοι, „was Gott verhüten möge" („verhüt's Gott"), vgl. 571: ὃ μὴ τύχοι ποτέ. Aehnlich ist ὃ μὴ γένοιτο, Aesch. Sieben 5.
243 f. κοινὰ — κοινὰ δ', vgl. 247; dasselbe Wort, mit besonderer Emphase, in zwei aufeinander folgenden Versen an der gleichen Stelle, wie 320 f. ποθεινός.
247 f. Jetzt wird sogar noch die Stammmutter Io hereingezogen: der

ΦΟΙΝΙΣΣΑΙ.

τᾶς κερασφόρου πέφυκεν Ἰοῦς·
ὧν μέτεστί μοι πόνων.
(ἀντιστρ. β'.)
ἀμφὶ δὲ πτόλιν νέφος 250
ἀσπίδων πυκνὸν φλέγει
σῆμα φοινίου μάχης,
ἃν Ἄρης τάχ' εἴσεται
παισὶν Οἰδίπου φέρων
πημονὰν Ἐρινύων. 255
Ἄργος ὦ Πελασγικόν,
δειμαίνω τὰν σὰν ἀλκὰν
καὶ τὸ θεόθεν· οὐ γὰρ ἄδικον
εἰς ἀγῶνα τόνδ' ἔνοπλος ὡρμᾶθ',
ὃς μετέρχεται δόμους. 260

ΠΟΛΥΝΕΙΚΗΣ
(behutsam vorschreitend).

τὰ μὲν πυλωρῶν κλῇθρά μ' εἰσεδέξατο
δι' εὐπετείας, τειχέων εἴσω μολεῖν.
ὃ καὶ δέδοικα μή με δικτύων ἔσω
λαβόντες οὐκ ἐκφρῶσ' ἀναίμακτον χρόα.
ὧν οὕνεκ' ὄμμα πανταχῇ διοιστέον 265
κἀκεῖσε καὶ τὸ δεῦρο, μὴ δόλος τις ᾖ.
ὡπλισμένος δὲ χεῖρα τῷδε φασγάνῳ
τὰ πίστ' ἐμαυτῷ τοῦ θράσους παρέξομαι.

(Pause. Er fährt zusammen.)

ὠή τίς οὗτος; ἢ κτύπον φοβούμεθα;
ἅπαντα γὰρ τολμῶσι δεινὰ φαίνεται, 270

Schol.: „ἀπὸ Ἰοῦς Ἔπαφος, οὗ Λιβύη, ἧς Βῆλος, οὗ Φοῖνιξ καὶ Ἀγήνωρ, οὗ Κάδμος."
250. νέφος] Dieses Wort wird häufig metaphorisch zur Bezeichnung der „Dunkelheit" gebraucht. Vgl. 1311. Med. 107.
252. σῆμα φοινίου μάχης = 1378.
253. „So wie hier τάχ' εἴσεται Ἄρης, so hat der Dichter Iph. Aul. 970 τάχ' εἴσεται σίδηρος geschrieben. Das Schwert soll's erkünden ist so viel wie das Schwert soll's entscheiden." Hartung. Vgl. 1305.
256 f. Argos' Kriegstüchtigkeit war berühmt; vgl. zu 717.
258. θεόθεν ist ein seltenes Wort; substantivirt kommt es, wie es scheint, nur hier vor.
261. κλῇθρα] S. zu 114.
262. δι' εὐπετείας, adverbialer Begriff = εὐπετῶς, wie unser „mit

Leichtigkeit". — μολεῖν, sc. ὥστε μολ.
263. ὅ, „drum", s. zu 155. — δικτύων ἔσω, eine von der Jagd entlehnte Metapher.
264. ἀναίμακτον gehört zu μέ; also blutlos in Bezug auf die Haut, „mit heiler Haut". χρόα Accusativ des Bezugs. Vgl. 1403 und Krüger § 46, 4. — Uebrigens liegt ein Euphemismus vor; vgl. nemo omnium intactus profugit (Sall. Jug. 54).
268. τοῦ θράσους Genetiv der Angehörigkeit: Das Vertrauen, welches dem Muth angehört, — d. h. welches derselbe verleiht.
270. τολμῶσι, der auf einen Satz bezogene Dativ der Relation, d. h. der Person für die das Ausgesagte speciell gilt. Vgl. Krüger I § 48, 5 und die dort angeführte, auch dem Sinne nach dem vorliegenden Verse ver-

ΕΥΡΙΠΙΔΟΥ

ὅταν δι' ἐχθρᾶς πούς ἀμείβηται χθονός.
πέποιθα μέντοι μητρὶ κοὐ πέποιθ' ἅμα,
ἥτις μ' ἔπεισε δεῦρ' ὑπόσπονδον μολεῖν.
ἀλλ' ἐγγὺς ἀλκή· βώμιοι γὰρ ἐσχάραι
275 πέλας πάρεισι, κοὐκ ἔρημα δώματα.
φέρ' ἐς σκοτεινὰς περιβολὰς μεθῶ ξίφος
καὶ τάσδ' ἔρωμαι, τίνες ἐφεστᾶσιν δόμοις.
ξέναι γυναῖκες, εἴπατ', ἐκ ποίας πάτρας
Ἑλληνικοῖσι δώμασιν πελάζετε;

ΧΟΡΟΣ.
280 Φοίνισσα μὲν γῆ πατρὶς ἡ θρέψασά με,
Ἀγήνορος δὲ παῖδες ἐκ παίδων δορὸς
Φοίβῳ μ' ἔπεμψαν ἐνθάδ' ἀκροθίνιον.
μέλλων δὲ πέμπειν μ' Οἰδίπου κλεινὸς γόνος
μαντεῖα σεμνὰ Λοξίου τ' ἐπ' ἐσχάρας,
285 ἐν τῷδ' ἐπεστράτευσαν Ἀργεῖοι πόλιν.
σὺ δ' ἀντάμειψαί μ', ὅστις ὢν ἐλήλυθας
ἑπτάστομον πύργωμα Θηβαίας χθονός.

ΠΟΛΥΝΕΙΚΗΣ.

πατὴρ μὲν ἡμῖν Οἰδίπους ὁ Λαΐου,
ἔτικτε δ' Ἰοκάστη με παῖς Μενοικέως·
290 καλεῖ δὲ Πολυνείκην με Θηβαῖος λεώς.

ΧΟΡΟΣ
(im höchsten Entzücken).

ὦ συγγένεια τῶν Ἀγήνορος τέκνων,
ἐμῶν τυράννων, ὧν ἀπεστάλην ὕπο,

wandte Stelle des Sophokles (fr. 58):
ἅπαντα τῷ φοβουμένῳ ψοφεῖ.
272. πέποιθα — κοὐ πέποιθ' ἅμα] „Dergleichen pointirte Gegensätze sind dem Euripides besonders geläufig" Köchly zu Iph. Taur. 504. Vgl. unten 357: φρονῶν οὐ κοὐ φρονῶν. Alk. 141: καὶ ζῶσαν εἰπεῖν καὶ θανοῦσαν ἔστι σοι. Weitere Beispiele bei Köchly zu Iph. Taur. 512. Vgl. auch zu 1047.
274 f. Im schlimmsten Falle kann er den Schutz des Altars aufsuchen.
276. σκοτεινάς, indem die Griechen es überhaupt lieben, auf das Aussehen der von ihnen beschriebenen Dinge einzugehen. Vgl. Aesch. Sieben 664.
280—285. S. zu 202 ff.
284. Das ἐπί gehört auch zu μαντεῖα σεμνά.
285. ἐν τῷδε, in diesem Augenblick. Temporaler Gebrauch der Präposition und des substantivirten Neutrums τόδε.
286. ὅστις ὢν ἐλήλυθας] Das Hauptgewicht der Frage liegt in dem Particip; das verbum finitum ist nebensächlich. (Schiller ungenau: „Lass du nun auch mich hören, wer du seyst, und was nach Thebens Veste dich — geführt?") Derartige Constructionen sind den griechischen Dichtern geläufig. Vgl. 604 und La Roche zu Homers Ilias II 101.
291. συγγένεια, abstractum pro concreto. Zur Sache vgl. zu 218.
291 ff. Die Chorführerin fällt vor dem Verwandten ihres Herrn (ἐμῶν τυράννων) auf die Kniee (γονυπετεῖς ἕδραι, der Sitz, welcher in dem auf-die-Kniee-Fallen besteht), wie das in ihrer Heimat (294) — d. h. in dem Orient überhaupt — Sitte ist. Vgl. die Geschichte bei Herodot VII 136.

ΦΟΙΝΙΣΣΑΙ. 19

γονυπετεῖς ἕδρας προσπίτνω σ',
ἄναξ, τὸν οἴκοθεν νόμον σέβουσα.
ἔβας ἔβας ὦ χρόνῳ γᾶν πατρῴαν. 295
ἰὼ ἰὼ πότνια, μόλε πρόδρομος,
ἀμπέτασον πύλας.
κλύεις, ὦ τεκοῦσα τόνδε μᾶτερ;
τί μέλλεις ὑπώροφα μέλαθρα περᾶν,
θιγεῖν τ' ὠλέναις τέκνου; 300

ΙΟΚΑΣΤΗ.

Φοίνισσαν βοαν
κλύουσ', ὦ νεάνιδες, γηραιῷ
ποδὶ τρομεράν ἕλκω ποδὸς βάσιν.

(Pause. Sie erblickt den Polyneikes.)

ἰὼ τέκνον,
χρόνῳ σὸν ὄμμα μυρίαις ἐν ἀμέραις 305
προσεῖδον· ἀμφίβαλλε μα-
στὸν ὠλέναισι ματέρος,
παρηίδων τ' ὄρεγμα βο-
στρύχων τε κυανόχρωτι χαί-
τας πλοκάμῳ, σκιάζων δέραν ἀμάν.
ἰὼ ἰώ, μόλις φανεὶς 310
ἄελπτα κἀδόκητα ματρὸς ὠλέναις.
τί φῶ σε; πῶς ἅπαντα
καὶ χερσὶ καὶ λόγοισι

---

293 f. γονυπετεῖς ἕδρας — σέ, doppelter Accusativ nach προσπίτνω; σέ Acc. des Objects, γον. ἕδρ. beschreibender Acc., s. zu 213. — σέβειν, colere, vgl. den Gebrauch von τιμᾶν (536, Iph. Taur. 54).
301. Φοίνισσαν βοάν] Vgl. 679 und 1301. Jakoste erkennt die Fremde an ihrer Stimme. Der Gegensatz zwischen Griechen und Barbaren wird häufig betont. (Vgl. 1509 und Hel. 276: τὰ βαρβάρων γὰρ δοῦλα πάντα πλὴν ἑνός.) Trotzdem lässt Euripides seine Phönizierinnen griechisch sprechen. Wie hoch steht in dieser Beziehung das griechische Drama über dem indischen Schauspiel! Dort sprechen blos der König und die hochgestellten Brahmanen das reine Sanskrit, während die Untergebenen, Frauen und selbst die Königin sich des dialektischen Prakrit bedienen.
302. γηραιῷ ποδί] S. zu 103.
— Das Folgende drückt das Schwerfällige in dem Gange der alten

Frau aus; auch ist ἕλκω sehr bezeichnend.
305. χρόνῳ, vgl. zu 166. — μυρίαις ἐν ἀμέραις, in, d. h. nach unzähligen Tagen. Auch wir kennen diesen Gebrauch der Präposition bei Zeitangaben. (In acht Tagen abreisen u. dgl.)
306. ἀμφίβαλλε, umschlinge, nämlich μαστὸν ματέρος.
308. παρηίδων ὄρεγμα, das Ausstrecken der Wangen = die ausgestreckten Wangen, näml. der Mutter. (Schiller unrichtig: „Lass die geliebten Wangen mich berühren".)
308. Die Ordnung ist: κυανόχρωτι πλοκάμῳ βοστρίχων χαίτας, nämlich des Polyneikes.
311. ἄελπτα κἀδόκητα] Acc. des ntr. plur. adverbial gebraucht. S. σκότια 336 und 1746.
312. ἅπαντα, adverbial, „in jeder Beziehung". Vgl. Herodot. I 32 gegen die Mitte: πᾶν ἐστὶ ἄνθρωπος συμφορή.

2*

ΕΥΡΙΠΙΔΟΥ

πολυέλικτον ἀδονὰν
315 ἐκεῖσε καὶ τὸ δεῦρο
περιχορεύουσα τέρψιν παλαιᾶν λάβω
χαρμονᾶν; ἰὼ τέκος,
ἔρημον πατρῷον ἔλιπες δόμον
φυγὰς ἀποσταλεὶς ὁμαίμου λώβᾳ,
320 ἦ ποθεινὸς φίλοις,
ἦ ποθεινὸς Θήβαις.
ὅθεν ἐμάν τε λευκόχροα κείρομαι
δακρυόεσσ' ἀνεῖσα πένθει κόμαν,
ἄπεπλος φαρέων λευκῶν, ὦ τέκνον,
325 δυσόρφναια δ' ἀμφιτρυχῆ τάδε
σκότι' ἀμείβομαι.
ὁ δ' ἐν δόμοισι πρέσβυς ὀμματοστερὴς
ἀπήνας ὁμοπτέρου τᾶς ἀπο-
ζυγείσας δόμων
330 πόθον ἀμφιδάκρυτον ἀεὶ κατέχων
ἀνῇξε μὲν ξίφους
ἐπ' αὐτόχειρά τε σφαγάν,
ὑπὲρ τέραμνά τ' ἀγχόνας,

314. Der Dichter will die Empfindungen der Iokaste bei ihrem Herumtanzen näher bezeichnen und bedient sich zu diesem Zwecke des Accusativs, dessen Beziehung zum Verbum (hier περιχορεύουσα) im Sinne einer beschreibenden Ausführung des Gedankens feststeht. S. zu 213. — πολυέλικτος ἀδονά, die vielverschlungene Freude, d. h. „die durch vieles Verschlingen hervorgebrachte Freude". (Schiller auch hier ungenau.) — In πολυέλικτος steckt das Verbum ἑλίσσω. Es liegt nun im Geiste des tragischen Stils, dass das Verbum, durch welches eine Sache, eine Empfindung oder ein Zustand hervorgebracht wird, ein mit einem Substantiv, Adverbium oder einer Präposition zusammengesetztes Adjectiv bildet, das dann mit dem die Sache, die Empfindung oder den Zustand bezeichnenden Substantiv in Verbindung tritt. Vgl. solche Redensarten wie αἷμα τραγοκτόνον, ὠμοφάγον χάριν (Bakch. 139).
316. τέρψιν, Genuss.
320. ποθεινός, desideratus, vgl. Iph. Taur. 1005 f.: οὐ γὰρ ἀλλ' ἀνὴρ μὲν ἐκ δόμων | θανὼν ποθεινός.
323. [Kritischer Anhang.]
324. ἄπεπλος φαρέων] Ein Pleonasmus, der dadurch entsteht, dass die Sache, die man entbehrt, schon in dem Adjectiv steckt, das eigentlich nur den Begriff des Mangels ausdrücken sollte; vgl. Iph. Taur. 973: νῆστις (aus νὴ und ἐσθίω wie ἀλφηστής aus ἄλφι und ἐσθίω) βορᾶς. — Vgl. auch die Redensart πόδα τυφλόπουν (1549). — Iokaste hatte schwarze Kleider angelegt, deren ganzes Aussehen (nach 325 zeigen sie Risse) ihrem gegenwärtigen Geisteszustande entspricht.
325. Die Adjj. δυσόρφναιος und ἀμφιτρυχής nur hier.
326. ἀμείβομαι, tausche ich dafür ein, d. h. hülle mich an deren Stelle in diese dunklen Gewänder.
328. ἀπήνη ὁμόπτερος ist das gleichflügelige Paar (ἀπήνη wie ζεῦγος, ξυνωρίς gebraucht), also das Brüderpaar, das in Folge der grausamen Flüche des Vaters allen verwandtschaftlichen Gefühlen und Rücksichten Lebewohl gesagt und sich so vom Hause losgerissen hat (ἀποζυγείσας δόμων).
331 f. ξίφους ἐπὶ — σφαγάν, zu dem Mord des Schwertes, d. h. zu dem durch das Schwert bewirkten Mord. Der Genetiv als Agens. Vgl. auch zu 268.
333. Nach τέραμνα ist aus dem Vorhergehenden ἀνῇξεν ἐπὶ zu suppliren.

ΦΟΙΝΙΣΣΑΙ. 21

στενάζων ἀρὰς τέκνοις·
σὺν ἀλαλαῖσι δ᾽ αἰὲν ἀλαγμάτων 335
σκότια κρύπτεται.
(Pause.)
σὲ δ᾽, ὦ τέκνον, καὶ γάμοισι δὴ
κλύω ζυγέντα παιδοποιὸν ἀδονὰν
ξένοισιν ἐν δόμοις ἔχειν
ξένον τε κῆδος ἀμφέπειν, 340
ἄλαστα ματρὶ τᾷδε Λα-
ΐῳ τε τῷ παλαιγενεῖ,
γάμων ἐπακτὸν ἄταν.
ἐγὼ δ᾽ οὔτε σοι πυρὸς ἀνῆψα φῶς
νόμιμον ἐν γάμοις, 345
ὡς πρέπει ματέρι μακαρίᾳ·
ἀνυμέναια δ᾽ Ἰσμηνὸς ἐκηδεύθη
λουτροφόρου χλιδᾶς· ἀνὰ δὲ Θηβαίαν
πόλιν ἐσιγάθη σᾶς ἔσοδος νύμφας.
ὄλοιτο, τάδ᾽ εἴτε σίδαρος 350
εἴτ᾽ ἔρις εἴτε πατὴρ ὁ σὸς αἴτιος,

335. σύν, wie unser „unter", zur Bezeichnung der bei einer Handlung oder einem Zustande sich einstellenden begleitenden Umstände; vgl. 1415. — σὺν — αἰαγμάτων, „unter lautem Schrei steten Jammerns" Hartung.
336. σκότια, s. zu 311.
337 ff. σὲ — ἀμφέπειν] Polyneikes hat sich in der Fremde niedergelassen und sich dort mit einer Fremden vermählt. Das ist der Mutter in mehr als einer Beziehung schmerzlich. Sie hat so fest erwartet, ihr Sohn werde eine Einheimische zur Frau nehmen und ist nun bitter getäuscht worden. Hier spricht die Griechin aus ihr. Kommt dazu, dass dieser in der Fremde geschlossene Ehebund für ihr Vaterland unheilbringend ist (γάμων ἐπακτὸν ἄταν). Man bemerke auch die Wiederholung des Wortes ξένος.
344. Von diesem Verse an spricht Iokaste als Mutter. Wir hören dieselbe Klage, die auch sonst von den Müttern erhoben wird, welche der Hochzeit ihrer Kinder nicht beiwohnen können. So die von ihren Kindern Abschied nehmende Medea (Med. 1024 ff.): ἐγὼ δ᾽ ἐς ἄλλην γαῖαν εἶμι δὴ φυγάς, | πρὶν σφῶν ὄνασθαι κἀπιδεῖν εὐδαίμονας, | πρὶν λέκτρα καὶ γυναῖκα καὶ γαμηλίους | τινὰς ἀγῆλαι λαμπάδας τ᾽ ἀνασχιθεῖν. So die sterbende Alkestis zu ihrer Tochter (Alk. 317): οὐ γάρ σε μήτηρ οὔτε νυμφεύσει ποτέ κτλ. Auch in der Iphigenia in Aulis (730 ff.) erklärt Klytämnestra, der Hochzeit ihrer Tochter beiwohnen zu wollen. — ἀνῆψα φῶς] Eine Hauptsache, die eine Mutter sich nicht nehmen liess, war das Anzünden (ἀνάπτειν) und Emporhalten der bei der Abholung der Braut gebrauchten Fackeln. (Med. 1027.) Dieser Glanz der Hochzeit wurde natürlich auch von den griechischen Mädchen ungern vermisst, vgl. die Klage der von Apollon zur Mutter gewordenen Kreusa (Ion 1473 ff.): οὐχ ὑπὸ λαμπάδων οὐδὲ χορευμάτων | ὑμέναιος ἐμός, | τέκνον, ἔτικτε σὸν κάρα.
347 f. Die Stelle ist verdorben; indessen ist so viel klar, dass von dem Hochzeitsbade die Rede ist, zu dem das Wasser aus dem Ismenos herbeigeholt wurde. — λουτροφόρος χλιδή, der Glanz des Bades. Vgl. zu 224.
348 f. ἀνὰ — νύμφας, von dem Einzug deiner Braut (eigtl. jungen Frau, s. zu 136) war es still, d. h. kein Einzug erfolgte.
350. ὄλοιτο, Verwünschungsformel.
350 f. τάδ᾽ — αἴτιος] αἴτιος mit dem Acc. wie Hel. 261: τὰ μὲν δι᾽ Ἥραν, τὰ δὲ τὸ κάλλος αἴτιον.

ΕΥΡΙΠΙΔΟΥ

εἴτε τὸ δαιμόνιον κατεκώμασε
δώμασιν Οἰδιπόδα·
πρὸς ἐμὲ γὰρ κακῶν ἔμολε τῶνδ᾽ ἄχη.

ΧΟΡΟΣ.

355 δεινὸν γυναιξὶν αἱ δι᾽ ὠδίνων γοναί,
καὶ φιλότεκνόν πως πᾶν γυναικεῖον γένος.

ΠΟΛΥΝΕΙΚΗΣ.

μῆτερ, φρονῶν εὖ κοὐ φρονῶν ἀφικόμην
ἐχθροὺς ἐς ἄνδρας· ἀλλ᾽ ἀναγκαίως ἔχει
πατρίδος ἐρᾶν ἅπαντας· ὃς δ᾽ ἄλλως λέγει,
360 λόγοισι χαίρει, τὸν δὲ νοῦν ἐκεῖσ᾽ ἔχει.
οὕτω δ᾽ ἐτάρβησ᾽ εἰς φόβον τ᾽ ἀφικόμην,
μή τις δόλος με πρὸς κασιγνήτου κτάνῃ,
ὥστε ξιφήρη χεῖρ᾽ ἔχων δι᾽ ἄστεος
κυκλῶν πρόσωπον ἦλθον. ἓν δέ μ᾽ ὠφελεῖ,
365 σπονδαί τε καὶ σὴ πίστις, ἥ μ᾽ εἰσήγαγε
τείχη πατρῷα· πολύδακρυς δ᾽ ἀφικόμην,
χρόνιος ἰδὼν μέλαθρα καὶ βωμοὺς θεῶν
γυμνάσιά θ᾽ οἷσιν ἐνετράφην, Δίρκης θ᾽ ὕδωρ·
ὧν οὐ δικαίως ἀπελαθεὶς ξένην πόλιν
370 ναίω, δι᾽ ὄσσων νᾶμ᾽ ἔχων δακρυρροοῦν.
ἀλλ᾽ ἐκ γὰρ ἄλγους ἄλγος αὖ σὲ δέρκομαι
[κάρα ξυρῆκες καὶ πέπλους μελαγχίμους]
ἔχουσαν, οἴμοι τῶν ἐμῶν ἐγὼ κακῶν.
ὡς δεινὸν ἔχθρα, μῆτερ, οἰκείων φίλων
375 καὶ δυσλύτους ἔχουσα τὰς διαλλαγάς.
τί γὰρ πατήρ μοι πρέσβυς ἐν δόμοισι δρᾷ,

352 f. Das Verbum κατακωμάζω nur hier. — Οἰδιπόδα, zu 1496.
354. Die durch dieses Unheil herbeigeführten Leiden fallen auf mich. — ἔμολε, dem freien Gebrauch der Verba der Bewegung gemäss; vgl. βαίνειν, ἔρχομαι (Med. 418), φοιτᾶν und s. zu 153.
355. Das substantivirte Neutrum δεινόν bezeichnet das Wesen der beschriebenen Handlung. Ganz ähnlich, auch dem Sinne nach, Iph. Aul. 917 f.: δεινὸν τὸ τίκτειν καὶ φέρει φίλτρον μέγα, | πᾶσίν τε κοινὸν ὥσθ᾽ ὑπερκάμνειν τέκνων. — γυναιξίν, zu 439.
357. φρονῶν—φρονῶν, s. zu 272.
358. ἀναγκαίως ἔχει = ἀναγκαῖόν ἐστι, vgl. zu 117.
360. λόγοισι, hier (wie zuweilen unser „Worte") = „Redensarten". Vgl. zu 588.
361. ἀφικέσθαι entspricht in solchen Verbindungen unserem „gerathen".
362. μή τις δόλος, s. 266.
367. χρόνιος, „nach langer Zeit". Temporale Begriffe, die wir mittelst eines Adverbiums ausdrücken, werden dem Griechen häufig zu Adjectiven. Vgl. Or. 475: χρόνιος εἰσιδὼν φίλον. Das. 485: χρόνιος ὢν ἐν βαρβάροις. Alk. 26: σύμμετρος (so mit Nauck) δ᾽ ἀφίκετο. S. auch La Roche zu Homers Ilias I 424.
368. S. zu 626 ff.
371. ἄλγους ἄλγος] Durch eine solche Nebeneinanderstellung zweier Casus desselben Substantivums wird die Wirkung sehr verstärkt. Vgl. 462. 492. 1701. Aesch. Sieben 437: καὶ τῷδε κέρδει κέρδος ἄλλο τίκτεται.
376. μοι ist mit δρᾷ zu verbinden und entspricht so unserem „mir" der

ΦΟΙΝΙΣΣΑΙ. 23

σκότον δεδορκώς; τί δὲ κασίγνηται δύο;
ἦ που στένουσι τλήμονας φυγὰς ἐμάς;

ΙΟΚΑΣΤΗ.

κακῶς θεῶν τίς Οἰδίπου φθείρει γένος·
οὕτω γὰρ ἤρξατ', ἄνομα μὲν τεκεῖν ἐμέ, 380
κακῶς δὲ γῆμαι πατέρα σὸν φῦναί τε σέ.
ἀτὰρ τί ταῦτα; δεῖ φέρειν τὰ τῶν θεῶν.
ὅπως δ' ἔρωμαι, μή τι σὴν δάκω φρένα,
δέδοιχ' ἃ χρῄζω· διὰ πόθου δ' ἐλήλυθα.

ΠΟΛΥΝΕΙΚΗΣ.

ἀλλ' ἐξερώτα, μηδὲν ἐνδεὲς λίπῃς· 385
ἃ γὰρ σὺ βούλει, ταῦτ' ἐμοί, μῆτερ, φίλα.

ΙΟΚΑΣΤΗ.

καὶ δή σ' ἐρωτῶ πρῶτον ὧν χρῄζω τυχεῖν,
τί τὸ στέρεσθαι πατρίδος; ἦ κακὸν μέγα;

ΠΟΛΥΝΕΙΚΗΣ.

μέγιστον· ἔργῳ δ' ἐστὶ μεῖζον ἢ λόγῳ.

ΙΟΚΑΣΤΗ.

τίς ὁ τρόπος αὐτοῦ; τί φυγάσιν τὸ δυσχερές; 390

ΠΟΛΥΝΕΙΚΗΣ.

ἓν μὲν μέγιστον, οὐκ ἔχειν παρρησίαν.

ΙΟΚΑΣΤΗ.

δούλου τόδ' εἶπας, μὴ λέγειν ἅ τις φρονεῖ.

gemüthlichen Conversationssprache. S. Krüger § 48, 12 A. 3.
379. Aehnliche Gedanken spricht Eteokles in den Sieben gegen Th. des Aeschylos aus; s. dort 689. 702. 709. Vgl. auch die bittere Klage, in welche er das. 653 f. ausbricht: ὦ θεομανές καὶ θεῶν μέγα στύγος, | ὦ πανδάκρυτον ἁμὸν Οἰδίπου γένος.
382. δεῖ φέρειν τὰ τῶν θεῶν] Dieser Gedanke wird häufig wiederholt und variirt; vgl. Hel. 254. Aesch. Prom. 103 f.
384. διὰ πόθου δ' ἐλήλυθα] Diese Verbindung von ἔρχομαι (μολεῖν, βαίνω) mit διά und dem Genetiv gehört namentlich dem tragischen Stil an; es wird dadurch ein geistiger Zustand bezeichnet, der in dem Vorhandensein der in Rede stehenden Empfindung begründet ist. Vgl. 479 und 1561.
387. ἐρωτῶ] Gebrauch des Präsens in der lebhaften Rede, zur Bezeichnung eines Vorsatzes und der

Ausführung desselben — „ich will dich fragen".... — Vgl. 602.
388. Für die Hellenen ist die Heimatlosigkeit ein noch grösseres Unglück als für uns; denn in jedem griech. Staat ist der Nichtbürger — falls er nicht die Stellung eines Halbbürgers innehat — ein Fremder, dessen Sicherheit precär, dessen Person der Willkür preisgegeben ist. So kann der Hellene die Sehnsucht nach dem Vaterlande nie verschmerzen. Man vergleiche das ergreifende Bild, welches die verstossene Medea (Med. 252 ff. 502 ff.) von ihrer Lage entwirft. Vgl. auch Med. 643 ff. und s. unten 977.
389. ἔργῳ — λόγῳ] Dieser Gegensatz zwischen ἔργον und λόγος wird von Euripides häufig betont. So Or. 287: τοῖς μὲν λόγοις ηὔφρανε, τοῖς δ' ἔργοισιν οὔ. Schutzfl. 907 f.: φρόνημα δὲ | ἐν τοῖσιν ἔργοις, οὐχὶ τοῖς λόγοις ἔχων.
392. δούλου τόδ' εἶπας] Prägnant, anstatt δούλου τόδ' ἐστὶν ὃ εἶπας. Vgl. 915. Kykl. 196: δεινὸν τόδ'

ΕΥΡΙΠΙΔΟΥ

ΠΟΛΥΝΕΙΚΗΣ.
τὰς τῶν κρατούντων ἀμαθίας φέρειν χρεών.
ΙΟΚΑΣΤΗ.
καὶ τοῦτο λυπρόν, συνασοφεῖν τοῖς μὴ σοφοῖς.
ΠΟΛΥΝΕΙΚΗΣ.
395 ἀλλ' εἰς τὸ κέρδος παρὰ φύσιν δουλευτέον.
ΙΟΚΑΣΤΗ.
αἱ δ'. ἐλπίδες βόσκουσι φυγάδας, ὡς λόγος.
ΠΟΛΥΝΕΙΚΗΣ.
καλοῖς βλέπουσαί γ' ὄμμασιν, μέλλουσι δέ.
ΙΟΚΑΣΤΗ.
οὐδ' ὁ χρόνος αὐτὰς διεσάφησ' οὔσας κενάς;
ΠΟΛΥΝΕΙΚΗΣ.
ἔχουσιν Ἀφροδίτην τιν' ἡδεῖαν κακῶν.
ΙΟΚΑΣΤΗ.
400 πόθεν δ' ἐβόσκου πρὶν γάμοις εὑρεῖν βίον;
ΠΟΛΥΝΕΙΚΗΣ.
ποτὲ μὲν ἐπ' ἦμαρ εἶχον, εἶτ' οὐκ εἶχον ἄν.
ΙΟΚΑΣΤΗ.
φίλοι δὲ πατρὸς καὶ ξένοι σ' οὐκ ὠφέλουν;
ΠΟΛΥΝΕΙΚΗΣ.
εὖ πρᾶσσε· τὰ φίλων δ' οὐδέν, ἤν τι δυστυχῇς.
ΙΟΚΑΣΤΗ.
οὐδ' ηὐγένειά σ' ἦρεν εἰς ὕψος μέγα;
ΠΟΛΥΝΕΙΚΗΣ.
405 κακὸν τὸ μὴ ἔχειν· τὸ γένος οὐκ ἔβοσκέ με.

εἶπας. Med. 705: τόδ' ἄλλο καινὸν αὖ λέγεις κακόν. — τίς, zu 447.

393. ἀμαθία wird hier, wie unser „Dummheit", von der Anlage auf die daraus entspringenden Handlungen übertragen.

394. Es ist hart, „mit den Wölfen heulen" zu müssen. Das Verbum συνασοφεῖν nur hier.

396. Vgl. 634: ἐλπίδες δ' οὔπω καθεύδουσι.

399. „Sie haben eine Art von süsser Anhänglichkeit an das Missgeschick"; d. h. sie sind in einer für den Leidenden angenehmen Weise mit dem Unglück verbunden, sie lindern die Sorgen.

400. πρὶν — βίον] Durch Heirath mit einer Fürstentochter verbessert ein Flüchtling seine Stellung; er gewinnt Freunde und Ansehen. Diesen Umstand macht Iason der Medea gegenüber geltend (Med. 551 f.): ἐπεὶ μετέστην δεῦρ' Ἰωλκίας χθονὸς | πολλὰς ἐφέλκων συμφοράς ἀμηχάνους, | τί τοῦδ' ἂν εὕρημ' εὗρον εὐτυχέστερον | ἢ παῖδα γῆμαι βασιλέως φυγὰς 'γε-γώς;

403. εὖ πράσσε, „sorge dass es dir gut gehe".— τὰ φίλων — δυστυχῇς gerade wie Med. 561: πένητα φεύγει πᾶς τις ἐκποδὼν φίλος.— τὰ φίλων, zu 1276.— οὐδέν, sind nichts werth, vgl. Kr. II § 67, 1 A. 5.

405. Polyneikes kommt immer wieder auf dasselbe zurück; das Schlimmste was einem widerfahren kann, ist: nichts zu haben. Vom blossen Adel kann' man nicht leben.

ΦΟΙΝΙΣΣΑΙ. 25

ΙΟΚΑΣΤΗ.
ἡ πατρίς, ὡς ἔοικε, φίλτατον βροτοῖς.
ΠΟΛΥΝΕΙΚΗΣ.
οὐδ' ὀνομάσαι δύναι' ἂν ὡς ἐστὶν φίλον.
ΙΟΚΑΣΤΗ.
πῶς δ' ἦλθες Ἄργος; τίν' ἐπίνοιαν ἔσχεθες;
ΠΟΛΥΝΕΙΚΗΣ.
οὐκ οἶδ'· ὁ δαίμων μ' ἐκάλεσεν πρὸς τὴν τύχην. 413
ΙΟΚΑΣΤΗ.
σοφὸς γὰρ ὁ θεός· τίνι τρόπῳ δ' ἔσχες λέχος; 414
ΠΟΛΥΝΕΙΚΗΣ.
ἔχρησ' Ἀδράστῳ Λοξίας χρησμόν τινα. 409
ΙΟΚΑΣΤΗ.
ποῖον; τί τοῦτ' ἔλεξας; οὐκ ἔχω μαθεῖν. 410
ΠΟΛΥΝΕΙΚΗΣ.
κάπρῳ λέοντί θ' ἁρμόσαι παίδων γάμους.
ΙΟΚΑΣΤΗ.
καὶ σοὶ τί θηρῶν ὀνόματος μετῆν, τέκνον;
ΠΟΛΥΝΕΙΚΗΣ.
νὺξ ἦν, Ἀδράστου δ' ἦλθον εἰς παραστάδας. 415
ΙΟΚΑΣΤΗ.
κοίτας ματεύων ἢ φυγὰς πλανώμενος;
ΠΟΛΥΝΕΙΚΗΣ.
ἦν ταῦτα· κᾆτά γ' ἦλθεν ἄλλος αὖ φυγάς.

406. Ueber das Vaterland geht nichts. Hel. 219—222: μάτηρ μὲν οἴχεται, — χθόνα δὲ πάτριον οὐχ ὁρᾷς.
414. τίνι — λέχος, aber wie kamst du zu der Heirath?
410. Das Gesetz der Stichomythie erfordert den ununterbrochenen Fortgang der in einem Verse enthaltenen Einzelreden. Wo nun Jemand einer längeren Erörterung bedarf, muss er immer von dem Andern unterbrochen werden, damit das Gesetz nicht verletzt werde. Nun machen die Dichter aus der Noth eine Tugend und wissen in solchen Fällen mittelst eingeschobener Fragen, zustimmender Worte des Zuhörenden u. dgl. das Vorhandensein eines Zwanges zu verdecken. Wie bei der Zahl der Schauspieler, wird auch hier die äussere Regel, anstatt zu einer drückenden Fessel, zu einer durchgeistigten künstlerischen Form. Natürlich gelingt es zuweilen beim besten Willen nicht, diesen Versen des Unterbrechenden einen sehr bedeutenden Gehalt zu verleihen; doch ist die Einschiebung meistens sehr geschickt motivirt. So hier, 416, 418, 738, 744. Vgl. auch Hel. 836. Heraklid. 795. Ion 331. 339. Soph. Ant. 1049 und sonst. — Grösser schon war die Verlegenheit z. B. Med. 679 f.; dort hat Aegeus mit der Mittheilung eines Orakelspruchs begonnen, den er schlechterdings nicht in éinen Vers hineinpressen kann: also muss ihn Medea folgendermassen unterbrechen: πρὶν ἄν τι δράσῃς ἢ τίν' ἐξίκῃ χθόνα;
411. Die eigenthümliche Construction (παίδων γάμους anstatt παῖδας γάμῳ) ist dem Orakel nachgebildet, das uns von den Scholien in folgender Fassung überliefert wird: κουράων δὲ γάμους ζεῦξον κάπρῳ ἠδὲ λέοντι, | οὕς κεν ἴδῃς προθύροισι τεοῦ δόμου ἐξ ἰε-

ΙΟΚΑΣΤΗ.
τίς ουτος; ως άρ' άθλιος κάκεΐνος ην.
ΠΟΛΥΝΕΙΚΗΣ.
Τυδεύς, ον Οίνέως φασίν έκφΰναι πατρός.
ΙΟΚΑΣΤΗ
420 τί θηρσίν υμάς δητ' Άδραστος είκασεν;
ΠΟΛΥΝΕΙΚΗΣ.
στρωμνής ες άλκήν ουνεκ' ήλθομεν πέρι.
ΙΟΚΑΣΤΗ.
ενταύθα Ταλαοΰ παις συνήκε θέσφατα;
ΠΟΛΥΝΕΙΚΗΣ.
κάδωκεν ημίν δύο δυοίν νεάνιδας.
ΙΟΚΑΣΤΗ.
άρ' ευτυχείς ουν τοις γάμοις ή δυστυχείς;
ΠΟΛΥΝΕΙΚΗΣ.
425 ού μεμπτός ήμΐν ο γάμος εις τόδ' ήμέρας.
ΙΟΚΑΣΤΗ.
πως δ' εξέπεισας δεύρό σοι σπέσθαι στρατόν;
ΠΟΛΥΝΕΙΚΗΣ.
δισσοίς Άδραστος ώμοσεν γαμβροίς τόδε,
[Τυδεί τε κάμοί· σύγγαμος γάρ έστ' εμός,]
άμφω κατάξειν εις πάτραν, πρόσθεν δ' εμέ.
430 πολλοί δε Δαναών και Μυκηναίων άκροι
πάρεισι, λυπράν χάριν, άναγκαίαν δ' εμοί
διδόντες· επί γάρ την εμήν στρατεύομαι
πόλιν. θεούς δ' έπώμοσ' ως άκουσίως
τοις φιλτάτοις έκούσιν ήράμην δόρυ.
435 αλλ' εις σε τείνει τώνδε διάλυσις κακών,
μήτερ, διαλλάξασαν ομογενείς φίλους

ροίο | άμοΰ στείχοντας, μηδέ φρεσί σήσι
πλανηθής.
417. ήν ταύτα] "So war's".
418. ως — ήν, Ausruf. Schiller ungenau: „Auch ein Unglücklicher, wie du?"
421. άλκήν, Kampf.
423. κάδωκεν] die Bejahung ist unterdrückt: ja, und gab uns u. s. w.
425. εις τίδ' ημέρας, „bis zur Stunde". In dieser tragischen Formel (vgl. 1085. Alk. 9. Soph. Oed. auf Kol. 1138 mit Krüger II § 47, 10 A. 3) nimmt ημέρα die erweiterte Bedeutung „Zeit", „Leben" an. Die Erklärung des εις τόδε s. zu 963.
431. Auch hier haben wir einen von den zugespitzten Gegensätzen,

welche die Tragiker so sehr lieben. Vgl. namentlich Soph. Ant. 436: αλλ' ηδέως έμοιγε κάλγεινώς άμα. Dieser Vers hat unserem Dichter vorgeschwebt Hipp. 348: ήδιστον, ώ παί, ταυτόν κάλγεινόν θ' άμα.
432 ff. Polyneikes weiss, dass kein Unrecht, das ihm geschehen, so flagrant es auch sei, sein Verfahren zu entschuldigen vermag. Ehe er daher zum Angriff schreitet, ruft er die Götter zu Zeugen an, dass er nur mit dem grössten Widerwillen zum Schwerte greift. Vgl. 491 ff. 604. — Die griechischen Worte erinnern an Andr. 37 f.: Ζεύ τάδ' είδείη μέγας, | ως ούχ έκοΰσα τηδ' έκοινώθην λέχει. — φ. εκοΰσιν, die's gewollt haben, nämlich Eteokles.

ΦΟΙΝΙΣΣΑΙ. 27

παῦσαι πόνων με καὶ σὲ καὶ πᾶσαν πόλιν.
πάλαι μὲν οὖν ὑμνηθέν, ἀλλ' ὅμως ἐρῶ·
τὰ χρήματ' ἀνθρώποισι τιμιώτατα
δύναμίν τε πλείστην τῶν ἐν ἀνθρώποις ἔχει. 440
ἀγὼ μεθήκω δεῦρο μυρίαν ἄγων
λόγχην· πένης γὰρ οὐδὲν εὐγενὴς ἀνήρ.

ΧΟΡΟΣ.

καὶ μὴν Ἐτεοκλῆς εἰς διαλλαγὰς ὅδε
χωρεῖ· σὸν ἔργον, μῆτερ Ἰοκάστη, λέγειν
τοιούσδε μύθους οἷς διαλλάξεις τέκνα. 445

ΕΤΕΟΚΛΗΣ
(wild umherblickend, in höchster Erregung).

μῆτερ, πάρειμι· τὴν χάριν δὲ σοὶ διδοὺς
ἦλθον. τί χρὴ δρᾶν; ἀρχέτω δέ τις λόγου·
ὡς ἀμφὶ τείχη καὶ ξυνωρίδας λόχων
τάσσων ἐπέσχον μόλις, ὅπως κλύοιμί σου
κοινὰς βραβείας, αἷς ὑπόσπονδον μολεῖν 450
τόνδ' εἰσεδέξω τειχέων πείσασά με.

ΙΟΚΑΣΤΗ.

ἐπίσχες· οὔτοι τὸ ταχὺ τὴν δίκην ἔχει·
βραδεῖς δὲ μῦθοι πλεῖστον ἀνύουσιν σοφόν.
σχάσον δὲ δεινὸν ὄμμα καὶ θυμοῦ πνοάς·
οὐ γὰρ τὸ λαιμότμητον εἰσορᾷς κάρα 455

---

438. πάλαι — ὑμνηθέν] Vgl. Heraklid. 1: πάλαι ποτ' ἐστὶ τοῦτ' ἐμοὶ δεδογμένον. ὑμνεῖν steht oft geradezu für λέγειν, ὀνομάζειν, s. Ion 1590. So werden auch μέλος und ᾄδω gebraucht, vgl. Alk. 760 ff. So auch im Deutschen: „ein Lied singen", „die alte Flöte" u. dgl.
439. ἀνθρώποισι, dativus ethicus. Für die Menschen (d. h. in ihren Augen) haben Reichthümer den meisten Werth. S. Krüger I § 48, 6 A. 7, wo auch unsere Stelle angeführt ist.
440. τῶν ἐν ἀνθρώποις, von allen menschlichen Dingen.
441 f. λόγχην] Vgl. zu 78 ἀσπίδ'.
442. οὐδέν, in keiner Beziehung.
447. τίς, ganz allgemein, = „man".
448 f. [Krit.Anh.] ὡς, „denn", zu 523.
449. μόλις] Er ist so sehr mit den Vorbereitungen zur Abwehr beschäftigt, dass er sich kaum Zeit nimmt, der verabredeten Verhandlung beizuwohnen.
450. βραβεία nur hier.

451. τόνδε, zum Ausdruck der Geringschätzung, = istum. Aehnlich 474, 477, 479 und sonst.
452. ἐπίσχες, „halt!", auch Iph. Taur. 1192 und El. 962 am Versanfang. Es gehört der Umgangssprache an. — τὸ ταχύ substantivirtes Neutrum, „das rasche Wesen".
455 f. οὐ γὰρ — Γοργόνος] Vgl. Alk. 1118: καὶ δὴ προτείνω (τὴν χεῖρα), Γοργόν' ὣς καρατόμῳ. — Hier wie dort wird der Name der Γοργώ benutzt, um einen schreckenerregenden und verabscheuungswürdigen Anblick zu bezeichnen. Auch hier denkt der Dichter an die Erzeugnisse der bildenden Kunst. Diese stellte die Gorgo mit grossen gierigen Augen und fletschenden Zähnen dar. So erscheint sie namentlich auf alten Vasenbildern (wie bei Gerhard Auserles. griech. Vasenb. Taf. 107) und auf einer Metope von Selinus (Müller Dkm. der alten Kunst I Taf. 4 n. 24). — τό, das bekannte. — Dieser Gebrauch von λαιμότμητος („abgekehlt") nur hier. — εἰσορᾷς

ΕΥΡΙΠΙΔΟΥ

Γοργόνος, ἀδελφὸν δ' εἰσορᾷς ἥκοντα σόν.
σύ τ' αὖ πρόσωπον πρὸς κασίγνητον στρέφε,
Πολύνεικες· εἰς γὰρ τοῦτον ὄμμασι βλέπων
λέξεις τ' ἄμεινον τοῦδέ τ' ἐνδέξει λόγους.
460 παραινέσαι δὲ σφῷν τι βούλομαι σοφόν·
ὅταν φίλος τις ἀνδρὶ θυμωθεὶς φίλῳ
εἰς ἓν συνελθὼν ὄμματ' ὄμμασιν διδῷ,
ἐφ' οἷσιν ἥκει, ταῦτα χρὴ μόνον σκοπεῖν,
κακῶν δὲ τῶν πρὶν μηδενὸς μνείαν ἔχειν.
465 λόγος μὲν οὖν σὸς πρόσθε, Πολύνεικες τέκνον·
σὺ γὰρ στράτευμα Δαναϊδῶν ἥκεις ἄγων,
ἄδικα πεπονθώς, ὡς σὺ φῄς· κριτὴς δέ τις
θεῶν γένοιτο καὶ διαλλακτὴς κακῶν.

ΠΟΛΥΝΕΙΚΗΣ.

ἁπλοῦς ὁ μῦθος τῆς ἀληθείας ἔφυ,
470 κοὐ ποικίλων δεῖ τἄνδιχ' ἑρμηνευμάτων·
ἔχει γὰρ αὐτὰ καιρόν· ὁ δ' ἄδικος λόγος
νοσῶν ἐν αὑτῷ φαρμάκων δεῖται σοφῶν.
ἐγὼ δὲ πατρὸς δωμάτων προυσκεψάμην
τοὐμόν τε καὶ τοῦδ', ἐκφυγεῖν χρῄζων ἀρὰς
475 ἃς Οἰδίπους ἐφθέγξατ' εἰς ἡμᾶς ποτε,
ἐξῆλθον ἔξω τῆσδ' ἑκὼν αὐτὸς χθονός,

— εἰσορᾷς] In ihrem Eifer wiederholt Iokaste dasselbe Wort. Vgl. auch 563 f.
456. εἰσορᾷς ἥκοντα] Wo wir nach „sehen" den Infinitiv setzen, bedient sich der Grieche und der Engländer des Particips. Vgl. 564 f. 1150 f.
460 ff. Wird von Strattis (Phoeniss. fr. 1, Vol. II, S. 780 Mein.) auf witzige Weise parodirt: παραίνεσαι δὲ σφῷν τι βούλομαι σοφόν· | ὅταν φακῆν ἕψητε, μὴ 'πιχεῖν μύρον.
462. ὄμματ' ὄμμασιν διδῶ wie unser „Aug' in Auge schau'n". S. auch zu 371.
463. ἐφ' οἷσιν ἥκει ist ein dem demonstrativen Satze vorangestellter Relativsatz; s. zu 47—49.
465. πρόσθε ist Prädicat: dein Wort hat den Vorrang = „du hast das erste Wort".
465. Wie die Scholien bemerken, hatte der Kläger immer das erste Wort.
466 f. Auch hier steckt das Wichtigere im Particip. S. zu 286.
469. Dieser Vers war im ganzen Alterthum sehr berühmt und wurde häufig citirt. Vgl. den äschyleischen Vers (Aesch. fr. 170 Nauck), der unserem Dichter vorgeschwebt hat: ἁπλᾶ γάρ ἐστι τῆς ἀληθείας ἔπη. Diese Worte standen in der ὅπλων κρίσις, jener Tragödie, welche den Streit des Aias und des Odysseus um Achills Rüstung behandelte und wurden höchst wahrscheinlich dem Aias in den Mund gelegt. Vgl. übrigens noch Eur. fr. 255: ἁπλοῦς ὁ μῦθος, μὴ λέγ' εὖ. Xen. Anab. V 8, 18: ἁπλοῦς μοι, ἔφη, ὁ λόγος.
470. τἄνδιχ' (τὰ ἔνδικα) ist der Accusativ, dessen Gebrauch im Drama bei dergleichen Redensarten mit δεῖ feststeht. Die Person oder Sache die etwas braucht, steht im Accusativ, das was man braucht, im Genetiv. S. Krüger I § 48, 7 A. 2 und II § 47, 16 A. 2. — Vgl. unten 921. Hipp. 23: οὐ πόνου πολλοῦ με δεῖ. Ras. Herakl. 1170. Aesch. Prom. 86: αὐτὸν γάρ σε δεῖ Προμηθέως und sonst.
474. τοὐμόν τε καὶ τοῦδ'] Die Unterdrückung eines zweiten Artikels (τὸ) vor τοῦδ' wie Soph. Oed. auf Kol. 606: καὶ πῶς γένοιτ' ἂν τἀμὰ κἀκείνων πικρά;

ΦΟΙΝΙΣΣΑΙ.

δοὺς τῷδ' ἀνάσσειν πατρίδος ἐνιαυτοῦ κύκλον,
ὥστ' αὐτὸς ἄρχειν αὖθις ἀνὰ μέρος λαβὼν
καὶ μὴ δι' ἔχθρας τῷδε καὶ φόνου μολὼν
κακόν τι δρᾶσαι καὶ παθεῖν, ἃ γίγνεται.   480
ὁ δ' αἰνέσας ταῦθ' ὁρκίους τε δοὺς θεούς,
ἔδρασεν οὐδὲν ὧν ὑπέσχετ', ἀλλ' ἔχει
τυραννίδ' αὐτὸς καὶ δόμων ἐμὸν μέρος.
καὶ νῦν ἕτοιμός εἰμι τἀμαυτοῦ λαβὼν
στρατὸν μὲν ἔξω τῆσδ' ἀποστεῖλαι χθονός,   485
οἰκεῖν δὲ τὸν ἐμὸν οἶκον ἀνὰ μέρως λαβὼν
καὶ τῷδ' ἀφεῖναι τὸν ἴσον αὖθις αὖ χρόνον,
καὶ μήτε πορθεῖν πατρίδα μήτε προσφέρειν
πύργοισι πηκτῶν κλιμάκων προσαμβάσεις,
ἃ μὴ κυρήσας τῆς δίκης πειράσομαι   490
δρᾶν. μάρτυρας δὲ τῶνδε δαίμονας καλῶ,
ὡς πάντα πράσσων σὺν δίκῃ, δίκης ἄτερ
ἀποστεροῦμαι πατρίδος ἀνοσιώτατα.
ταῦτ' αὔθ' ἕκαστα, μῆτερ, οὐχὶ περιπλοκὰς
λόγων ἀθροίσας εἶπον, ἀλλὰ καὶ σοφοῖς   495
καὶ τοῖσι φαύλοις ἔνδιχ', ὡς ἐμοὶ δοκεῖ.

479. δι' ἔχθρας — μολών] Vgl. zu 384. Auch hier wird durch die Redensart μολεῖν διά τινος ein Zustand oder ein Verhältniss bezeichnet, dessen eigentlicher Charakter in dem τί liegt. Von grosser Wirkung ist die doppelte Beziehung des μολών; denn δι' ἔχθρας μ. geht auf die Gesinnung, welche die Brüder gegen einander hegen (das Verfeindetsein) und διὰ φ. μ. auf die blutigen Folgen dieser Gesinnung (das Mit-einander-im-Streit-Liegen); und während das erstere mehr Umschreibung ist, gestattet das letztere eine mehr wörtliche Uebersetzung und erinnert so an den drastischen Ausdruck (v. 20): καὶ πᾶς σὸς οἶκος βήσεται δι' αἵματος. — Schiller hat die Stelle missverstanden; er übersetzt: „Noch damals weit entfernt, mit Blut und Mord zurückzukehren."
480. ἃ γίγνεται, wie's zu geschehen pflegt.
481. αἰνέσας,„annehmend", demselben „beipflichtend", zu 924. — ὁρκίους — θεούς, und die mittelst Eides angerufenen Götter hinzufügend; d. h. und dabei die Götter zu Zeugen des (gleichzeitig geschworenen) Eides anrufend.

482. οὐδὲν ὧν, bekannte brachylogische Assimilation, indem ὧν = τῶν ἅ, s. Kr. § 51, 10, 1.
484. τἀμαυτοῦ, mein Theil. τἀμαυτοῖ als Gesammtbegriff, zur Bezeichnung des ihm Zukommenden, s. zu 958.
485. ἀποστεῖλαι] Schiller ungenau: „wegzuführen".
487. αὖθις αὖ] Ein bei den Attikern beliebter Pleonasmus; s. Hel. 932. Ion 1513. Soph. Oed. auf Kol. 1418. Phil. 952. — τὸν ἴσον χρόνον, wie 477 ἐνιαυτοῦ κύκλον Accusativ zur Bezeichnung der Dauer (des Sich-Erstreckens in der Zeit).
489. κλιμάκων (oder κλίμακος) προσαμβάσεις formelhaft. Vgl. 1173. Bakch. 1213. Aesch. Sieben 466 (überall am Versende).
491 ff. S. zu 432 ff.
492. σὺν δίκῃ, δίκης ἄτερ] S. zu 371.
493. ἀνοσιώτατα, zu 311.
495 f. Die Erklärung des Dativs s. zu 439. Was er sagt, muss nach seiner Meinung allen Menschen als gerechtfertigt erscheinen.

ΧΟΡΟΣ.

ἐμοὶ μέν, εἰ καὶ μὴ καθ' Ἑλλήνων χθόνα
τεθράμμεθ', ἀλλ' οὖν ξυνετά μοι δοκεῖς λέγειν.

ΕΤΕΟΚΛΗΣ.

εἰ πᾶσι ταὐτὸ καλὸν ἔφυ σοφόν θ' ἅμα,
500 οὐκ ἦν ἂν ἀμφίλεκτος ἀνθρώποις ἔρις·
νῦν δ' οὔθ' ὅμοιον οὐδὲν οὔτ' ἴσον βροτοῖς,
πλὴν ὀνόμασιν, τὸ δ' ἔργον οὐκ ἔστιν τόδε.
ἐγὼ γὰρ οὐδέν, μῆτερ, ἀποκρύψας ἐρῶ·
ἄστρων ἂν ἔλθοιμ' ἡλίου πρὸς ἀντολὰς
505 καὶ γῆς ἔνερθε δυνατὸς ὢν δρᾶσαι τάδε,
τὴν θεῶν μεγίστην ὥστ' ἔχειν τυραννίδα.
τοῦτ' οὖν τὸ χρηστόν, μῆτερ, οὐχὶ βούλομαι
ἄλλῳ παρεῖναι μᾶλλον ἢ σώζειν ἐμοί·
ἀνανδρία γάρ, τὸ πλέον ὅστις ἀπολέσας
510 τοὔλασσον ἔλαβε. πρὸς δὲ τοῖσδ' αἰσχύνομαι
ἐλθόντα σὺν ὅπλοις τόνδε καὶ πορθοῦντα γῆν
τυχεῖν ἃ χρῄζει· ταῖς γὰρ ἂν Θήβαις τόδε
γένοιτ' ὄνειδος, εἰ Μυκηναίου δορὸς
φόβῳ παρείην σκῆπτρα τἀμὰ τῷδ' ἔχειν.
515 χρῆν δ' αὐτὸν οὐχ ὅπλοισι τὰς διαλλαγάς,
μῆτερ, ποιεῖσθαι· πᾶν γὰρ ἐξαιρεῖ λόγος
ὃ καὶ σίδηρος πολεμίων δράσειεν ἄν.

497 f. Auch hier wird der Gegensatz zwischen hellenischer und barbarischer Weltanschauung betont; vgl. zu 301.

498. ἀλλ' οὖν ist hier an die Spitze eines durch einen einräumenden Zwischensatz gemilderten Urtheils gestellt, = „dennoch". — Man bemerke die wegen der grossen Entfernung des δοκεῖς von ἐμοί nöthig gewordene Wiederholung des Letztern.

499. Vgl. Or. 492: εἰ τὰ καλὰ φανερὰ καὶ τὰ μὴ καλά. — πᾶσι, zu 439.

500. ἀμφίλεκτος ἔρις vielleicht mit Rücksicht auf Soph. Ant. 111: νεικέων ἐξ ἀμφιλόγων.

502. πλὴν ὀνόμασιν (dat. plur.) „als dem Namen nach". ὄνομα ist der. blosse Name einer Sache, im Gegensatz zur Wirklichkeit. Vgl. 553: ὄνομ' ἔχει μόνον. Auch λόγος wird so gebraucht; vgl. oben 360 und namentlich Hipp. 1004: οὐκ οἶδα πρᾶξιν τήνδε πλὴν λόγῳ κλύων.

504. [Kritischer Anhang.]

504. δυνατὸς — τάδε, falls mir das möglich wäre. Wie das Particip (zu 545), so bezeichnet auch das Verbaladjectiv eine Fallsetzung.

509 f. Der Satztheil τὸ — ἔλαβε gibt an, worin die ἀνανδρία bestehen soll. Anstatt aber diese Worte — mittelst einer Construction mit dem Infinitiv — von ἄν. direct abhängig zu machen, hat der Dichter eine losere Verbindung vorgezogen, in der das Subject, dessen Verfahren als ἄν. bezeichnet werden soll, im Nominativ erscheint. Vgl. 999 f. und Demosth. Rede gegen Euergos und Mnesibulos § 40: ᾗ δ' αἰκία τοῦτ' ἐστίν, ὃς ἂν ἄρξῃ πρότερος χειρῶν ἀδίκων, κτλ.

511 f. Wer im Unrecht ist, verallgemeinert; Eteokles macht die Frage zu einer nationalen Ehrensache und gewinnt dadurch die Thebaner für sich.

514. φόβῳ, aus Furcht; der Dativ zur Angabe des Grundes, s. auch zu 1353.

516. ἐξαιρεῖ, nimmt heraus, erledigt.

ΦΟΙΝΙΣΣΑΙ. 31

ἀλλ' εἰ μὲν ἄλλως τήνδε γῆν οἰκεῖν θέλει,
ἔξεστ'· ἐκεῖνο δ' οὐχ ἑκὼν μαθήσομαι,
ἄρχειν παρόν μοι, τῷδε δουλεῦσαί ποτε. 520
πρὸς ταῦτ' ἴτω μὲν πῦρ, ἴτω δὲ φάσγανα,
ζεύγνυσθε δ' ἵππους, πεδία πίμπλαθ' ἁρμάτων,
ὡς οὐ παρήσω τῷδ' ἐμὴν τυραννίδα.
εἴπερ γὰρ ἀδικεῖν χρή, τυραννίδος πέρι
κάλλιστον ἀδικεῖν, τἄλλα δ' εὐσεβεῖν χρεών. 525

ΧΟΡΟΣ.

οὐκ εὖ λέγειν χρὴ μὴ 'πὶ τοῖς ἔργοις καλοῖς,
οὐ γὰρ καλὸν τοῦτ', ἀλλὰ τῇ δίκῃ πικρόν.

ΙΟΚΑΣΤΗ.

ὦ τέκνον, οὐχ ἅπαντα τῷ γήρᾳ κακά,
Ἐτεόκλεες, πρόσεστιν· ἀλλ' ἠμπειρία
ἔχει τι λέξαι τῶν νέων σοφώτερον. 530
τί τῆς κακίστης δαιμόνων ἐφίεσαι

518. ἄλλως, anders = als Privatmann.
519. μαθήσομαι, „werde ich mich darein schicken". μανθάνω nimmt, wie unser „lernen", zuweilen diese Bedeutung an; vgl. Rhes. 473: ὡς ἂν μάθωσιν ἐν μέρει πάσχειν κακῶς.
520. παρόν, das Neutrum des Particips von πάρειμι, wie ἐξόν, als acc. absol. („da es erlaubt ist") mit dem Infinitiv. Vgl. Schutzfl. 314 ff.: ἐρεῖ δὲ δή τις ὡς ἀνανδρίᾳ χεροῖν | πόλει παρόν σοι στέψανον εὐκλείας λαβεῖν, | δείσας ἀπέστης. Fragm. 193: ὅστις δὲ πράσσει πολλὰ μὴ πράσσειν παρόν, | μῶρος, παρὸν ζῆν ἡδέως ἀπράγμονα.
521. πρὸς ταῦτα, was das anbetrifft = „drum". In der bewegten Rede drückt die gern an den Versanfang gestellte Redensart die Gleichgültigkeit des Redenden aus. Vgl. Med. 1358, Soph. Ant. 658 und sonst.
— ἴτω] Auch dieses Wort wird in solchen Ausrufungen gebraucht, wo das Gehenlassen, die vollendete Gleichgültigkeit gegen alle Folgen der eigenen Handlungsweise im Spiele ist. S. Med. 699. Aesch. Sieben 690. — πῦρ, φάσγανα, wie unser „Feuer und Schwert".
523. ὡς, „da", dient zur Einführung des caussalen Satzes, welcher den Grund des Hauptsatzes angeben soll (zuweilen mehr „denn"); vgl. 448, 780, 834, 843, 847, 986, 1084, 1261, 1584 und s. Kr. § 65, 8.

524 f. Diese beiden Verse sind gewissermassen das Gegenstück zu 469 und sind im Alterthum und in der Neuzeit häufig citirt worden.
525. τἄλλα, in Bezug auf andere Dinge, „im Uebrigen". Accusativ des Gegenstandes, in Bezug auf welchen man εὐσεβεῖν soll (zu 264).
526 f. Sinn: Man soll nicht schön reden, ausser bei ehrenvollen Thaten. [Krit. Anh.] — Dieses falsche εὖ λέγειν, das nur der Gerechtigkeit und dem Rechtsbewusstsein schadete, wurde in Athen von den Sophisten gelehrt und drohte, eine unentbehrliche Fertigkeit zu werden. Euripides ist mit dieser Sachlage keineswegs einverstanden, sondern eifert an mehr als einer Stelle gegen dieselbe. Vgl. das schon zu 469 citirte Fragment des Archelaos: ἁπλοῦς ὁ μῦθος, μὴ λέγ' εὖ· τὸ γὰρ λέγειν εὖ, δεινόν ἐστιν, εἰ φέροι τινὰ βλάβην. Hier entsprechen die sechs letzten Worte genau unserem 527. Vers. Vgl. auch Med. 480: ἐμοὶ γὰρ ὅστις ἄδικος ὢν σοφὸς λέγειν | πέφυκε, πλείστην ζημίαν ὀφλισκάνει.
530. ἔχει τι λέξαι, convers., wie unser „hat etwas zu sagen".
531 ff. Diese Rede ist in ihrer Einfachheit eine erhabene Verherrlichung der Gerechtigkeit und Gleichheit, und erinnert an die prachtvolle Schilderung des Wesens der Gnade durch Porcia in Shakspeare's Kaufmann von Venedig (Act IV Sc. 1).

ΕΥΡΙΠΙΔΟΥ

φιλοτιμίας, παῖ; μὴ σύ γ'· ἄδικος ἡ θεός·
πολλοὺς δ' ἐς οἴκους καὶ πόλεις εὐδαίμονας
εἰσῆλθε κἀξῆλθ' ἐπ' ὀλέθρῳ τῶν χρωμένων·
535 ἐφ' ᾗ σὺ μαίνει. κεῖνο κάλλιον, τέκνον,
ἰσότητα τιμᾶν, ἣ φίλους ἀεὶ φίλοις
πόλεις τε πόλεσι ξυμμάχους τε ξυμμάχοις
συνδεῖ· τὸ γὰρ ἴσον νόμιμον ἀνθρώποις ἔφυ,
τῷ πλέονι δ' ἀεὶ πολέμιον καθίσταται
540 τοὔλασσον ἐχθρᾶς θ' ἡμέρας κατάρχεται.
καὶ γὰρ μέτρ' ἀνθρώποισι καὶ μέρη σταθμῶν
ἰσότης ἔταξε κἀριθμὸν διώρισε,
νυκτός τ' ἀφεγγὲς βλέφαρον ἡλίου τε φῶς
ἴσον βαδίζει τὸν ἐνιαύσιον κύκλον,
545 κοὐδέτερον αὐτῶν φθόνον ἔχει νικώμενον.
εἶθ' ἥλιος μὲν νύξ τε δουλεύει βροτοῖς,
σὺ δ' οὐκ ἀνέξει δωμάτων ἔχων ἴσον
καὶ τῷδ' ἀπονεμεῖς; κᾆτα ποῦ 'στιν ἡ δίκη;
τί τὴν τυραννίδ', ἀδικίαν εὐδαίμονα,
550 τιμᾷς ὑπέρφευ καὶ μέγ' ἥγησαι τόδε;
περιβλέπεσθαι τίμιον; κενὸν μὲν οὖν.
ἢ πολλὰ μοχθεῖν πόλλ' ἔχων ἐν δώμασι

531—534. Vgl. was Sophocles (Ant. 672 ff.) von der ἀναρχία aussagt: ἀναρχίας δὲ μεῖζον οὐκ ἔστιν κακόν. | αὕτη πόλεις ὄλλυσιν, ἥδ' ἀναστάτους | οἴκους τίθησιν. Diese Stelle mag unserm Dichter vorgeschwebt haben.
532. μή σύ γε, trauliche Anrede, um einen Andern von etwas abzuhalten: „thu' mir das doch nicht". Aehnlich Med. 964 (Medea zu Iason): μή μοι σύ („ich bitte dich").
534. Dieses „Ein- und Ausgehen" war dem Griechen, und namentlich dem Athener, ein geläufiger Begriff. Um dem sich einschleichenden Uebel zu wehren, stellte man an der Hausthüre Schutzgötter, Hermen u. s. w. auf. Ein solches Amt versah auch der Apollon Agyieus, s. 631 mit der Anm
536. τιμᾶν, colere, zu 294.
539 f. τῷ πλέονι — τοὔλασσον] Damit antwortet Iokaste auf das V. 509 f. von Eteokles Geäusserte.
540. ἐχθρὰ ἡμέρα ist soviel als ἔχθρα (Hass). Diese Umschreibung mittelst ἡμέρα oder ἦμαρ, die auch wir in unserem „Tag", „Stunde" kennen, findet sich schon bei Homer und ist den griechischen Dichtern, insbesondere den Tragikern, geläufig. Vgl. das homerische ἐλεύθερον ἦμαρ und δούλιον ἦμαρ (jedes dreimal) für (den Zustand der) ἐλευθερία und δουλοσύνη; ferner νέαν ἁμέραν Ion 720 und ἐπίπονον ἁμέραν Soph. Trach. 654.
541 ff. Mass und Gewicht, die unentbehrlichsten Verkehrsmittel der Menschen, sind von der Gleichheit (ἰσότης) und Regelmässigkeit bestimmt worden, die auch den Lauf der Himmelskörper regelt. Darin liegt auch eine Hinweisung auf die pythagoreische Lehre, die vom Menschen dieselbe Regelmässigkeit in seinen Gewohnheiten und Handlungen fordert, welche er an den Bewegungen der Himmelskörper wahrnimmt.
543. νυκτὸς ἀφεγγὲς βλέφαρον, „das dunkle Auge der Nacht", d. i. die Nacht selbst. Vgl. Iph. Taur. 110: ὄταν δὲ νυκτὸς ὄμμα λυγαίας μόλῃ mit Köchly's Anm.
545. ἔχει, empfindet. — νικώμενον, wenn er dem Andern weichen muss; das Particip zur Bezeichnung des jedesmaligen Eintretens des Falls.
546. Wird von dem Komiker Strattis (Phoeniss. fr. 2) auf artige Weise parodirt: εἶθ' ἥλιος μὲν πείθεται τοῖς παιδίοις, | ὅταν λέγωσιν· ἔξεχ', ὦ φίλ' ἥλιε.
548. ποῦ — δίκη, „wo bleibt da das Recht?" Vgl. 1688.

ΦΟΙΝΙΣΣΑΙ. 33

βούλει; τί δ' έστι τὸ πλέον; ὄνομ' ἔχει μόνον·
ἐπεὶ τά γ' ἀρκοῦνθ' ἱκανὰ τοῖς γε σώφροσιν.
οὗτοι τὰ χρήματ' ἴδια κέκτηνται βροτοί, 555
τὰ τῶν θεῶν δ' ἔχοντες ἐπιμελούμεθα·
ὅταν δὲ χρήζωσ', αὔτ' ἀφαιροῦνται πάλιν.
[ὁ δ' ὄλβος οὐ βέβαιος, ἀλλ' ἐφήμερος.]
ἄγ', ἤν σ' ἔρωμαι δύο λόγω προθεῖσ' ἅμα,
πότερα τυραννεῖν ἢ πόλιν σῶσαι θέλεις; 560
ἐρεῖς τυραννεῖν· ἢν δὲ νικήσῃ σ' ὅδε
Ἀργεῖά τ' ἔγχη δόρυ τὸ Καδμείων ἕλῃ,
ὄψει δαμασθὲν ἄστυ Θηβαῖον τόδε,
ὄψει δὲ πολλὰς αἰχμαλώτιδας κόρας
βίᾳ πρὸς ἀνδρῶν πολεμίων πορθουμένας. 565
ὀδυνηρὸς ἆρ' ὁ πλοῦτος, ὃν ζητεῖς ἔχειν,
γενήσεται Θήβαισι, φιλότιμος δὲ σύ.
σοὶ μὲν τάδ' αὐδῶ. σοὶ δὲ Πολύνεικες λέγω·
ἀμαθεῖς Ἄδραστος χάριτας εἴς σ' ἀνήψατο,
ἀσύνετα δ' ἦλθες καὶ σὺ πορθήσων πόλιν. 570
φέρ', ἢν ἕλῃς γῆν τήνδ', ὃ μὴ τύχοι ποτέ,
πρὸς θεῶν, τρόπαια πῶς ἀναστήσεις Διί;
πῶς δ' αὖ κατάρξει θυμάτων, ἑλὼν πάτραν,
καὶ σκῦλα γράψεις πῶς ἐπ' Ἰνάχου ῥοαῖς;
„Θήβας πυρώσας τάσδε Πολυνείκης θεοῖς 575

553. ὄνομ' ἔχει μόνον] Vgl. zu 502 und Proculus zu Hesiod Werke und Tage 270: δίκης γὰρ οὐκ οὔσης, ὄνομα μόνον ἔσται τὸ δίκαιον.
555 f. Ein echt euripideischer Ausspruch: wir sind nicht die Besitzer eigener, sondern nur die Verwalter fremder Güter.
560. Vgl. Hom. A 116 f.: ἀλλὰ καὶ ὣς ἐθέλω δόμεναι πάλιν, εἰ τό γ' ἄμεινον· | βούλομ' ἐγὼ λαὸν σῶν ἔμμεναι ἢ ἀπολέσθαι.
561 ff. Das hier von Iokaste entrollte Schaudergemälde der Einnahme einer Stadt durch Sturm ist nicht übertrieben, sondern beruht auf der strengsten Wahrheit. Wenn man ein aus Fremden zusammengesetztes Heer mitbrachte, war Derartiges vorauszusehen; denn es war unmöglich, der Wildheit und Raubsucht des gemeinen Mannes zu steuern. Die Stadt wurde verwüstet, die Einwohner getödtet oder zu Sklaven gemacht (185, 564 αἰχμαλώτιδας vgl. 189, 192) und auch schlimmere Excesse blieben nicht aus. Gerade das 564 f. in Aussicht Gestellte spielte bei solchen Plünderungen eine grosse Rolle; vgl. Aesch. Sieben 333 ff.

363 ff. — Polyneikes weiss selbst nur zu gut, was der Stadt bevorsteht: s. 629. Darum ist auch nach errungenem Siege immer von Rettung die Rede; 1089: τῆσδε γῆς σεσωσμένης, 1203: ἐκπέφευγε γῆ.
563 f.: ὄψει — ὄψει] Die Wiederholung des regierenden Verbums, das an der zweiten Stelle fehlen könnte, verstärkt die Wirkung; vgl. 455 f. Hier kommt noch die Stellung der beiden Worte hinzu: vgl. Med. 960 f.
565. πορθουμένας, mit Gewalt ihrer Keuschheit beraubt.
569. ἀνήψατο, hat erwiesen; ἀνάπτω wird hier wie unser „anthun" gebraucht.
570. ἀσύνετα, zu 311.
571. φέρε (convers.), „gesetzt." — ὁ μὴ τύχοι ποτέ, zu 242.
572 ff. Dieses Aufpflanzen von Trophäen und Einmeisseln einer den Triumph feiernden Inschrift gehörte bei den Griechen mit zum Siege. Vgl. Aesch. Sieben 276 f.: ὧδ' ἐπεύχομαι | θήσειν τροπαῖα.
572. Διί, dem Zeus zu Ehren; vgl. Kr. § 48, 4 A. 4.

Euripides I. 3

ἀσπίδας ἔθηκε"; μήποτ', ὦ τέκνον, κλέος
τοιόνδε σοι γένοιθ' ἀφ' Ἑλλήνων λαβεῖν.
ἢν δ' αὖ κρατηθῇς καὶ τὰ τοῦδ' ὑπερδράμῃ,
πῶς Ἄργος ἥξεις μυρίους λιπὼν νεκρούς;
580 ἐρεῖ δὲ δή τις· ὦ κακὰ μνηστεύματα
Ἄδραστε προσθείς, διὰ μιᾶς νύμφης γάμον
ἀπωλόμεσθα. δύο κακὼ σπεύδεις, τέκνον,
κείνων στέρεσθαι τῶνδέ τ' ἐν μέσῳ πεσεῖν.
μέθετον τὸ λίαν, μέθετον· ἀμαθία δυοῖν,
585 εἰς ταὔθ' ὅταν μόλητον, ἔχθιστον κακόν.

ΧΟΡΟΣ.

ὦ θεοί, γένοισθε τῶνδ' ἀπότροποι κακῶν
καὶ ξύμβασίν τιν' Οἰδίπου τέκνοις δότε.

ΕΤΕΟΚΛΗΣ.

μῆτερ, οὐ λόγων ἔθ' ἀγών, ἀλλ' ἀνάλωται χρόνος
οὑν μέσῳ μάτην, περαίνει δ' οὐδὲν ἡ προθυμία·
590 οὐ γὰρ ἂν ξυμβαῖμεν ἄλλως ἢ 'πὶ τοῖς εἰρημένοις,
ὥστ' ἐμὲ σκήπτρων κρατοῦντα τῆσδ' ἄνακτ' εἶναι
χθονός·
τῶν μακρῶν δ' ἀπαλλαγεῖσα νουθετημάτων μ' ἔα.
καὶ σὺ τῶνδ' ἔξω κομίζου τειχέων ἢ κατθανεῖ.

---

578. τά, die Sache, zu 775, 958 und 1276.
580. ἐρεῖ δὲ δή τις = Schutzfl.
314. — τίς ganz allgemein = man, s. 447. — ἐρεῖ] Iokaste sieht die Zukunft leibhaftig vor sich und geht von der Fallsetzung (zu 571) zur Gewissheit über. Sie sagt also nicht: man würde, sondern man wird ausrufen: ὦ κ. μ. κτλ. Eine solche Vision hat auch Hektor in der bekannten Trennungsscene Z 459—62: καί ποτέ τις εἴπησιν ἰδὼν κατὰ δάκρυ χέουσαν· | „Ἕκτορος ἥδε γυνή, ὃς ἀριστεύεσκε μάχεσθαι | Τρώων ἱπποδάμων, ὅτε Ἴλιον ἀμφιμάχοντο." | ὥς ποτέ τις ἐρέει· σοὶ δ' αὖ νέον ἔσσεται ἄλγος. Derselbe Wechsel der Tempora und Modi H 87—91.
583. τῶνδε ἐν μέσῳ, hier inmitten deiner Pläne.
584 f. εἰς ταὐτὰ μόλητον, zusammentreffen (nämlich die beiden ἀμαθία): „Zweier Unverstand, auf einem Punkt vereinigt, ist die ärgste Noth!" Hartung. — Schiller bezog μόλητον auf die δύο und fasste dann das Verbum in feindlichem Sinne auf: „Kann wohl was ungereimter sein, als zwei Unsinnige, die um Dasselbe buhlen!" Um diesen Sinn herauszubringen (der auch mit der Wahl des Wortes ἀμαθία schlecht stimmt), würde man nach δυοῖν das Relativum erwarten.
588. Uebergang zu einem andern Metrum, welches der grösseren Heftigkeit entspricht, die in dem Stück von 588—637 waltet. Bei Plautus und Terenz hat man etwas Aehnliches; je grösser die Wuth, desto länger die Verse. — οὐ λόγων ἔθ' ἀγών eigentlich: der Streit ist nicht mehr ein Streit um Worte (λόγων prädicativer Genetiv, s. Kr. § 47, 6; zur Sache vgl. zu 930); „es handelt sich nicht mehr um Worte".
588 f. χρόνος οὑν μέσῳ, „die Zwischenzeit."
589. ἡ προθυμία, dein Eifer; Kr. I § 50, 2, A. 3.
590. ἐπί mit dem Dativ zur Bezeichnung der Bedingung. Vgl. 1240 und Kr. I § 68, 41 A. 8.
593. ἔξω κομίζου] Diese Aufforderung wird in der Folge mehrmals wiederholt: s. 603. 614. 636.

ΦΟΙΝΙΣΣΑΙ. 35

ΠΟΛΥΝΕΙΚΗΣ.
πρὸς τίνος; τίς ὧδ' ἄτρωτος, ὅστις εἰς ἡμᾶς ξίφος
φόνιον ἐμβαλων τὸν αὐτὸν οὐκ ἀποίσεται μόρον;   595
ΕΤΕΟΚΛΗΣ
(an das Schwert greifend).
ἐγγύς, οὐ πρόσω βεβηκώς· εἰς χέρας λεύσσεις ἐμάς;
ΠΟΛΥΝΕΙΚΗΣ.
εἰσορῶ· δειλὸν δ' ὁ πλοῦτος καὶ φιλόψυχον κακόν.
ΕΤΕΟΚΛΗΣ.
κᾆτα σὺν πολλοῖσιν ἦλθες πρὸς τὸν οὐδὲν ἐς μάχην;
ΠΟΛΥΝΕΙΚΗΣ.
ἀσφαλὴς γάρ ἐστ' ἀμείνων ἢ θρασὺς στρατηλάτης.
ΕΤΕΟΚΛΗΣ.
κομπὸς εἶ σπονδαῖς πεποιθώς, αἵ σε σώζουσιν θανεῖν.   600
ΠΟΛΥΝΕΙΚΗΣ.
καὶ σὲ δεύτερόν γ' ἀπαιτῶ σκῆπτρα καὶ μέρη χθονός.
ΕΤΕΟΚΛΗΣ.
οὐκ ἀπαιτούμεσθ'· ἐγὼ γὰρ τὸν ἐμὸν οἰκήσω δόμον.
ΠΟΛΥΝΕΙΚΗΣ.
τοῦ μέρους ἔχων τὸ πλεῖον;
ΕΤΕΟΚΛΗΣ.
φήμ'· ἀπαλλάσσου δὲ γῆς.

594 f. εἰς ἡμᾶς ξ. ἐμβαλών anst. ἡμῖν ξ. ἐμβαλών. Der Dichter liebt es, Präpositionen zu häufen. Auch tritt dadurch die vom Schwerte einzuschlagende Richtung noch schärfer hervor. Vgl. zu 693.
595. ἀποίσεται für sich davontragen = erleiden. Vgl. 1546 οἴσει.
598. Nach οὐδέν ist ὄντα hinzuzudenken: den, der ein Nichts ist, d. h. der nichts vermag. Vgl. Soph. El. 1129: νῦν μὲν γὰρ οὐδὲν ὄντα βαστάζω χεροῖν. — ἐς μάχην, in Bezug auf den Kampf, im Kampf.
600. κομπός (wie συγγένεια 293) abstractum pro concreto (einen Grosssprecher nannte man κομπαστής). Dieser Gebrauch des Wortes nur hier. Aehnlich Hesiod Werke und Tage: 191 f.: μᾶλλον δὲ κακῶν ῥεκτῆρα καὶ ὕβριν | ἀνέρα (anst. ὑβριστήν) τιμήσουσι. — σώζουσιν θανεῖν, vom Tode retten.
601. Doppelter Accusativ nach ἀπαιτεῖν. — σκῆπτρον erscheint als

das Symbol der Macht und Herrschaft wie hier und 1253 häufig im Plural. — Auch der Plural μέρη vertritt einen Gesammtbegriff, indem die geforderte Theilung sich auf die ganze Hinterlassenschaft des Oedipus bezieht.
602. οὐκ ἀπ., wir wollen nicht —. Starke Betonung einer Thatsache durch das Präsens als Willensausdruck des Redenden. Vgl. 1682 und Bakch. 200: οὐδὲν σοφιζόμεσθα τοῖσι δαίμοσι. Aehnlich, wennschon schwächer, unten 1266 προχωρεῖ.
603. Die Erbitterung wächst; an die Stelle der ganzen Verse treten kurze und hastig hervorgestossene Fragen und Ausrufungen der beiden Hadernden. Polyneikes nimmt die erste Hälfte des Verses für sich in Anspruch, Eteokles antwortet ihm in der zweiten. Oft kann Polyneikes nur einen Theil dessen hervorbringen, was er sagen will. — φημί] Eteokles gesteht sein Unrecht ein (vgl. zu 609) und wiederholt nur, was er bereits 593

3 *

ΠΟΛΥΝΕΙΚΗΣ.
ὦ θεῶν βωμοὶ πατρῷων,
ΕΤΕΟΚΛΗΣ.
οὓς σὺ πορθήσων πάρει.
ΠΟΛΥΝΕΙΚΗΣ.
605 κλύετέ μου,
ΕΤΕΟΚΛΗΣ.
τίς δ᾽ ἂν κλύοι σου πατρίδ᾽ ἐπεστρατευμένου;
ΠΟΛΥΝΕΙΚΗΣ.
καὶ θεῶν τῶν λευκοπώλων δώμαθ᾽,
ΕΤΕΟΚΛΗΣ.
οἳ στυγοῦσί σε.
ΠΟΛΥΝΕΙΚΗΣ.
ἐξελαυνόμεσθα πατρίδος
ΕΤΕΟΚΛΗΣ.
καὶ γὰρ ἦλθες ἐξελῶν.
ΠΟΛΥΝΕΙΚΗΣ.
ἀδικίᾳ γ᾽, ὦ θεοί.
ΕΤΕΟΚΛΗΣ.
Μυκήναις, μὴ 'νθάδ᾽ ἀνακάλει θεούς.
ΠΟΛΥΝΕΙΚΗΣ.
ἀνόσιος πέφυκας,
ΕΤΕΟΚΛΗΣ.
ἀλλ᾽ οὐ πατρίδος ὡς σὺ πολέμιος.
ΠΟΛΥΝΕΙΚΗΣ.
610 ὅς μ᾽ ἄμοιρον ἐξελαύνεις.
ΕΤΕΟΚΛΕΣ.
καὶ κατακτενῶ γε πρός.

gesagt hat: Polyneikes soll machen dass er fortkommt.
604. πάρει] Ueber diese Verbindung des Particips mit dem Indicativ, wobei das erstere den Hauptbegriff vertritt, s. zu 286. — Das Futur πορθήσων ist so recht geeignet, Oel in's Feuer zu giessen. Grammatisch kann es ebensogut auf die Absicht des Polyneikes, als einfach auf das in der Folge von ihm zu Erwartende hindeuten. Dieser Zweideutigkeit bedient sich Eteokles, um seinem Bruder die schwärzesten Gesinnungen unterzuschieben. Auch 1376 findet sich derselbe Kunstgriff: ὃς ἦλθε πατρίδα πορθήσων ἐμήν. In Iokastens Munde (570) — das wusste Polyneikes — war es nicht so gemeint.

607. ἐξελῶν] Schiller unrichtig: „sie (die Heimath) zu verheeren."
609. ἀνόσιος] ὅσιος und ἀνόσιος heisst der Mensch meistens mit directem Bezug auf die Gottheit; da nun aber auch seine seine Mitmenschen betreffenden Handlungen insofern die Götter angehen, als sie der göttlichen δίκη (vgl. Hesiod Werke und Tage 283) gemäss oder zuwiderlaufend sind, so kann er auch mit Rücksicht auf sie ὅσιος oder ἀνόσιος genannt werden. Hier etwa „pflichtvergessen" (Hartung). — ἀλλ᾽ οὐ] (ja,) aber nicht u. s. w. Damit erkennt Eteokles die Berechtigung der Anklage principiell an.
610. ὅς, „der du", das Relativ zur Einführung des Grundes einer vor-

ΦΟΙΝΙΣΣΑΙ. 37

ΠΟΛΥΝΕΙΚΗΣ.
ὦ πάτερ, κλύεις ἃ πάσχω;
ΕΤΕΟΚΛΗΣ.
καὶ γὰρ οἷα δρᾷς κλύει.
ΠΟΛΥΝΕΙΚΗΣ.
καὶ σύ, μῆτερ;
ΕΤΕΟΚΛΗΣ.
οὐ θέμις σοι μητρὸς ὀνομάζειν κάρα.
ΠΟΛΥΝΕΙΚΗΣ.
ὦ πόλις.
ΕΤΕΟΚΛΗΣ.
μολὼν ἐς Ἄργος ἀνακάλει Λέρνης ὕδωρ.
ΠΟΛΥΝΕΙΚΗΣ.
εἶμι, μὴ πόνει· σὲ δ' αἰνῶ, μῆτερ.
ΕΤΕΟΚΛΗΣ.
ἔξιθι χθονός.
ΠΟΛΥΝΕΙΚΗΣ.
ἔξιμεν· πατέρα δέ μοι δὸς εἰσιδεῖν.
ΕΤΕΟΚΛΗΣι
οὐκ ἂν τύχοις. 615
ΠΟΛΥΝΕΙΚΗΣ.
ἀλλὰ παρθένους ἀδελφάς.
ΕΤΕΟΚΛΗΣ.
οὐδὲ τάσδ' ὄψει ποτέ.
ΠΟΛΥΝΕΙΚΗΣ.
ὦ κασίγνηται.
ΕΤΕΟΚΛΗΣ.
τί ταύτας ἀνακαλεῖς ἔχθιστος ὤν;
ΠΟΛΥΝΕΙΚΗΣ.
μῆτερ, ἀλλά μοι σὺ χαῖρε.
ΙΟΚΑΣΤΗ.
χαρτὰ γοῦν πάσχω, τέκνον.

hergehenden Behauptung (ἀνόσιος πί-φυκας). — πρός, obendrein.

612. μητρὸς κάρα tragische Umschreibung für μητέρα.

615. ἂν τύχοις, ein gemildertes Futurum ind., vgl. Kr. § 54, 3 A. 7. Aehnlich 926. 1215. 1626. 1666. 1668.

618. χαῖρε. χαρτά] Iokaste greift den Stamm des Verbums, das Polyneikes soeben in der abgeschwächten Bedeutung gebraucht hat, auf und bildet daraus das Verbaladjectiv, um dasselbe an die Spitze ihrer bitteren Aeusserung zu stellen. Auf der Bühne muss dieses χαῖρε. χαρτά, das auch nachgeahmt worden ist, sehr wirksam gewesen sein.

ΠΟΛΥΝΕΙΚΗΣ.
οὐκέτ' εἰμὶ παῖς σός.
ΙΟΚΑΣΤΗ.
εἰς πόλλ' αθλία πέφυκ' ἐγώ.
ΠΟΛΥΝΕΙΚΗΣ.
620 ὅδε γὰρ εἰς ἡμᾶς ὑβρίζει.
ΕΤΕΟΚΛΗΣ.
καὶ γὰρ ἀνθυβρίζομαι.
ΠΟΛΥΝΕΙΚΗΣ.
ποῦ ποτε στήσει πρὸ πύργων;
ΕΤΕΟΚΛΗΣ.
ὡς τί μ' ἱστορεῖς τόδε;
ΠΟΛΥΝΕΙΚΗΣ.
ἀντιτάξομαι κτενῶν σε.
ΕΤΕΟΚΛΗΣ.
κἀμὲ τοῦδ' ἔρως ἔχει.
ΙΟΚΑΣΤΗ.
ω τάλαιν' ἐγώ· τί δράσετ', ὦ τέκν';
ΠΟΛΥΝΕΙΚΗΣ.
αὐτὸ σημανεῖ.
ΙΟΚΑΣΤΗ.
πατρὸς οὐ φεύξεσθ' Ἐρινῦς;
ΕΤΕΟΚΛΗΣ.
ἐρρέτω πρόπας δόμος.
ΠΟΛΥΝΕΙΚΗΣ.
625 ὡς τάχ' οὐκέθ' αἱματηρὸν τοὐμὸν ἀργήσει ξίφος.

619. εἰς πολλά in mancher Beziehung. Vgl. εἰς ἅπαντα (1643) und s. Kr. § 68, 21 A. 8. Schiller scheint die Stelle missverstanden zu haben: „O ihr Götter! zu schwerem Drangsal spartet ihr mich auf!"
621. ὡς hier pleonastisch.
623. αὐτό, die Sache selbst. „Die That wird's lehren" Schiller.
624. πατρὸς — Ἐρινῦς] Vgl. 765 und die Einl. — ἐρρέτω πρόπας δόμος] In den Sieben des Aeschylos (V. 690 f., worauf Euripides hier Rücksicht genommen hat) äussert sich Eteokles womöglich noch stärker: ἴτω κατ' οὖρον κῦμα Κωκυτοῦ λαχὸν | Φοίβῳ στυγηθὲν πᾶν τὸ Λαΐου γένος. Vgl. auch Med. 114: πᾶς δόμος ἔρροι. Gerade der Imperativ dieses

Verbums ἔρρω wird häufig in verächtlichem Sinne oder so gebraucht, dass der Redende damit die vollste Gleichgültigkeit gegen die Folgen ausdrücken will: s. Homer κ 72: ἔρρ' (packe dich fort) ἐκ νήσου θᾶσσον, ἐλέγχιστε ζωόντων. Vgl. auch zu 521.
625. In der lebhaften Rede findet sich ὡς so mit dem Indicativ, zur Bezeichnung eines von dem Redenden gefassten unverrückbaren Entschlusses; so 720, 1664 und Med. 609: ὡς οὗ κρινοῦμαι τῶνδέ σοι τὰ πλείονα. Die Construction ist elliptisch; „so wisse denn, dass..." — τάχ' οὐκέθ' („bald nicht mehr") gehört zu ἀργήσει. — αἱματηρόν proleptisch, indem das Schwert erst durch den Stoss blutig wird. S. zu 668.

ΦΟΙΝΙΣΣΑΙ. 39

τὴν δὲ θρέψασάν με γαῖαν καὶ θεοὺς μαρτύρομαι
ὡς ἄτιμος οἰκτρὰ πάσχων ἐξελαύνομαι χθονός,
δοῦλος ὥς, ἀλλ' οὐχὶ ταὐτοῦ πατρὸς Οἰδίπου γεγώς·
κἄν τί σοι, πόλις, γένηται, μὴ 'μέ, τόνδε δ' αἰτιῶ.
οὐχ ἑκὼν γὰρ ἦλθον, ἄκων δ' [ἐξελαύνομαι χθονός.] 630
καὶ σὺ Φοῖβ' ἄναξ Ἀγυιεῦ καὶ μέλαθρα χαίρετε,
ἥλικές θ' οὑμοὶ θεῶν τε δεξίμηλ' ἀγάλματα.
οὐ γὰρ οἶδ' εἴ μοι προσειπεῖν αὖθις ἔσθ' ὑμᾶς ποτε·
ἐλπίδες δ' οὔπω καθεύδουσ', αἷς πέποιθα σὺν θεοῖς
τόνδ' ἀποκτείνας κρατήσειν τῆσδε Θηβαίας χθονός. 635

(Ab nach links.)

ΕΤΕΟΚΛΗΣ.

ἔξιθ ἐκ χάρας· ἀληθῶς δ' ὄνομα Πολυνείκην πατὴρ

626 ff. Endlich hat Polyneikes ein paar Verse zu seiner Verfügung. Mit bewegten Worten nimmt er von seinem Vaterlande und von allem was ihm lieb ist, Abschied: das Land und die heimathlichen Götter ruft er zu Zeugen an, dass er an dem hereinbrechenden Unheil unschuldig ist. Mit der ganzen Stelle vgl. übrigens 366 ff. — Dem Vaterlande (θρέψασαν γαῖαν, vgl. 996 πατρίδος ἥ μ' ἐγείνατο) war man Dank schuldig; man musste ihm die erhaltene Pflege auf die eine oder die andere Weise zurückerstatten. (Vgl. die beredte Darstellung dieses Verhältnisses in Aesch. Sieben 10—20.) Nur die unwürdige Behandlung, die Polyneikes erlitten (δοῦλος ὥς, vgl. Achills Worte bei Homer I 648: ὡσεί τιν' ἀτίμητον μετανάστην) bringt ihn dazu, sein Vaterland mit Krieg zu überziehen. Darum constatirt er 630, dass er gegen seinen Willen im Felde steht.
628. Vor γεγώς ist ein zweites ὡς hinzuzudenken.
629. κἄν — γίνηται] Wenn dir etwas zustossen sollte. Euphemismus. Vgl. 757 mit der Anm.
630. Erinnert an das homerische (Δ 43): ἑκὼν ἀέκοντί γε θυμῷ.
631 f. Die frühesten Erinnerungen, die ohnehin die stärksten Eindrücke hinterlassen, treten in diesem verhängnissvollen Augenblicke mit überwältigender Macht au ihn heran.
631. Φοῖβ' ἄναξ Ἀγυιεῦ] „Der Ἀπόλλων ἀγυιεύς ist ein Gott der Wege und Strassen der Stadt, ein Beschützer des menschlichen Wandels, der, im Bilde vor dem Hause, im Vorhofe oder an der Thüre aufgestellt, den Ausgang bewahrt und den Eingang, Gutes einlässt und Böses abwehrt. Man betete zu ihm um gutes Glück und dachte ihn in erweiterter Bedeutung als Schützer überhaupt. Verehrt ward er besonders von alter Zeit her in Athen, wo sein Bild vor jedem Hause stand und, wenn die Gasse zu eng, an die Wand gemalt war." Gädechens in Pauly's Real-Encycl. I² S. 1266. S. auch zu 534. 634. Vgl. 396.
636 f. Die Tragiker sind eingefleischte Etymologen; namentlich Euripides kann es nicht unterlassen, derartige Namen zu deuten. Zuweilen überschreitet diese Liebhaberei alles Mass; so Ion 1575 ff., wo Athene eine förmliche Vorlesung über Etymologie hält. Manchmal sind diese Ableitungen herzlich schlecht; indessen konnte bei vielen Namen (wie hier) kein Irrthum aufkommen. Vgl. 1493 f. und Aesch. Sieben 577—9: Πολυνείκους βίαν, | δίς τ' ἐν τελευτῇ τοὔνομ' ἐνδατούμενος, | καλεῖ. Ausser den von Köchly zu Iph. Taur. 500 gesammelten Beispielen mögen hier noch folgende angeführt werden: Bakch. 508 von Pentheus: ἐνδυστυχῆσαι τοὔνομ' ἐπιτήδειος εἶ. Troad. 989 f.: τὰ μῶρα γὰρ πάντ' ἐστὶν Ἀφροδίτη βροτοῖς, | καὶ τοὔνομ' ὀρθῶς ἀφροσύνης (!) ἄρχει θεᾶς. Fragm. 181: τὸν μὲν κικλήσκει (nämlich Antiope) Ζῆθον· ἐζήτησε γὰρ | τόκοισιν εὐμάρειαν ἡ τεκοῦσά νιν. Zuweilen begnügt man sich mit blossen Anspielungen und Andeutungen und überlässt die weitere Ausführung und

ΕΥΡΙΠΙΔΟΥ

ἔθετό σοι θείᾳ προνοίᾳ νεικέων ἐπώνυμον.

(Ab nach rechts; Iokaste geht in den Palast zurück).

ΧΟΡΟΣ.
(στροφή.)

Κάδμος ἔμολε τάνδε γᾶν
Τύριος, ᾧ τετρασκελὴς
640 μόσχος ἀδάματος πέσημα
δίκε τελεσφόρον διδοῦσα
χρησμόν, οὗ κατοικίσαι
πεδία νιν τὸ θέσφατον
πυροφόρ᾽ Ἀόνων ἔχρη,
645 καλλιπόταμος ὕδατος ἵνα τε
νοτὶς ἐπέρχεται ῥυτᾶς
Δίρκας χλοηφόρους
βαθυσπόρους γύας,
Βρόμιον ἔνθα τέκετο [μάτηρ]
650 – ⏑ – Διὸς γάμοις,
κισσὸς ὃν περιστεφὴς

Begründung dem Zuhörer: so Soph. Ant. 110 f. von Polyneikes: *Πολυνείκους .... νεικέων ἐξ ἀμφιλόγων*. Bakch. 367: *Πενθεὺς δ᾽ ὅπως μὴ πένθος εἰσοίσει δόμοις*. So schon Homer, bei dem Bellerophontes (Z 201) *κὰπ πεδίον τὸ Ἀλήιον* (Irrfeld) *οἶος ἀλᾶτο*; dann von der Ate (T 91): *πρέσβα Διὸς θυγάτηρ Ἄτη, ἣ πάντας ἀᾶται*.

637. *θείᾳ προνοίᾳ*] Die *πρόνοια*, welche Laios bei der Namengebung entwickelte, war so wunderbar, dass sie göttlich zu sein schien. — *νεικέων ἐπώνυμον*] ἐπώνυμος wird mit dem Genetiv der Person oder Sache verbunden, die den Namen hergibt. Vgl. unten 769, die zu 146 angeführte Stelle des Aeschylos und Kr. § 47, 26 A. 3.

638 ff. Kadmos wurde von einer Kuh geführt; wo diese sich hinlegte, sollte er Theben gründen.

640. *μόσχος ἀδάματος* eine noch ungezähmte, frei umherschweifende Bergkuh (vgl. Iph. in Aul. 1082 f. und Iph. in Taur. 163 mit Köchly's Anmerkung) war dazu ausersehen, den Götterspruch zu erfüllen.

640 f. *πέσημα δίκε* „einen Fall that"; π. δ. pleonastisch für ἔπεσε.

641. *διδοῦσα*] Die ursprüngliche Bedeutung des Verbums ist „setzen", „machen" (vgl. zu 1008). Die Kuh gibt nicht, sondern macht den χρησμός vollendet. Auch das lat. *dare* behält sehr häufig seine ursprüngliche Bedeutung bei: vgl. die Redensart: dare in flumen, in carcerem, und solche Stellen wie Liv. I, 25: alterum intactum ferro corpus et geminata victoria ferocem in certamen tertium dabat.

645. ἵνα τε „wo", statt des einfachen, nach Analogie von ὅς τε und οἷός τε. Ebenso Iph. in Aul. 1495 f.: ἵνα τε δόρατα μέμονε δάια.

647. *Δίρκας*] Die Dirke befand sich im Westen der Stadt. Alles, was mit der Ankunft des Kadmos zusammenhängt, bezieht sich auf die nächste Nachbarschaft dieses Flüsschens. Dort liess sich die Kuh nieder. — *χλοηφόρους*] „Im Westen fliesst ein wasserreicher Bach zwischen grünen Gärten hin, die Dirce, jetzt ἡ Πλατζιώτισσα genannt." Ulrichs, Reisen und Forschungen in Griechenland II S. 4.

648. *βαθύσπορος* mit tiefer Saat, d. h. wo der Samen sehr tief eindringt. Der Boden war der beste, welcher eine möglichst dicke Humusschicht aufwies. Der Scholiast bemerkt, dass Homer einen solchen Boden *ἐριβῶλαξ* nennt. Hier heisst er *βαθύσπορος*. Vgl. auch 669.

650. *γάμοις*, Dativ des Mittels.

ΦΟΙΝΙΣΣΑΙ. 41

ἕλικος εὐθὺς ἔτι βρέφος
χλοηφόροισιν ἔρνεσιν
κατασκίοισιν ὀλβίσας ἐνώτισεν,
Βάκχιον χόρευμα παρθένοισι Θηβαίαισι 655
καὶ γυναιξὶν εὐίοις.
(ἀντιστροφή.)
ἔνθα φόνιος ἦν δράκων
Ἄρεος, ὠμόφρων φύλαξ
νάματ' ἔνυδρα καὶ ῥέεθρα
χλοερὰ δεργμάτων κόραισι 660
πολυπλάνοις ἐπισκοπῶν·
ὃν ἐπὶ χέρνιβας μολὼν
Κάδμος ὤλεσε μαρμάρῳ,
κρᾶτα φόνιον ὀλεσίθηρος
ὠλένας δικὼν βολαῖς, 665
δίας ἀμάτορος
φραδαῖσι Παλλάδος
γαπετεῖς δικὼν ὀδόντας

652 f. ἕλικος gehört zu χλοηφόροισιν ἔρν. κατ., „mit den beschattenden, grünenden Schösslingen des Rankengeflechts". Beschattender Epheu umfing den kleinen Dionysos bei seiner Geburt, wodurch er dem Feuertode entging. „Heilig war dem Dionysos unter den Pflanzen ausser der Rebe der Epheu, welcher durch seinen rankenden Wuchs der Rebe verwandt ist." Stoll, die Götter und Heroen des class. Alterthums I S. 268.
654. ἐνώτισεν] Diese Bedeutung des Verbums νωτίζω, „im Rücken bedecken", scheint nur hier vorzukommen.
655. Βάκχιον χόρευμα ist epexegetisch dem vorhergehenden ὅν angehängt und wird als das Object des Reigentanzes zu fassen sein.
657 f. δράκων und Ἄρεος gehören zusammen; Ἄρεος Genetiv der Angehörigkeit, wie Bakch. 545 f.: ὃς ἐμὲ βρόχοισι τὰν τοῦ | Βρομίου τάχα ξινάψει. (S. zu 159 f. 1243.) Vgl. auch Ovid. Met. III 32 f.: ubi conditus antro | *Martius anguis* erat.
659. Der Drache hatte sein Lager in einer Höhle, von welcher aus er die Dirke überschauen und bewachen konnte. Vgl. unten 931 f. Aber in der Nähe dieser Höhle befand sich noch ein anderes, die Aresquelle (h. Parapórti) benanntes Wässerchen, welches in die Dirke fällt und gleichzeitig mit dieser von dem Drachen bewacht wurde. S. die schon zu 159 angeführte Uebersichtskarte von Ulrichs.
660. δέργμα, von δέρκομαι, blicken, wird, wie unser „Blick", auch auf das Auge übertragen.
661. πολυπλάνοις, „rollend".
662. ἐπὶ — μαρμάρῳ] Kadmos wollte zum Zweck der Opferung der Kuh Wasser holen und musste desswegen den Wächter der beiden Gewässer erschlagen. Dadurch lud er den Zorn des Ares auf sich und seine Nachkommen, s. 934 und 1061 ff.
664. Das Adjectiv ὀλεσίθηρ nur hier.
665. δικών, „treffend". Wie βάλλειν, kann auch δικεῖν sowohl „treffen" als „werfen" bedeuten.
666 — 669. Dieser Satztheil wird dem Vorhergehenden in einer Weise angereiht, als ob das hier (668) erwähnte Werfen mit dem schon 665 vorgekommenen gleichzeitig eingetreten sei, während es eigentlich heissen sollte [ὀλέσας δέ,] ἐδίκεν ὀδόντας. Figur der Antistrophe, deren Anwendung in diesem Falle durch die Wiederholung des Particips δικών (das von dem arglosen Zuhörer resp. Leser als die Andeutung eines neuen Gliedes in der Kette der Erzählung aufgefasst wird) einigermassen verdeckt wird.
667. φραδαῖσι Dativ der Ursache, wie 1353 αἰνιγμοῖς.
668. γαπετεῖς proleptisch; denn erst durch das Werfen (δικών) wer-

ΕΥΡΙΠΙΔΟΥ

εἰς βαθυσπόρους γύας·
670 ἔνθεν ἐξανῆκε γᾶ
πάνοπλον ὄψιν ὑπὲρ ἄκρων
ὅρων χθονός· σιδαρόφρων
δέ νιν φόνος πάλιν ξυνῆψε γᾶ φίλᾳ·
αἵματος δ' ἔδευσε γαῖαν, ἅ νιν εὐηλίοισι
675 δεῖξεν αἰθέρος πνοαῖς.
(ἐπῳδός.)
καὶ σὲ τὸν προμάτορος
Ἰοῖς ποτ' ἔκγονον
Ἔπαφον, ὦ Διὸς γένεθλον,
ἐκάλεσ' ἐκάλεσα βαρβάρῳ βοᾷ,
680 ἰώ, βαρβάροις λιταῖς,
βᾶθι βᾶθι τάνδε γᾶν·
σοί νιν ἔκγονοι κτίσαν,
ἂν διώνυμοι θεαί,
Περσέφασσα καὶ φίλα
685 Δαμάτηρ θεά,
πάντων ἄνασσα, πάντων δὲ Γᾶ τροφὸς
ἐκτήσαντο· πέμπε πυρφόρους
θεάς, ἄμυνε τᾷδε γᾷ·
πάντα δ' εὐπετῆ θεοῖς.

den die Zähne zu γαπετεῖς. S. zu 626.
— Der Ort, wo Kadmos die Drachenzähne gesät haben sollte, befand sich südlich von der Höhle des Ungeheuers, also vor dem ogygischen Thor. S. Ulrichs' Karte.
671 f. ὅρος ist eine Grenze; hier bezeichnen die ἄκροι ὅροι χθονός die äussere Rinde der Erde (die Stelle, wo die Erde mit der Luft zusammentrifft, also Grenzfläche), über der die Erscheinung emporsteigt.
672 f. σιδαρόφρων — φίλᾳ] Die aus dieser Saat hervorgegangenen bewaffneten Männer bekriegten sich gegenseitig, bis zuletzt nur fünf übrig blieben. S. zu 942.
674. ἔδευσε, nämlich der φόνος.
675. αἰθέρος πνοαί poetische Umschreibung für „Licht".
676 ff. προμάτορος Ἰοῦς — Ἔπαφον] Den Stammbaum s. zu 248. Auch in den Sieben des Aesch. wendet sich der bedrängte Chor an die Gestalt, welcher die Gründung des Geschlechts zugeschrieben wird: v. 138 ff.: καὶ Κύπρις, ἅτ' εἴ γένους προμάτωρ, ἄλευσον.
679. ἐκάλεσ' ἐκάλεσα] Der Aorist wird gebraucht, weil der Ausruf eben geschehen ist; diese scharfe Unterscheidung der Tempora liegt im Geiste der griechischen Sprache. Vgl. solche Redensarten wie τίν' εἶπας τόνδε μῦθον (915), σοὶ μὲν τάδ' εἶπον (778), πῶς εἶπας; (1273), wo wir uns des Präsens bedienen. — In Betreff der Wiederholung des Verbums (wie auch βᾶθι βᾶθι 681) s. zu 819.
679 f. βαρβάρῳ — λιταῖς] S. zu 301. — βαρβάρῳ βοᾷ = Or. 1385.
683. διώνυμοι, doppelnamig, weil jede der beiden Göttinen zwei Namen hatte (διὰ τὸ ἑκάστῃ δύο ὀνόματα εἶναι· τήν τε γὰρ Δήμητρα καὶ Γῆν καλοῦσι, τήν τε Περσεφόνην καὶ Κόρην, — so ein Scholiast).
685 f. Δαμάτηρ — Γᾶ τροφός] Dass Ἰῆ und Δημήτηρ schlechthin identisch seien, spricht Eurip. in den Bakchen (v. 275 f.) aus: Δημήτηρ θεά·| Γῆ δ' ἐστίν, ὄνομα δ' ὁπότερον βούλει κάλει.
687. πυρφόρους] Demeter und Persephone tragen Fackeln und werden auch in Kunstwerken mit der Fackel in der Hand dargestellt.
689. πάντα — θεοῖς] Nach Homer κ 306: θεοὶ δέ τε πάντα δύνανται.

ΦΟΙΝΙΣΣΑΙ. 43

ΕΤΕΟΚΛΗΣ
(zu einem ihn begleitenden Diener).

χώρει σὺ καὶ κόμιζε τον Μενοικέως 690
Κρέοντ', ἀδελφὸν μητρὸς Ἰοκάστης ἐμῆς,
λέγων τάδ', ὡς οἰκεῖα καὶ κοινὰ χθονὸς
θέλω πρὸς αὐτὸν συμβαλεῖν βουλεύματα,
πρὶν εἰς μάχην τε καὶ δορὸς τάξιν μολεῖν.
καίτοι ποδῶν σῶν μόχθον ἐκλύει παρών· 695
ὁρῶ γὰρ αὐτὸν πρὸς δόμους στείχοντ' ἐμούς.

ΚΡΕΩΝ
(von rechts kommend).

ἦ πόλλ' ἐπῆλθον εἰσιδεῖν χρῄζων σ', ἄναξ
Ἐτεόκλεες, πέριξ δὲ Καδμείων πύλας
φύλακάς τ' ἐπῆλθον σὸν δέμας θηρώμενος.

ΕΤΕΟΚΛΗΣ.

καὶ μὴν ἐγώ σ' ἔχρῃζον εἰσιδεῖν, Κρέον· 700
πολλῷ γὰρ εὗρον ἐνδεεῖς διαλλαγάς,
ὡς εἰς λόγους συνῆψα Πολυνείκει μολών.

ΚΡΕΩΝ.

ἤκουσα μεῖζον αὐτὸν ἢ Θήβας φρονεῖν,
κήδει τ' Ἀδράστου καὶ στρατῷ πεποιθότα.

---

690. χώρει (convers.) bei Eurip. häufig am Versanfang, so 986. Med. 623. Bakch. 509. — χώρει σὺ καὶ κόμιζε wie Med. 820: ἀλλ' εἶα χώρει καὶ κόμιζ' Ἰάσονα. — τὸν Μενοικέως] den Sohn des Menökeus. Μεν. Genetiv der Angehörigkeit, zur Bezeichnung des zwischen Verwandten waltenden Verhältnisses. Vgl. Kr. § 47, 5 A. 2.
692. χθονός Gen. nach κοινός, von gemeinsamer Bedeutung für uns und das Land. Man kann sagen κοινός τινος und κοινός τινι. Vgl. unten 1016.
693. πρός, wie εἰς, zur Bezeichnung der Richtung nach der Seite hin, die durch das συμβ. betroffen wird, also πρὸς αὐτὸν συμβ. β. = αὐτῷ συμβ. β., wie 594 f. εἰς ἡμᾶς ξίφος ἐμβαλών.
694. δορὸς τάξιν die vollständig aufgestellte, von Speeren starrende Schlachtlinie. Vgl. Schutzfl. 677: παραιβάτας ἔστησαν εἰς τάξιν δορός.
695 f. Ganz ähnlich Schutzfl. 397 f.: ἐπίσχες, ἥν σ' ἀπαλλάξῃ πόνου | μολὼν ὕπαντα τοῖς ἐμοῖς βουλεύμασιν.

697 und 699. ἐπέρχεσθαι, lustrare.
699. σὸν δέμας, für σέ, eine häufige Umschreibung. Vgl. Heraklid. 721; τοὐμὸν δέμας Med. 388. Soph. El. 57 und sonst.
701. Der Dativ πολλῷ bezeichnet den Grad der Mangelhaftigkeit, welche Eteokles in den διαλλαγαί entdeckt hat. In unserem „darau fehlt viel" sind die Casus vertauscht.
702. συνῆψα (zu Πολυν. gehörend), sc. ἐμαυτόν. Das hier unterdrückte Pron. refl. erscheint in der sonst ganz ähnlichen Stelle des Aristophanes (Lysistr. 468): τί τοῖσδε σαυτὸν εἰς λόγον τοῖς θηρίοις συνάπτεις; — εἰς λόγους (Unterredung) μολών, wie unten 771: εἰς λόγους ἀφίξεται.
703. [Kritischer Anhang.]
704. Das Particip πεποιθότα ist nicht von ἤκουσα abhängig, sondern ist dem αὐτόν epexegetisch angereiht, während τε und καί einander entsprechen.

705 ἀλλ' εἰς θεοὺς χρὴ ταῦτ' ἀναρτήσαντ' ἔχειν·
ἃ δ' ἐμποδὼν μάλιστα, ταῦθ' ἥκω φράσων.
ΕΤΕΟΚΛΗΣ.
τὰ ποῖα ταῦτα; τὸν λόγον γὰρ ἀγνοῶ.
ΚΡΕΩΝ.
ἥκει τις αἰχμάλωτος Ἀργείων πάρα.
ΕΤΕΟΚΛΗΣ.
λέγει δὲ δὴ τί τῶν ἐκεῖ νεώτερον;
ΚΡΕΩΝ.
710 [μέλλειν πέριξ πύργοισι Καδμείων πόλιν]
ὅπλοις ἑλίξειν αὐτίκ' Ἀργείων στρατόν.
ΕΤΕΟΚΛΗΣ.
ἐξοιστέον τἄρ' ὅπλα Καδμείων πόλει.
ΚΡΕΩΝ.
ποῖ; μῶν νεάζων οὐχ ὁρᾷς ἃ χρή σ' ὁρᾶν;
ΕΤΕΟΚΛΗΣ.
ἐκτὸς τάφρων τῶνδ', ὡς μαχουμένους τάχα.

705. ἀναρτᾶν, etwas an etwas anknüpfen, es davon abhängig machen, es demselben anheimstellen. — ἀναρτήσαντ' ἔχειν tragische Umschreibung (durch ἔχειν mit dem Particip des Aorists) zur Bezeichnung einer in die Vergangenheit fallenden, aber in ihren Wirkungen noch gültigen Handlung; vgl. κηρύξαντ' ἔχειν (Soph. Ant. 32) und κηρύξας ἔχω (das. 192) und Kr. § 56, 3 A. 8. In diesem Falle ist die Construction mit dem Activ im Deutschen nicht anwendbar, da es auf diese Weise nicht möglich ist, mit einem einzigen Worte den eigenthümlichen, ein durch die Handlung begründetes Bleibende hineinziehenden Ausdruck vollständig zu decken: man thut daher besser, den Satz umzudrehen und zu übersetzen: „Allein das bleibt am Besten den Göttern anheimgestellt."
706. ἥκω φράσων, zu 286.
707. Aehnlich Sophokles (Trach. 78): τὰ ποῖα, μῆτερ; τὸν λόγον γὰρ ἀγνοῶ. Solche Redensarten setzten sich fest und wurden unwillkührlich Gemeingut der tragischen Poesie. Man vergleiche z. B. Med. 523 mit Aesch. Sieben 62.
710 f. Es handelt sich hier offenbar um die Mittheilung, dass der Feind die Stadt von allen Seiten einzuschliessen beabsichtigt; aber was jetzt dasteht, ist so ungeschickt stylisirt, dass man das Vorhandensein einer Corruptel annehmen muss. [Krit. Anh.]

712. ὅπλα Acc. nach ἐξοιστέον, πόλει Dativ der Person, durch welche die im Verbale steckende Handlung vollzogen werden soll. Ganz ähnlich Schutzfl. 291: τὰ τούτων οὐχὶ σοὶ στενακτέον. Vgl. Kr. § 56, 18 A. 2.

714. Kreon will Eteokles von übereilten Schritten abhalten und deutet durch seine Fragen (713) auf den Ungestüm und den Mangel an Vorsicht hin, von dem sein Neffe beherrscht ist. Aber Eteokles ist einmal im Zuge und führt nun, ohne auf Kreons Ton sonderlich zu achten, 714 das schon 712 Gesagte weiter aus. Hinaus müssen sie, über den Graben hinweg, um den Kampf sofort zu beginnen. — τάφρων τῶνδε] Aus 1100 und 1188 geht hervor, dass nicht weit von den Mauern sich ein Graben um die Stadt hinzog; derselbe wurde später vom Feinde überschritten. — μαχουμένους im Accusativ, weil 712 von der πόλις als einer handelnden Person die Rede gewesen ist und „ἐξοιστέον τἄρ' ὅπλα Καδμείων πόλει dem Sinne nach mit ἐκφέρειν δεῖ ὅπλα τοὺς

ΦΟΙΝΙΣΣΑΙ. 45

ΚΡΕΩΝ.
σμικρὸν τὸ πλῆθος τῆσδε γῆς, οἱ δ' ἄφθονοι.   715
ΕΤΕΟΚΛΗΣ.
ἐγᾦδα κείνους τοῖς λόγοις ὄντας θρασεῖς.
ΚΡΕΩΝ.
ἔχει τιν' ὄγκον Ἄργος Ἑλλήνων πάρα.
ΕΤΕΟΚΛΗΣ.
θάρσει· τάχ' αὐτῶν πεδίον ἐμπλήσω φόνου.
ΚΡΕΩΝ.
θέλοιμ' ἄν· ἀλλὰ τοῦθ' ὁρῶ πολλοῦ πόνου.
ΕΤΕΟΚΛΗΣ.
ὡς οὐ καθέξω τειχέων εἴσω στρατόν.   720
ΚΡΕΩΝ.
καὶ μὴν τὸ νικᾶν ἐστι πᾶν εὐβουλία.
ΕΤΕΟΚΛΗΣ.
βούλει τράπωμαι δῆθ' ὁδοὺς ἄλλας τινάς;
ΚΡΕΩΝ.
πάσας γε, πρὶν κίνδυνον εἰς ἅπαξ μολεῖν.

πολίτας gleichbedeutend ist" (Matthiae).
716. ἐγᾦδα gehört zu den in der Umgangssprache der Attiker gebräuchlichen Krasen; vgl. Med. 39 und das verwandte ἐγᾦμαι.
717. ὄγκος, *auctoritas*. Argos war von Alters her geachtet und geehrt; seine Stellung als leitende Macht im trojanischen Kriege (die Tragiker pflegen im Allgemeinen zwischen Argos und Mykene nicht zu unterscheiden, vgl. Soph. Elektra zu Anf.) sicherte ihm bis tief in die historische Zeit hinein ein Ansehen, das seiner verminderten Machtstellung nicht mehr entsprach. Besonders empfindlich waren die Verluste, welche die Stadt im Kriege gegen die Spartaner (um 495 v. Chr.) erlitt. Trotzdem gaben die Argiver ihre alten Ansprüche niemals auf: vor dem Kriege mit Xerxes (481) verlangten sie als Gegenleistung für ihre Theilnahme die Uebertragung des Oberbefehls wenigstens zur Hälfte, s. Herodot. VII 148. Nachher erholte sich Argos wieder; und so ist das Wort des Dichters auch für das Zeitalter des peloponnesischen Krieges eine Wahrheit. Vgl. Heraklid. 290: μάλα δ' ὀξὺς Ἄρης τῶν Μυκηναίων.

718 f. Die beiden Versenden 718 und 719 bilden einen Reim, s. auch 1478 f. 1546 f. Med. 408 f. Iph. in Taur. 293 f. Hel. 198 f. u. sonst. Solche Reime konnten dem Dichter unwillkührlich entschlüpfen; gesucht wurden sie im Allgemeinen nicht, sondern eher ängstlich vermieden. Vgl. auch zu 1478.
719. θέλοιμ' ἄν („das wäre zu wünschen") drückt den Zweifel des Redenden (in Betreff der Erfüllung eines Wunsches) aus, Kr. § 54, 3 A. 6. — πολλοῦ πόνου, ein prädicativer Genetiv, vor dem ὅν (zu 456) unterdrückt ist (vgl. Kr. § 47, 6); auch wir kennen einen solchen, nur in verstümmelter Form (z. B. „diese Sache ist von grosser Wichtigkeit"), während er im Englischen noch rein erscheint: „This matter is of great importance".
720. ὡς] Zu 625.
721. τὸ νικᾶν in Bezug auf das Siegen = „beim Siegen". — ἐστὶ πᾶν εὐβουλία, ist Klugheit alles = kommt alles darauf an.
722. βούλει τράπωμαι] In Betreff dieser, der lebhaften Rede angehörenden Construction s. Kr. § 54, 2 A. 2.
723. εἰς ἅπαξ, auf einmal. Vgl. zu 106.

ΕΤΕΟΚΛΗΣ.
εἰ νυκτὸς αὐτοῖς προσβάλοιμεν ἐκ λόχου;
ΚΡΕΩΝ.
725 εἴπερ σφαλείς γε δεῦρο σωθήσει πάλιν.
ΕΤΕΟΚΛΗΣ.
ἴσον φέρει νύξ, τοῖς δὲ τολμῶσιν πλέον.
ΚΡΕΩΝ.
ἐνδυστυχῆσαι δεινὸν εὐφρόνης κνέφας.
ΕΤΕΟΚΛΗΣ.
ἀλλ᾽ ἀμφὶ δεῖπνον οὖσι προσβάλω δόρυ;
ΚΡΕΩΝ.
ἔκπληξις ἂν γένοιτο· νικῆσαι δὲ δεῖ.
ΕΤΕΟΚΛΗΣ.
730 βαθύς γέ τοι Διρκαῖος ἀναχωρεῖν πόρος.
ΚΡΕΩΝ.
ἅπαν κάκιον τοῦ φυλάσσεσθαι καλῶς.
ΕΤΕΟΚΛΗΣ.
τί δ᾽, εἰ καθιππεύσαιμεν Ἀργείων στρατόν;
ΚΡΕΩΝ.
κἀκεῖ πέφρακται λαὸς ἅρμασιν πέριξ.
ΕΤΕΟΚΛΗΣ.
τί δῆτα δράσω; πολεμίοισι δῶ πόλιν;
ΚΡΕΩΝ.
735 μὴ δῆτα· βουλεύου δ᾽, ἐπείπερ εἶ σοφός.
ΕΤΕΟΚΛΗΣ.
τίς οὖν πρόνοια γίγνεται σοφωτέρα;
ΚΡΕΩΝ.
ἕπτ᾽ ἄνδρας αὐτοῖς φασιν, ὡς ἤκουσ᾽ ἐγώ,
ΕΤΕΟΚΛΗΣ.
τί προστετάχθαι δρᾶν; τὸ γὰρ σθένος βραχύ.

725. Kreon gibt dem Eteokles sein εἰ zurück, um ihn die Unsicherheit der Zukunft fühlen zu lassen.
729. Das wäre höchstens eine Ueberraschung; siegen musst du.
730. ἀναχωρεῖν ist von βαθύς abhängig; ist tief um sich zurückzuziehen, d. h. ist so tief, dass man beim Rückzuge nicht darübersetzen kann. Eteokles meint, man könne sich der erwähnten ἔκπληξις wenigstens (γε) dazu bedienen, um die Feinde trotz ihrer Uebermacht hart an die Dirke hinzudrängen und sie dort, wo der weitere Rückzug abgeschnitten wäre, niederzumachen. Dem setzt Kreon mit Recht seinen Einwand ἅπαν — καλῶς entgegen.
737 und 741. Auch hier haben wir den Dativ der Beziehung oder der Rücksicht auf eine Person, der irgend eine Handlung oder ein Umstand zum Nutzen resp. zum Schaden gereichen soll.
738. In Betreff dieser dem Gesetz der Stichomythie zu Liebe erfolgenden Unterbrechung vgl. zu 410. — So auch 744: dort lässt der Dichter

ΦΟΙΝΙΣΣΑΙ. 47

ΚΡΕΩΝ.
[λόχων ἀνάσσειν] ἑπτὰ προσκεῖσθαι πύλαις.
ΕΤΕΟΚΛΗΣ.
τί δῆτα δρῶμεν; ἀπορίαν γὰρ οὐ μενῶ. 740
ΚΡΕΩΝ.
ἔπτ' ἄνδρας αὐτοῖς καὶ σὺ πρὸς πύλαις ἑλοῦ.
ΕΤΕΟΚΛΗΣ.
λόχων ἀνάσσειν ἢ μονοστόλου δορός;
ΚΡΕΩΝ.
λόχων, προκρίνας οἵπερ ἀλκιμώτατοι.
ΕΤΕΟΚΛΗΣ.
ξυνῆκ'· ἀμύνειν τειχέων προσαμβάσεις.
ΚΡΕΩΝ.
καὶ ξυστρατήγους· εἷς δ' ἀνὴρ οὐ πάνθ' ὁρᾷ. 745
ΕΤΕΟΚΛΗΣ.
θάρσει προκρίνας ἢ φρενῶν εὐβουλίᾳ;
ΚΡΕΩΝ.
ἀμφότερον· ἀπολειφθὲν γὰρ οὐδὲν θάτερον.
ΕΤΕΟΚΛΗΣ.
ἔσται τάδ'· ἐλθὼν δ' ἑπτάπυργον ἐς πόλιν
τάξω λοχαγοὺς πρὸς πύλαισιν, ὡς λέγεις,
ἴσους ἴσοισι πολεμίοισιν ἀντιθείς. 750
ὄνομα δ' ἑκάστου διατριβὴ πολλὴ λέγειν,
ἐχθρῶν ὑπ' αὐτοῖς τείχεσιν καθημένων.

den Eteokles sofort errathen, wozu die λοχαγοί dienen sollen. — βραχύ, mehr qualitativ als quantitativ. Vgl. Kinkel im Nimrod (Act I): „Der Frauen Haar ist lang, ihr Sinn ist kurz."
739. [Kritischer Anhang.]
742. Sinn: Sollen sie an die Spitze von Heerhaufen gestellt werden oder als Einzelkämpfer auftreten? — Mit dem einen, gut gewählten Verbum ἀνάσσειν wird sowohl die Beziehung zu den λόχοι als zu δόρυ ausgedrückt. (δορὸς ἀνάσσειν wie ὅχων, κώπης ἄν., unser „regieren", „führen".)
745. εἷς — ὁρᾷ, wie unser: „Vier Augen sehen mehr als zwei."
747. ἀπολειφθέν — θάτερον] Denns das Eine ohne das Andere ist nicht. Das sittliche Ideal der Griechen bestand in der Verbindung der körperlichen und der geistigen Tüchtigkeit: mens sana in corpore sano.

750. ἴσους ἴσοισι] Diese Nebeneinanderstellung zweier Casus desselben Adjectivs ist sehr wirksam; vgl. die ergreifende Klage der Medea (Med. 513): φίλων ἔρημος, σὺν τέκνοις μόνη μόνοις. Iph. Taur. 31: οὗ γῆς ἀνάσσει βαρβάροισι βάρβαρος.
751 f. Eteokles lehnt die Aufzählung der sieben Namen ab, weil bei drohender Gefahr keine Zeit zu verlieren sei. Dieser Grund ist ganz plausibel; doch ist in den Worten des Dichters (διατριβὴ πολλή) zugleich ein Hieb auf Aeschylos enthalten, der in seinen Sieben gegen Theben mehr als 300 Verse auf die Beschreibung der vierzehn argivischen und thebanischen Anführer verwendet hat. Die Tragödie hat inzwischen Fortschritte gemacht und ist von der epischen Darlegung des Thatbestandes zu der dramatischen Entwickelung der Charaktere durchgedrungen.

ΕΥΡΙΠΙΔΟΥ

ἀλλ' εἴμ', ὅπως ἂν μὴ καταργῶμεν χέρα.
καί μοι γένοιτ' ἀδελφὸν ἀντήρη λαβεῖν
755 καὶ ξυσταθέντα διὰ μάχης ἑλεῖν δορί
[κτανεῖν θ' ὃς ἦλθε πατρίδα πορθήσων ἐμήν].
γάμους δ' ἀδελφῆς Ἀντιγόνης παιδός τε σοῦ
Αἵμονος, ἐάν τι τῆς τύχης ἐγὼ σφαλῶ,
σοὶ χρὴ μέλεσθαι· τὴν δόσιν δ' ἐχέγγυον
760 τὴν πρόσθε ποιῶ νῦν ἐπ' ἐξόδοις ἐμαῖς.
μητρὸς δ' ἀδελφὸς εἶ· τί δεῖ μακρηγορεῖν;
τρέφ' ἀξίως νιν σοῦ τε τήν τ' ἐμὴν χάριν.
πατὴρ δ' ἐς αὑτὸν ἀμαθίαν ὀφλισκάνει,
ὄψιν τυφλώσας· οὐκ ἄγαν σφ' ἐπῄνεσα·
765 ἡμᾶς τ' ἀραῖσιν, ἢν τύχῃ, κατακτενεῖ.
ἓν δ' ἡμῖν ἀργόν ἐστιν, εἴ τι θέσφατον
οἰωνόμαντις Τειρεσίας ἔχει φράσαι,
τοῦδ' ἐκπυθέσθαι ταῦτ'· ἐγὼ δὲ παῖδα σὸν
Μενοικέα σοῦ πατρὸς αὐτεπώνυμον
770 λαβόντα πέμψω δεῦρο Τειρεσίαν, Κρέον·
σοὶ μὲν γὰρ ἡδὺς εἰς λόγους ἀφίξεται·
ἐγὼ δὲ τέχνην μαντικὴν ἐμεμψάμην
ἤδη πρὸς αὐτόν, ὥστε μοι μομφὰς ἔχειν.
πόλει δὲ καὶ σοὶ ταῦτ' ἐπισκήπτω, Κρέον·
775 ἤνπερ κρατήσῃ τἀμά, Πολυνείκους νέκυν

758. ἐάν τι — σφαλῶ, „wenn mir was Menschliches begegnet"; Euphemismus, wie oben 629. — τῆς τύχης, Genetiv des Bereichs, innerhalb dessen die befürchtete Gefahr vermuthet wird. τύχη (sonst häufig im Plural) ist ein Gesammtbegriff für alle Un- und Zufälle, die von aussenher kommen können. In diese Kategorie fällt das von Eteokles befürchtete τί. Vgl. auch zu 968.
759 f. Die Ordnung ist: ποιῶ δὲ τὴν δόσιν τὴν πρόσθε ἐχέγγυον.
762. σοῦ — χάριν, „dir und mir zu Liebe". τήν τ' ἐμήν für καὶ ἐμοῦ.
763. ἀμαθίαν ὀφλισκάνει, „hat sich der Thorheit schuldig gemacht". Diese Redensart wird von den Attikern gern angewendet; vgl. μεγίστην μωρίαν ὀφλισκάνειν (Med. 1227). — ἐς αὑτόν, in Bezug auf sich selbst, d. h. durch eine ihn selbst betreffende Handlung. Sonst wird gern die Person hinzugefügt, in deren Augen man sich der Thorheit u. s. w. schuldig macht: so in der schon zu 526 f. angeführten Stelle der Medea und Soph. Ant. 469 f.: σοὶ δ' εἰ δοκῶ νῦν μῶρα δρῶσα τυγχά-
νειν, | σχεδόν τι μώρῳ μωρίαν ὀφλισκάνω, — oder mit παρά und dem Dativ. Eur. fr. 87: ὅστις δὲ δούλῳ φωτὶ πιστεύει βροτῶν, | πολλὴν παρ' ἡμῖν μωρίαν ὀφλισκάνει.
764. οὐκ — ἐπῄνεσα] „Ich lobe (in Betreff des Aorists s. zu 679) ihn nicht zu sehr", d. h. „ich tadele ihn heftig". Dergleichen Umschreibungen des Gedankens mittelst einer Negation sind im Griechischen häufig.
766. ἀργόν, „noch ungethan".
769. αὐτεπώνυμον (das Wort nur hier), „der nach deinem Vater genannt" ist. Das αὐτ- wirkt verstärkend (bearing the very name, würde der Engländer sagen). Ueber die Construction mit dem Genetiv s. zu 637.
771. εἰς λόγους ἀφίξεται] S. zu 702.
773. πρὸς αὐτόν, in seiner Gegenwart, „ihm in's Gesicht" Hartung. πρός zur Bezeichnung der Richtung nach der Person hin, welcher die Worte gegolten haben.
775. τἀμά („meine Sache"), substantivirtes Neutrum als Gesammtbegriff. Vgl. τὰ σά 1276.

ΦΟΙΝΙΣΣΑΙ. 49

μήποτε ταφῆναι τῇδε Θηβαίᾳ χθονί·
θνήσκειν δὲ τὸν θάψαντα, κἂν φίλων τις ᾖ.
σοὶ μὲν τάδ' εἶπον· προσπόλοις δ' ἐμοῖς λέγω·
ἐκφέρετε τεύχη πάνοπλά τ' ἀμφιβλήματα,
ὡς εἰς ἀγῶνα τὸν προκείμενον δορὸς 780
ὁρμώμεθ' ἤδη ξὺν δίκῃ νικηφόρῳ.
τῇ δ' Εὐλαβείᾳ χρησιμωτάτῃ θεῶν
προσευχόμεσθα τήνδε διασώζειν πόλιν.

(Die Rüstung wird gebracht; Eteokles legt sie an und geht ab.)

ΧΟΡΟΣ.

(στροφή.)

ὦ πολύμοχθος Ἄρης, τί ποθ' αἵματι
καὶ θανάτῳ κατέχει Βρομίου παράμουσος ἑορταῖς; 785
οὐκ ἐπὶ καλλιχόροις στεφάνοισι νεάνιδος ὥρας
βόστρυχον ἀμπετάσας, λωτοῦ κατὰ πνεύματα μέλπει
μοῦσαν, ἐν ᾇ χάριτες χοροποιοί,
ἀλλὰ σὺν ὁπλοφόρῳ στρατὸν Ἀργείων ἐπιπνεύσας
ᾄσματι Θήβαις 790
κῶμον ἀναυλότατον προχορεύεις. 790ᵇ
οὐ πόδα θυρσομανῆ νεβρίδων μέτα δινεύεις, ἀλλ'
ἅρμασι καὶ ψαλίοις τετραβάμοσι μώνυχα πῶλον,
Ἰσμηνοῦ τ' ἐπὶ χεύμασι βαίνων
ἱππείαισι θοάζεις, Ἀργείοις ἐπιπνεύσας
Σπαρτῶν γένναν, 795

777. κἂν φίλων τις ᾖ] Darin liegt eine Hinweisung auf die That und den Tod der Antigone, die, dem Verbot trotzend, ihren Bruder bestattete.
778. εἶπον, zu 679.
780. ὡς, zu 523.
781. ξὺν δίκῃ, zu 154.
782. Εὐλάβεια personificirt nur hier.
784 ff. Ein prachtvolles Chorlied, dessen schönster Schmuck die majestätisch dahinrollenden Hexameter sind.
785. παράμουσος, absonus, hier mit dem Dativ der Sache zu der der so bezeichnete Gegenstand nicht stimmt (diese Construction nur hier). Zur Sache vgl. Orph. Hymn. LXV, 3—5: Ἄρες ἄναξ, ... | ὅς ποθέεις ξίφεσίν τε καὶ ἔγχεσι δῆριν ἄμουσον.
786. ἐπί bezeichnet den Zweck, zu welchem das βόστρυχον ἀναπεταννύειν vorgenommen wird. S. auch zu 1555. — καλλιχόροις στεφάνοισι, Kränze die bei schönen Tänzen getragen werden.

787. μέλπει, „lässest du ertönen". κατὰ πνεύματα, zum Schall des Lotos. κατά wird in dieser Weise gesetzt, wo es sich um die Begleitung durch ein musikalisches Instrument handelt.
789 f. σὺν ὁπλοφόρῳ ᾄσματι, mit einem (beim Waffentragen ertönenden) Schlachtgesange, der, wie wir aus 785 und 791 erfahren, höchst unharmonisch ist.
791. πόδα δινεύειν, den Fuss hin- und herbewegen, wie das bei bacchischen Festen üblich war. — θυρσομανῆ, vom Thyrsos berauscht. Vgl. Bakch. 943 f.: ἐν δεξιᾷ χρὴ χἆμα δεξιῷ ποδὶ | αἴρειν νιν (τὸν θύρσον).
792. Wenn τετραβάμοσι richtig ist, so muss dessen Verbindung mit ψαλίοις als eine dichterische Freiheit angesehen werden, die sich aus dem Vorangehen des wichtigeren Substantivums ἅρμασι erklärt. Vgl. zu 172 ἅρμα λευκόν.
793. Ἰσμηνοῦ] Zu 825.

Euripides I. 4

50 ΕΥΡΙΠΙΔΟΥ

795ᵃ ἀσπιδοφέρμονα θίασον εὔοπλον,
ἀντίπαλον κατὰ λάινα τείχεα
χαλκῷ κοσμήσας.
ἤ· δεινά τις Ἔρις θεός, ἃ τάδε
μήσατο πήματα γᾶς βασιλεῦσιν,
800 Λαβδακίδαις πολυμόχθοις.
(ἀντιστροφή.)
ὦ ζαθέων πετάλων πολυθηρότα-
τον νάπος, Ἀρτέμιδος χιονοτρόφον ὄμμα Κιθαιρών,
μήποτε τὸν θανάτῳ προτεθέντα, λόχευμ' Ἰοκάστας,
ὤφελες Οἰδιπόδαν θρέψαι βρέφος ἔκβολον οἴκων,
805 χρυσοδέτοις περόναις ἐπίσαμον·
805ᵃ μηδὲ τὸ παρθένιον πτερόν, οὔρειον τέρας, ἐλθεῖν
πένθεα γαίας,
Σφιγγός, ἀμουσοτάταισι σὺν ᾠδαῖς,
ἅ ποτε Καδμογενῆ ⏓ — τετραβάμοσι χαλαῖς
τείχεσι χριμπτομένα φέρεν αἰθέρος εἰς ἄβατον φῶς
810 γένναν, ἃν ὁ κατὰ χθονὸς Ἅιδας
Καδμείοις ἐπιπέμπει· δυσδαίμων δ' ἔρις ἄλλα
θάλλει παίδων
Οἰδιπόδα κατὰ δώματα καὶ πόλιν.
οὐ γὰρ ὃ μὴ καλὸν οὔποτ' ἔφυ καλόν,
815 οὐδ' οἱ μὴ νόμιμον
παῖδες ματρὶ λόχευμα, μίασμα πατρός·
ἡ δὲ συναίμονος εἰς λέχος ἦλθεν.

---

796. Das Adj. ἀσπιδοφέρμων (von ἀσπίς und φέρω, wie [ἱππο-]βάμων von βαίνω, οἰκτίρμων von οἰκτείρω) nur hier.

802. ὄμμα, „Augapfel" der Artemis. Die Göttin liebt den Berg, weil er ein so stark besuchtes Jagdrevier ist (πολυθηρότατον νάπος). In alter Zeit hausten sogar Löwen dort; ein solcher (genannt der kithäronische Löwe par excellence) wurde von Alkathoos, dem Sohne des Pelops, erlegt.

803 ff. Ueber dieses Zurückgehen auf eine Ursache des beklagten Unheils s. zu 4 ff.

803. θανάτῳ, Dativ des Zwecks.

805. Die χρυσοδέται περόναι beziehen sich auf die Spange, mit deren Hülfe der unglückliche Oedipus sich blendete; s. oben 62 und Soph. Oed. Kön. 1268 f.: χρυσηλάτους | περόνας. — ἐπίσαμον, „blutig gezeichnet" (Hartung).

805 a. τὸ παρθένιον πτερόν] Man dachte sich die Sphinx als ein vierfüssiges (808 τετραβάμοσι χαλαῖς),

mit Flügeln und einem Mädchenkopf (vgl. 1023 μιξοπάρθενος) versehenes Thier; das beweisen die erhaltenen Bildwerke. S. mehrere Beispiele bei Overbeck, Gallerie heroischer Bildwerke Taf. I. — οὔρειον τέρας] Eine derartige Erscheinung heisst bei Euripides gewöhnlich τέρας, vgl. 1023: δάιον τέρας. Bakch. 542 f.: ἀγριωπὸν τέρας, οὐ φῶ- | τα βρότειον. Iph. in Taur. 1247: γᾶς πελώριον τέρας und sonst. — Das Epitheton οὔρειον weist auf den Berg Φίκιον hin, auf dem sich die Sphinx niedergelassen hatte. Auch auf alten Bildwerken sitzt die Sphinx zuweilen auf einem Felsen oder einer Erhöhung. S. Overbeck a. a. O. n. 13. 15. 16. — Vor ἐλθεῖν ist aus 804 ὤφελε zu ergänzen.

807. σύν, „unter". S. zu 1028 (ἀμφί) und 1415.

810. ἄν, nämlich die Sphinx.

811. ἐπιπέμπει Praesens historicum. Vgl. zu 13.

815 ff. [Krit. Anh.]

817. εἰς λέχος ἦλθεν] Aehnlich

ἔτεκες, ὦ γᾶ, ἔτεκές ποτε,
βάρβαρον ὡς ἀκοὰν ἐδάην ἐδάην ποτ' ἐν οἴκοις,
τὰν ἀπὸ θηροτρόφου φοινικολόφοιο δράκοντος 820
γένναν ὀδοντοφυῆ, Θήβαις κάλλιστον ὄνειδος·
Ἁρμονίας δέ ποτ' εἰς ὑμεναίους
ἤλυθον οὐρανίδαι, φόρμιγγί τε τείχεα Θήβας
τᾶς Ἀμφιονίας τε λύρας ὕπο πύργος ἀνέσταν
διδύμων ποταμῶν πόρον ἀμφὶ μέσον, — 825
Δίρκας, χλοεροτρόφον ἃ πεδίον
πρόπαρ Ἰσμηνοῦ καταδεύει·
Ἰώ θ' ἁ κερόεσσα προμάτωρ
Καδμείων βασιλῆας ἐγείνατο,
μυριάδας δ' ἀγαθῶν ἑτέροις ἑτέ- 830
ρας μεταμειβομένα πόλις ἅδ' ἐπ' ἄ-

unten 1609. Epische Formel. Vgl. Hesiod. Theog. 912: αὐτὰρ ὁ Δήμητρος πολυφόρβης ἐς λέχος ἦλθεν.
819. ἐδάην ἐδάην] Die Wiederholung desselben Worts im Affect wie 1019: ἔβας ἔβας und sonst in demselben Chorgesang; 1299 πέσεα πέσεα und sonst. Dergleichen Wiederholungen finden sich vorzugsweise in Chorliedern; ein Beispiel aus einer Redepartie ist Bakch. 1065: κατῆγεν, ἦγεν, ἦγεν εἰς μέλαν πέδον. — ἐν οἴκοις, wo ihnen die alten Sagen der Stammesgenossen erzählt wurden; vgl. Hom. Α 396: πατρὸς ἐνὶ μεγάροισιν ἄκουσα.
821. Das Adj. ὀδοντοφυής nur hier. — Das aus den Drachenzähnen entsprossene Geschlecht (zu 672 f.) wurde, wie der Chor hier constatirt, als ein ὄνειδος für Theben angesehen. Derselbe gibt aber durch sein κάλλιστον zu verstehen, dass das angebliche ὄνειδος Theben eigentlich zum Ruhme gereiche. Dergleichen Oxymora sind nicht selten: auch werden besonders gern, wie hier, καλός und ὄνειδος (oder ὀνειδίζω) verbunden. Vgl. Iph. in Aulis 305: καλόν γέ μοι τοὔνειδος ἐξωνείδισας. Bakch. 652: ὠνείδισας δὴ τοῦτο Διονύσῳ καλόν. (Vgl. auch Med. 514.) Ferner unten 1047 f.: τάλας | καλλίνικος ὤν und Soph. Ant. 74: ὅσια πανουργήσασα.
823 f. Die Construction ist eigenthümlich verschränkt; das erste τε verknüpft den ganzen Satztheil mit dem Vorhergehenden, während das zweite τε den 824. Vers mit φόρμιγγι — Θήβας verbindet.
825. Die δίδυμοι ποταμοί sind

die Dirke und der Ismenos, die, wie aus Ulrichs' Uebersichtskarte (zu 145) hervorgeht, in fast parallelem Lauf von Süden nach Norden fliessen und Theben in die Mitte nehmen. Die Dirke entspringt im Südwesten, der Ismenos im Südosten der Stadt. „Nur bei sehr starken Regengüssen vereinigen sich die Dirce, der Ismenos und der durch den Hohlweg strömende Regenbach, und fliessen dem Hylischen See zu." Ulrichs a. a. O. S. 5. Somit ist die Bezeichnung δίδυμοι sehr gut gewählt. — πόρον ἀμφὶ μέσον, „an der Mitte des Laufes" (πόρος Lauf, wie 730). Wie genau diese Worte sind, geht daraus hervor, dass die beiden Quellen sich auf demselben Breitengrade befinden und die beiden Flussläufe ziemlich gleich lang sind.
826. Δίρκας] Wenn hier alles richtig ist, so muss eine freie dichterische Apposition angenommen werden; denn während Euripides hätte sagen können Δίρκας τε καὶ Ἰσμηνοῦ, zieht er vor, die Δίρκη zuerst allein zu nennen, um sie dann mittelst eines besonderen Nebensatzes mit dem Ἰσμηνός in Verbindung zu bringen.
826. Das Adj. χλοεροτρόφος nur hier.
828. προμάτωρ] Zu 248 und 676 ff.
830 f. ἑτέροις ἑτέρας μεταμείβεσθαι, eines mit dem andern für sich umtauschen, hier von der stattlichen Reihe der schönen Vortheile, die die Stadt durch ihre Leistungen im Felde einen nach dem andern errungen hat.
831 ff. ἐπ' ἄκροις — στεφά-

ΕΥΡΙΠΙΔΟΥ

κροις έσταχεν Άρή-
οις στεφάνοισιν.

ΤΕΙΡΕΣΙΑΣ
(von seiner Tochter geführt und von Menökeus begleitet).

835 ἡγοῦ πάροιϑε, ϑύγατερ· ὡς τυφλῷ ποδὶ
ὀφϑαλμὸς εἶ σύ, ναυβάταισιν ἄστρον ὡς·
δεῦρ' εἰς τὸ λευρὸν πέδον ἴχνος τιϑεῖσ' ἐμόν,
πρόβαινε, μὴ σφαλῶμεν· ἀσϑενὴς πατήρ·
κλήρους τέ μοι φύλασσε παρϑένῳ χερί,
οὓς ἔλαβον οἰωνίσματ' ὀρνίϑων μαϑὼν
840 ϑάκοισιν ἐν ἱεροῖσιν, οὗ μαντεύομαι.
τέκνον Μενοικεῦ, παῖ Κρέοντος, εἰπέ μοι

νοισιν, poetische Umschreibung, zur Bezeichnung der ruhmvollen Kriegstüchtigkeit der Thebaner. Wir treffen hier auf den schönen Stolz auf das Vaterland, der in den griechischen Tragödien eine so grosse Rolle spielt und namentlich Athen zugutekommt. Vgl. zu 854 f.
834. ϑύγατερ] Diese ' Tochter hiess Manto; vgl. zu 203. In der Antigone des Sophokles wird Teiresias von einem Knaben geführt. — ὡς (auch 843 und 847)] Zu 523. — τυφλῷ ποδί, zu 103.
835. Dem Griechen, und namentlich dem Athener, waren solche dem Seeleben entnommene Gleichnisse sehr geläufig; und so hat uns auch Euripides mit einer Reihe der schönsten und ausdrucksvollsten beschenkt. Schon die Alten bemerkten die Vorliebe des Dichters für solche Gleichnisse; in seinem Leben Z. 61 f. (Nauck) heisst es: ἐκ τῆς ϑαλάσσης λαμβάνει τὰς πλείους τῶν ὁμοιώσεων. — Vgl. Med. 768 ff.: οὗτος γὰρ ἀνὴρ ᾗ μάλιστ' ἐκάμνομεν | λιμὴν πέφανται τῶν ἐμῶν βουλευμάτων· | ἐκ τοῦδ' ἀναψόμεσϑα πρυμνήτην κάλων. Andr. 981: ὦ ναυτίλοισι χείματος λιμὴν φανείς. Heraklid. 427 ff.: ὦ τέκν', ἔοιγμεν ναυτίλοισιν, οἵτινες | χειμῶνος ἐκφυγόντες ἄγριον μένος | εἰς χεῖρα γῇ συνῆψαν, εἶτα χερσόϑεν | πνοαῖσιν ἠλάϑησαν εἰς πόντον πάλιν, auch ras. Herakl. 478 f. (vom Hafen); Med. 28 f.: ὡς δὲ πέτρος ἢ ϑαλάσσιος | κλύδων ἀκούει νουϑετουμένη φίλων (vom Felsen und von der Brandung); Ion 927 ff. (vom. Sturm auf hoher See); in unserer Trag. 1712 f.: ἔχων ἔμ' ὥστε ναυσίπομπον αὔραν

(vom Seewind); Med. 523. Aesch. Sieben 2 f. 62 (vom Steuermann). Dazu kommen dann noch solche Ausdrücke wie κλύδων (859), ἄντλος (Aesch. Sieben 796) ἐνορμίζειν (unten 846), ϑυμοῦ πνοαί (454) u. s. w. Aehnlich bei den Engländern und in der englischen Litteratur. So Shakspeare im Kaufmann von Venedig (Act IV Sc. 1): I pray you, think you question with the Jew: | you may as well go stand upon the beach, | and bid the main flood bate his usual height.

837 und 841. Das Asyndeton veranschaulicht die Mühe, mit der der von dem Wege angegriffene alte Mann die paar Worte hervorbringt.

838. Diese κλῆροι waren Steinchen, aus denen man wahrsagte. Vgl. Eustath. zur II. S. 419, 5 (Rom.): Εὐριπίδης δὲ ἐν μὲν Φοινίσσαις καὶ μαντικάς τινας ψήφους (daher ἡ διὰ τῶν ψήφων μαντικὴ bei Apollodor III, 10, 2 § 9) κλήρους καλεῖ, ἅς, φασι, δέλτοις παρεσημειοῦντο ἔν τε πτήσεσιν ὀρνίϑων καὶ λοιποῖς. — So heisst es bei Pindar (Pyth. IV 189 ff.): καί ῥά οἱ | μάντις ὀρνίχεσσι καὶ κλάροισι ϑεοπροπέων ἱεροῖς | Μόψος ἄμβασε στρατὸν πρόφρων. — παρϑένῳ χερί] Auch hier wird (wie τυφλίς, γεραιός, s. zu 103) ein Epitheton, das eigentlich nur mit dem Ganzen verbunden werden sollte, auf einen Theil bezogen; vgl. Ion 270: εἰς παρϑένους γε χείρας.

840. ϑακοῖσιν ἐν ἱεροῖσιν] Dieser in der Nähe der Tempel des Ammon und der Tyche befindliche Ort hiess nach Pausan. IX 16, 1 das οἰωνοσκοπεῖον Τειρεσίου.

ΦΟΙΝΙΣΣΑΙ. 53

πόση τις ή 'πίλοιπος άστεως οδός
προς πατέρα τον σόν· ώς εμόν κάμνει γόνυ,
πυκνήν δε βαίνων ήλυσιν μόλις περώ.

ΚΡΕΩΝ.

θάρσει· πέλας γάρ, Τειρεσία, φίλοισι σοις 845
ενώρμισας σον πόδα· λαβού δ' αυτού, τέκνον·
ως πάσ' απήνη πούς τε πρεσβύτου φιλεί
χειρός θυραίας αναμένειν κουφίσματα.

ΤΕΙΡΕΣΙΑΣ.

είεν, πάρεσμεν· τί με καλείς σπουδή, Κρέον;

ΚΡΕΩΝ.

ούπω λελήσμεθ'· αλλά σύλλεξαι σθένος 850
και πνεύμ' άθροισον, αίπος εκβαλών οδού.

ΤΕΙΡΕΣΙΑΣ.

κόπω παρείμαι γούν Έρεχθειδών άπο
δεύρ' εκκομισθείς της πάροιθεν ημέρας·
κάκει γάρ ην τις πόλεμος Ευμόλπου δορός,
ου καλλινίκους Κεκροπίδας έθηκ' εγώ· 855

842. πόση τις] „τίς ad interrogationem eam significationem affert, quam nos non possumus reddere nisi per adverbialem notionem, quasi dicas: Wie weit ist's etwa etc., vel quid eiusmodi; conf. Heracl. v. 668: πόσον τι πλῆθος συμμάχων πάρεστ᾽ ἔχων;" Klotz.
844. πυκνή ήλυσις veranschaulicht die häufigen kleineren Schritte, die Teiresias macht (βαίνων). In Betreff der Construction s. zu 1379. — μόλις περῶ, „komme ich kaum weiter". Der Contrast ist sehr wirksam.
845. πέλας hier mit dem Dativ.
846. ἐνώρμισας σὸν πόδα. „hast du deinen Fuss einlaufen lassen". Auch hier liegt eine aus dem Seeleben entlehnte Metapher vor; s. zu 835. — τέκνον, nämlich Menökeus, der den alten Teiresias zum Kreon hingeführt hat; s. 905. — 847. [Krit. Anh.]
849. εἶεν, ein häufig vorkommender, der Umgangssprache der Attiker angehörender Ausruf; er entspricht unserem „gut!" „so sei's!" Vgl. Med. 386. Soph. Ai. 101.
850. Das auf ein Object im Singular bezogene Verbum συλλέγειν entspricht genau unserm „sammeln". Aehnlich ἀθροίζειν im folgenden Verse.
851. αἶπος ἐκβαλὼν ὁδοῖ, in-

dem du die Steilheit des Weges von dir thust, d. h. den Einfluss derselben verwindest.
852. παρεῖμαι, confectus sum.
853. τῆς ἡμέρας, Genetiv der Zeit.
854 f. τίς] Die Sache wird ganz allgemein hingestellt; das geschieht absichtlich, weil Euripides sich auf fernliegende alte Sagen nicht weiter einlassen will; doch wird des Sieges der Athener über Eumolpos gedacht, weil der Dichter den Anlass benutzen will, um sein geliebtes Athen zu verherrlichen. Ueberhaupt ergreift er jede sich darbietende Gelegenheit, um Athen und seine Bewohner zu loben. Diesem Streben verdankt man eine Reihe der prachtvollsten Schilderungen. Nähere Nachweisungen s. zu Med. 824 ff. — Welch einen Eindruck mussten diese begeisterten Lobpreisungen — und auch die gelegentlichen Erwähnungen — auf der athenischen Bühne machen!
855. καλλίνικος, „mit schönem Siege". Diese allgemeine Bedeutung kann aber, je nach der Beziehung des Worts, sehr verschieden gefasst werden: so ist es 1059, 1253, 1374, 1728 „eines schönen Sieges theilhaftig"; 858 sind καλλίνικα στίφη die „durch einen schönen Sieg errungenen"

καὶ τόνδε χρυσοῦν στέφανον, ὡς ὁρᾷς, ἔχω
λαβὼν ἀπαρχὰς πολεμίων σκυλευμάτων.

ΚΡΕΩΝ.

οἰωνὸν ἐθέμην καλλίνικα σὰ στέφη·
ἐν γὰρ κλύδωνι κείμεθ᾽, ὥσπερ οἶσθα σύ,
860 δορὸς Δαναϊδῶν, καὶ μέγας Θήβαις ἀγών.
βασιλεὺς μὲν οὖν βέβηκε κοσμηθεὶς ὅπλοις
ἤδη πρὸς ἀλκὴν Ἐτεοκλῆς Μυκηνίδα·
ἐμοὶ δ᾽ ἐπέσταλκ᾽ ἐκμαθεῖν σέθεν πάρα,
τί δρῶντες ἂν μάλιστα σώσαιμεν πόλιν.

ΤΕΙΡΕΣΙΑΣ.

865 Ἐτεοκλέους μὲν οὕνεκ᾽ ἂν κλῄσας στόμα
χρησμοὺς ἐπέσχον· σοὶ δ᾽, ἐπεὶ χρῄζεις μαθεῖν,
λέξω. νοσεῖ γὰρ ἥδε γῆ πάλαι, Κρέον,
ἐξ οὗ 'τεκνώθη Λάιος βίᾳ θεῶν
πόσιν τ᾽ ἔφυσε μητρὶ μέλεον Οἰδίπουν·
870 αἵ θ᾽ αἱματωποὶ δεργμάτων διαφθοραὶ
θεῶν σόφισμα κἀπίδειξις Ἑλλάδι.
ἃ συγκαλύψαι παῖδες Οἰδίπου σκότῳ
χρῄζοντες, ὡς δὴ θεοὺς ὑπεκδραμούμενοι,
ἥμαρτον ἀμαθῶς· οὔτε γὰρ γέρα πατρὶ
875 οὔτ᾽ ἔξοδον διδόντες ἄνδρα δυστυχῆ
ἐξηγρίωσαν· ἐκ δ᾽ ἔπνευσ᾽ αὐτοῖς ἀρὰς
δεινὰς νοσῶν τε καὶ πρὸς ἠτιμασμένος.
ἀγὼ τί οὐ δρῶν, ποῖα δ᾽ οὐ λέγων ἔπη,

Kränze; Med. 45 ist καλλίνικον ein „schönes Siegeslied"; dagegen ist es hier, 1048 (καλλίνικος ὧν αἰνιγμάτων) und Med. 765 (νῦν καλλίνικοι τῶν ἐμῶν ἐχθρῶν, φίλαι, | γενησόμεσθα) mit dem Genetiv der Sache (oder Person) verbunden, durch deren Behandlung (oder Ueberwindung) man zu einem καλλίνικος wird. — ἔθηκα, zu 1008.
857. ἀπαρχάς, „als Erstling"; vgl. zu 203.
859. ἐν κλύδωνι] Zu 835.
862. ἀλκὴν Μυκηνίδα, Abwehr der Mykener.
864. Während wir sagen: „was wir thun sollten um die Stadt zu retten", sagt der Grieche: „was thuend wir die Stadt retten könnten". Auch hier liegt im Particip der Hauptbegriff, s. zu 286.
865. Dieser Hieb auf Eteokles erklärt sich aus 772 f.
868. βίᾳ θεῶν] S. zu 18.
869. μητρί Dativ der Bestimmung, zu 17.

871. Die Blendung des Oedipus durch eigne Hand geschah auf Veranlassung der Götter (vgl. 1612 ff.). Sie ist zugleich eine an die Addresse von ganz Griechenland gerichtete Warnung (ἐπίδειξις Ἑλλάδι), die den strengsten Gehorsam gegen die Vorschriften der Götter einschärfen soll. Darum werden (874) die Söhne des Oedipus getadelt, weil sie, im Wahne befangen, dass sie die Absichten der Götter vereiteln könnten, ihren Vater vor den Augen der Welt verbergen und misshandeln.
872. συγκαλύψαι σκότῳ, wie unser „in Dunkel hüllen".
874 f. οὔτε — διδόντες] S. die Einl. — 876. ἐξηγρίωσαν, exacerbarunt.
877. πρός, zu 610.
878. Wie unser „was habe ich nicht alles gethan, was nicht alles gesagt", eine als Ausruf auftretende Frage, auf die man keine Antwort erwartet.

ΦΟΙΝΙΣΣΑΙ. 55

εἰς ἔχθος ἦλθον παισὶ τοῖσιν Οἰδίπου.
ἐγγὺς δὲ θάνατος αὐτόχειρ αὐτοῖς, Κρέον· 880
πολλοὶ δὲ νεκροὶ περὶ νεκροῖς πεπτωκότες
Ἀργεῖα καὶ Καδμεῖα μίξαντες βέλη
πικροὺς γόους δώσουσι Θηβαίᾳ χθονί.
σύ τ᾽ ὦ τάλαινα συγκατασκάπτει πόλι,
εἰ μὴ λόγοις τις τοῖς ἐμοῖσι πείσεται. 885
ἐκεῖνο μὲν γὰρ πρῶτον ἦν, τῶν Οἰδίπου
μηδένα πολίτην μηδ᾽ ἄνακτ᾽ εἶναι χθονός,
ὡς δαιμονῶντας κἀνατρέψοντας πόλιν.
ἐπεὶ δὲ κρεῖσσον τὸ κακόν ἐστι τἀγαθοῦ,
μί᾽ ἐστὶν ἄλλη μηχανὴ σωτηρίας. 890
ἀλλ᾽ οὐ γὰρ εἰπεῖν οὔτ᾽ ἐμοὶ τόδ᾽ ἀσφαλὲς
πικρόν τε τοῖσι τὴν τύχην κεκτημένοις
πόλει παρασχεῖν φάρμακον σωτηρίας.
ἄπειμι, χαίρεθ᾽· εἰς γὰρ ὢν πολλῶν μέτα
τὸ μέλλον, εἰ χρή, πείσομαι· τί γὰρ πάθω; 895

(wendet sich zum Gehen.)

ΚΡΕΩΝ.
ἐπίσχες αὐτοῦ, πρέσβυ.
ΤΕΙΡΕΣΙΑΣ.
μὴ 'πιλαμβάνου.
ΚΡΕΩΝ.
μεῖνον, τί φεύγεις;
ΤΕΙΡΕΣΙΑΣ.
ἡ τύχη σ᾽, ἀλλ᾽ οὐκ ἐγώ.

879. εἰς ἔχθος ἦλθον] ἦλθον, „gerieth". εἰς ἔχθος ἔρχεσθαι, sich (mit Jemanden) verfeinden. Vgl. zu 47 und 1000.
885. εἰ — πείσεται] Teiresias constatirt, dass die Rettung der Stadt von der Ausführung seiner Befehle abhängt; so hat er den Athenern zum Siege verholfen, V. 855. — τίς, Anspielung auf den Hauptbetheiligten, nämlich Kreon.
886. πρῶτον, das erste, d. h. Mittel, das Uebel abzuwenden (ἴαμα der Scholiast). Da dieses nicht angewendet worden ist, muss jetzt zu einem andern (890) gegriffen werden. — τῶν Οἰδίπου, von Oedipus' Geschlecht; die Verbindung des Artikels mit einem Genetiv der Angehörigkeit (wie 690) zur Bezeichnung eines verwandtschaftlichen Verhältnisses.

887. πολίτην] Also würde selbst das Aufgeben der Herrschaft von Seiten der beiden Brüder nicht genügt haben, um das Unheil abzuwenden.
889. Aehnlich Sophokles im Phil. 457: ὅπου δ᾽ ὁ χείρων τἀγαθοῦ μεῖζον σθένει. Allbekannt ist das homerische Wort (A 576): ἐπεὶ τὰ χερείονα νικᾷ.
890. Der Ausdruck μηχανὴ σωτηρίας gehört der Umgangssprache der Attiker an. Vgl. Xen. Anab. V 2, 24, wo der neckische Zufall einen vollständigen Trimeter hergestellt hat: θεῶν τις αὐτοῖς μηχανὴν σωτηρίας δίδωσιν.
891. ἀλλά — γάρ, elliptisch: „doch ich schweige, denn".
894 f. Ganz ähnlich Aeschylos in den Sieben 263: σιγῶ· σὺν ἄλλοις πείσομαι τὸ μόρσιμον.
895. τί γὰρ πάθω, denn „was verschlägt es mir?" Hartung.

ΚΡΕΩΝ.
φράσον πολίταις καὶ πόλει σωτηρίαν.
ΤΕΙΡΕΣΙΑΣ.
βούλει σὺ μέντοι κοὐχὶ βουλήσει τάχα.
ΚΡΕΩΝ.
900 καὶ πῶς πατρῴαν γαῖαν οὐ σῶσαι θέλω;
ΤΕΙΡΕΣΙΑΣ.
θέλεις ἀκοῦσαι δῆτα καὶ σπουδὴν ἔχεις;
ΚΡΕΩΝ.
εἰς γὰρ τί μᾶλλον δεῖ προθυμίαν ἔχειν;
ΤΕΙΡΕΣΙΑΣ.
κλύοις ἂν ἤδη τῶν ἐμῶν θεσπισμάτων.
πρῶτον δ᾽ ἐκεῖνο βούλομαι σαφῶς μαθεῖν,
905 ποῦ 'στιν Μενοικεύς, ὅς με δεῦρ᾽ ἐπήγαγεν;
ΚΡΕΩΝ.
ὅδ᾽ οὐ μακρὰν ἄπεστι, πλησίον δέ σου.
ΤΕΙΡΕΣΙΑΣ.
ἀπελθέτω νυν θεσφάτων ἐμῶν ἑκάς.
ΚΡΕΩΝ.
ἐμὸς πεφυκὼς παῖς ἃ δεῖ σιγήσεται.
ΤΕΙΡΕΣΙΑΣ.
βούλει παρόντος δῆτά σοι τούτου φράσω;
ΚΡΕΩΝ.
910 κλύων γὰρ ἂν τέρποιτο τῆς σωτηρίας.
ΤΕΙΡΕΣΙΑΣ.
ἄκουε δή νυν θεσφάτων ἐμῶν ὁδόν·
[ἃ δρῶντες ἂν μάλιστα σώσαιμεν πόλιν {Καδμείων}.]
σφάξαι Μενοικέα τόνδε δεῖ σ᾽ ὑπὲρ πάτρας
σὸν παῖδ᾽, ἐπειδὴ τὴν τύχην αὐτὸς καλεῖς.
ΚΡΕΩΝ.
915 τί φής; τίν᾽ εἶπας τόνδε μῦθον, ὦ γέρον;
ΤΕΙΡΕΣΙΑΣ.
ἅπερ πέφηνε, ταῦτα κἀνάγκη σε δρᾶν.

903. κλύοις ἄν, „du magst also hören", = „so höre denn". Dieser Gebrauch des Optativs in der zweiten Person mit ἄν macht denselben in Wirklichkeit zu einem höflichen Imperativ. S. Kr. § 54, 3 A. 8.
909. φράσω, erster Aorist des Conjunctivs. Ueber die Construction βούλει φράσω zu 722.
910. κλύων und τῆς σωτηρίας gehören zusammen.

911. ὁδόν, Gang (vgl. unser: Gedankengang).
913. τόνδε, emphatisch nach Μενοικέα, „diesen", der hier steht.
914. ἐπειδή — καλεῖς, „da du das Schicksal selbst herausforderst".
915. τίν᾽ εἶπας τόνδε μῦθον brachylogisch, für: τίς ἐστὶν ὁ μῦθος, ὃν εἶπας; Vgl. auch zu 392. — εἶπας, zu 679.

ΦΟΙΝΙΣΣΑΙ. 57

ΚΡΕΩΝ.
ὦ πολλὰ λέξας ἐν βραχεῖ χρόνῳ κακά.
ΤΕΙΡΕΣΙΑΣ.
σοί γ', ἀλλὰ πατρίδι μεγάλα καὶ σωτήρια.
ΚΡΕΩΝ.
οὐκ ἔκλυον, οὐκ ἤκουσα· χαιρέτω πόλις.
ΤΕΙΡΕΣΙΑΣ.
ἀνὴρ ὅδ' οὐκέθ' αὑτός, ἐκνεύει πάλιν. 920
ΚΡΕΩΝ.
χαίρων ἴθ'· οὐ γὰρ σῶν με δεῖ μαντευμάτων.
ΤΕΙΡΕΣΙΑΣ.
ἀπόλωλεν ἀλήθει', ἐπεὶ σὺ δυστυχεῖς;
ΚΡΕΩΝ
(auf die Kniee fallend).
ὦ πρός σε γονάτων καὶ γερασμίου τριχός,
ΤΕΙΡΕΣΙΑΣ.
τί προσπίτνεις με; δυσφύλακτ' αἴνει κακά.
ΚΡΕΩΝ.
σίγα· πόλει δὲ τούσδε μὴ λέξῃς λόγους. 925
ΤΕΙΡΕΣΙΑΣ.
ἀδικεῖν κελεύεις μ'· οὐ σιωπήσαιμεν ἄν.
ΚΡΕΩΝ.
τί δή με δράσεις; παῖδά μου κατακτενεῖς;
ΤΕΙΡΕΣΙΑΣ.
ἄλλοις μελήσει ταῦτ', ἐμοὶ δ' εἰρήσεται.
ΚΡΕΩΝ.
ἐκ τοῦ δ' ἐμοὶ τόδ' ἦλθε καὶ τέκνῳ κακόν;
ΤΕΙΡΕΣΙΑΣ.
ὀρθῶς μ' ἐρωτᾷς κεἰς ἀγῶν' ἔρχει λόγων. 930

918. Dieser Gegensatz zwischen dem persönlichen und dem Staatsvortheil (der auch 1206 f., vgl. 1313 f. betont wird) trat oft genug an den Griechen heran.
920. ἐκνεύει, neigt sich seitwärts, weicht aus.
921. σῶν — μαντευμάτων] In Betreff der Construction s. zu 470.
923. Vor σέ ist das regierende Verbum unterdrückt, das sich aber leicht suppliren lässt. Auch die Unterbrechung des Kreon durch Teiresias dient dazu, diesen Mangel zu verdecken. Auch hier macht der Dichter aus der Noth (über das Gesetz der Stichomythie s. zu 410) eine Tugend.
924. δυσφυλακτὰ κακά sind die Uebel, vor denen man sich nicht bewahren kann. — αἴνει, schicke dich (darein). Sehr oft erscheint αἰνεῖν in dieser abgeschwächten Bedeutung; so Alk. 2: θῆσσαν τράπεζαν αἰνέσαι.
926. σιωπήσαιμεν ἄν, zu 615.
927. τί — με, doppelter Accusativ nach δρᾶν.
930 f. ἀγῶνα λόγων, eine Verhandlung mit Worten. (Andr. 234.

δεῖ τόνδε θαλάμαις, οὗ δράκων ὁ γηγενὴς
ἐγένετο Δίρκης ναμάτων ἐπίσκοπος,
σφαγέντα φόνιον αἷμα γῇ δοῦναι χοὰς
Κάδμου, παλαιῶν Ἄρεος ἐκ μηνιμάτων,
935 ὃς γηγενεῖ δράκοντι τιμωρεῖ φόνον.
καὶ ταῦτα δρῶντες σύμμαχον κτήσεσθ᾽ Ἄρη.
χθὼν δ᾽ ἀντὶ καρποῦ καρπὸν ἀντί θ᾽ αἵματος
αἷμ᾽ ἢν λάβῃ βρότειον, ἕξετ᾽ εὐμενῆ
γῆν, ἥ ποθ᾽ ἡμῖν χρυσοπήληκα στάχυν
940 σπαρτῶν ἀνῆκεν· ἐκ γένους δὲ δεῖ θανεῖν
τοῦδ᾽ ὃς δράκοντος γένυος ἐκπέφυκε παῖς.
σὺ δ᾽ ἐνθάδ᾽ ἡμῖν λοιπὸς εἶ σπαρτῶν γένους
ἀκέραιος, ἔκ τε μητρὸς ἀρσένων τ᾽ ἄπο,
οἱ σοί τε παῖδες. Αἵμονος μὲν οὖν γάμοι
945 σφαγὰς ἀπείργουσ᾽· οὐ γάρ ἐστιν ἤθεος·
[κεἰ μὴ γὰρ εὐνῆς ἥψατ᾽, ἀλλ᾽ ἔχει λέχος·]
οὗτος δὲ πῶλος τῇδ᾽ ἀνειμένος πόλει
θανὼν πατρῴαν γαῖαν ἐκσώσειεν ἄν.
πικρὸν δ᾽ Ἀδράστῳ νόστον Ἀργείοισί τε
950 θήσει, μέλαιναν κῆρ᾽ ἐπ᾽ ὄμμασιν βαλών,
κλεινάς τε Θήβας. τοῖνδ᾽ ἑλοῦ δυοῖν πότμοιν
τὸν ἕτερον· ἢ γὰρ παῖδα σῶσον ἢ πόλιν.
τὰ μὲν παρ᾽ ἡμῶν πάντ᾽ ἔχεις· ἡγοῦ, τέκνον,
πρὸς οἶκον. ὅστις δ᾽ ἐμπύρῳ χρῆται τέχνῃ,
955 μάταιος· ἢν μὲν ἐχθρὰ σημήνας τύχῃ,
πικρὸς καθέστηχ᾽ οἷς ἂν οἰωνοσκοπῇ·
ψευδῆ δ᾽ ὑπ᾽ οἴκτου τοῖσι χρωμένοις λέγων
ἀδικεῖ τὰ τῶν θεῶν. Φοῖβον ἀνθρώποις μόνον
χρῆν θεσπιῳδεῖν, ὃς δέδοικεν οὐδένα. (Geht ab. Pause.)

wo dieselbe Redensart vorkommt, ist ἀγών stärker, = „Kampf".) Teiresias billigt es, dass Kreon von seinen verzweiflungsvollen Ausrufungen ablässt und eine vernünftige Frage an ihn stellt.
933. χοάς, als Spende.
934 f. S. zu 662.
942. Schol.: οἱ περιλειφθέντες τῶν Σπαρτῶν (zu 672 f.), ὡς Αἰσχύλος φησίν, ἦσαν Χθόνιος, Οὐδαῖος, Πέλωρος, Ὑπερήνωρ καὶ Ἐχίων, ὃς ἔγημεν Ἀγαυὴν τὴν Κάδμου θυγατέρα, ἐξ ἧς ποιεῖ Πενθέα, οὗ Ὄκλασος, οὗ Μενοικεύς, οὗ Κρέων καὶ Ἰοκάστη.
943. ἀκέραιος, sincerus.
945 f. Das Adj. ἤθεος (im Epos ἠΐθεος) bezeichnet den erwachsenen, aber noch unverheiratheten Mann. Nun ist Hämon, obgleich nur verlobt (vgl. 757 ff.), doch nicht mehr im eigentlichen Sinne ein ἤθεος. Der Gedanke an die bevorstehende Verbindung hat ihn bereits dermassen in Anspruch genommen, dass er nicht mehr als Opfer verwendet werden kann; denn dazu braucht man nach griech. Begriffen einen ganz reinen Jüngling.
947. πῶλος wird von dem Jungen eines Thieres (in der früheren Zeit nur vom Füllen gesagt) auf in jüngeren Jahren stehende Menschen beiderlei Geschlechts übertragen. Aehnlich ergeht es dem Wort μόσχος.
953. τὰ — ἔχεις] πάνθ᾽ ὅσα παρ᾽ ἡμῶν ἐβούλου μαθεῖν, ἔχεις, ἀντὶ τοῦ ἀκήκοας καὶ κατέχεις. So ein Scholiast.
958. τὰ τῶν θεῶν, das Göttliche. τά substantivirtes Neutrum als Gesammtbegriff.

ΦΟΙΝΙΣΣΑΙ. 59

ΧΟΡΟΣ.
Κρέον, τί σιγᾷς γῆρυν ἄφθογγον σχάσας; 960
κἀμοὶ γὰρ οὐδὲν ἧσσον ἔκπληξις πάρα.

ΚΡΕΩΝ.
τί δ᾽ ἄν τις εἴποι; δῆλον οἵ γ᾽ ἐμοὶ λόγοι.
ἐγὼ γὰρ οὔποτ᾽ εἰς τόδ᾽ εἶμι συμφορᾶς,
ὥστε σφαγέντα παῖδα προσθεῖναι πόλει.
πᾶσιν γὰρ ἀνθρώποισι φιλότεκνος βίος, 965
οὐδ᾽ ἂν τὸν αὐτοῦ παῖδά τις δοίη κτανεῖν.
μή μ᾽ εὐλογείτω τἀμά τις κτείνων τέκνα.
αὐτὸς δ᾽, ἐν ὡραίῳ γὰρ ἕσταμεν βίου,
θνῄσκειν ἕτοιμος πατρίδος ἐκλυτήριον.
ἀλλ᾽ εἶα, τέκνον, πρὶν μαθεῖν πᾶσαν πόλιν, 970
ἀκόλαστ᾽ ἐάσας μάντεων θεσπίσματα,
φεῦγ᾽ ὡς τάχιστα τῆσδ᾽ ἀπαλλαχθεὶς χθονός·
λέξει γὰρ ἀρχαῖς καὶ στρατηλάταις τάδε,
πύλας ἐφ᾽ ἑπτὰ καὶ λοχαγέτας μολών·
κἂν μὲν φθάσωμεν, ἔστι σοι σωτηρία· 975
ἢν δ᾽ ὑστερήσῃς, οἰχόμεσθα, κατθανεῖ.

ΜΕΝΟΙΚΕΥΣ.
ποῖ δῆτα φεύγω; τίνα πόλιν; τίνα ξένων;

ΚΡΕΩΝ.
ὅπου χθονὸς τῆσδ᾽ ἐκποδὼν μάλιστ᾽ ἔσει.

---

961. κἀμοὶ γάρ, elliptisch, „ich frage, denn auch mir".
963. εἰς τόδε συμφορᾶς, „zu einem solchen Grade des Unglücks". τόδε wird häufig mit dem Genetiv eines eine geistige Eigenschaft (oder Empfindung) oder einen den Geist betreffenden Umstand bezeichnenden Substantivums verbunden und drückt dann den Grad oder die Höhe dieser Eigenschaft u. s. w. aus. Vgl. Ion 244: τί ποτε μεριμνης ἐς τόδ᾽ ἦλθες ὦ γύναι; Ebenso verhält es sich mit τοσοῦτον, vgl. Med. 371: ὁ δ᾽ εἰς τοσοῦτον μωρίας ἀφίκετο.
966. τίς, ganz allgemein = man. S. 447. — ἂν δοίη, zu 615.
968. ἐν ὡραίῳ βίου] ὡραίῳ gibt, wie τόδε (963) den Punkt an, bis zu dem Kreon bereits vorgeschritten ist und wird mit dem Genetiv des Bereichs (zu 758), innerhalb dessen man den betreffenden Punkt erreicht hat, verbunden. Vgl. auch Kr. § 47, 10 A. 3.
969. ἐκλυτήριον, als ein Sühnopfer.

970. ἀλλ᾽ εἶα (convers.), zu 990.
976. οἰχόμεσθα sind wir „dahin", „verloren". Diese Bedeutung des Verbums (wie unser „hingehen", „von hinnen gehen") findet sich schon bei Homer. Vgl. auch 1336, wo dieselbe Form. Hel. 219: μάτηρ μὲν οἴχεται. Das Wort gehörte auch der Umgangssprache der Attiker an und taucht sogar in der römischen Komödie wieder auf; Plaut. Trin. II 4, 18: argentum οἴχεται („l'argent s'en va".) — Das Asyndeton veranschaulicht die innere Bewegung des Redenden; vgl. 1193 mit der Anm.
977 ff. Menökeus will seinen Vater hintergehen und verwickelt ihn daher in ein Gespräch, in dem er die Rolle eines für sich selbst Besorgten spielt. — Ueber den Eindruck der Heimatlosigkeit auf das hellenische Gemüth (977: ποῖ — ξένων; 983: τί — γενήσεται) s. zu 388 f.
977. τίνα πόλιν und τίνα sind Accusative nach einem Verbum der

ΜΕΝΟΙΚΕΥΣ.
οὐκοῦν σὲ φράζειν εἰκός, ἐκπονεῖν δ' ἐμέ.
ΚΡΕΩΝ.
980 Δελφοὶς περάσας φεῦγε
ΜΕΝΟΙΚΕΥΣ.
ποῖ με χρή, πάτερ;
ΚΡΕΩΝ.
Αἰτωλίδ' εἰς γῆν.
ΜΕΝΟΙΚΕΥΣ.
ἐκ δὲ τῆσδε ποῖ περῶ;
ΚΡΕΩΝ.
Θεσπρωτὸν οὖδας.
ΜΕΝΟΙΚΕΥΣ.
σεμνὰ Δωδώνης βάθρα;
ΚΡΕΩΝ.
ἔγνως.
ΜΕΝΟΙΚΕΥΣ.
τί δῆτα ῥῦμά μοι γενήσεται;
ΚΡΕΩΝ.
πόμπιμος ὁ δαίμων.
ΜΕΝΟΙΚΕΥΣ.
χρημάτων δὲ τίς πόρος;
ΚΡΕΩΝ.
985 ἐγὼ πορεύσω χρυσόν.
ΜΕΝΟΙΚΕΥΣ.
εὖ λέγεις, πάτερ.

Bewegung, wie ἔμολε τάνδε γᾶν (oben 638).
984. χρημάτων δὲ τίς πόρος;] Zum Reisen braucht man Geld; und Euripides hat sich nicht gescheut, dem Menökeus diese Erwähnung des nervus rerum in den Mund zu legen. Auch sonst berührt der Dichter solche menschliche Dinge; s. Hel. 420. Med. 1020; das Stärkste derart ist wohl die Stelle in der viel angegriffenen Elektra, 404 f.: ὦ τλῆμον, εἰδὼς δωμάτων χρείαν σέθεν | τί τούσδ' ἐδέξω μείζορας σαυτοῦ ξένοις; Vgl. auch das. 1286 f., wo der arme Landmann Auturgos für den Verlust seiner quasi-Gattin Elektra entschädigt werden soll: καὶ τὸν λόγῳ (!) σὸν πενθερὸν κομιζέτω | Φωκέων ἐς αἶαν καὶ ὅτῳ πλούτου βάρος. Diese gemüthliche Abfindung erinnert an ein ähnliches Geldgeschäft bei Körner (Der Vetter aus Bremen Sc. 5: „Der Vetter soll nichts dagegen haben, | den find' ich mit ein paar Thalern ab.") — Schon im Alterthum fand man dieses Eingehen auf solche Haushaltungsfragen anstössig; es ist denn auch von der göttlichen Komik des Aristophanes gehörig persiflirt worden. Frösche 980 ff.: νὴ τοὺς θεούς, νῦν γοῦν Ἀθήναιων ἅπας τις εἰσιὼν | κέκραγε πρὸς τοὺς οἰκέτας | ζητεῖ τε· ποῦ 'στιν ἡ χύτρα; | τίς τὴν κεφαλὴν ἀπεδήδοκεν | τῆς μαινίδος; τὸ τρύβλιον | τὸ περυσινὸν τέθνηκέ μοι· | ποῦ τὸ σκόροδον τὸ χθιζινόν; | τίς τῆς ἐλάας παρέτραγεν; Das bewirkt die Kleinmalerei des Dichters,

ΦΟΙΝΙΣΣΑΙ. 61

χώρει νυν· ὡς σὴν πρὸς κασιγνήτην μολών,
ἧς πρῶτα μαστὸν εἵλκυσ', Ἰοκάστην λέγω,
μητρὸς στερηθεὶς ὀρφανός τ' ἀποζυγείς,
προσηγορήσων εἶμι καὶ σώσων βίον.
ἀλλ' εἶα, χώρει. (Kreon ab.) [μὴ τὸ σὸν κωλυέτω. 990
γυναῖκες, ὡς εὖ] πατρὸς ἐξεῖλον φόβον
κλέψας λόγοισιν, ὥσθ' ἃ βούλομαι τυχεῖν·
ὅς μ' ἐκκομίζει, πόλιν ἀποστερῶν τύχης,
καὶ δειλίᾳ δίδωσι. καὶ συγγνωστὰ μὲν
γέροντι· τοὐμὸν δ' οὐχὶ συγγνώμην ἔχει, 995
προδότην γενέσθαι πατρίδος ἥ μ' ἐγείνατο.
ὡς οὖν ἂν εἰδῆτ', εἶμι καὶ σώσω πόλιν
ψυχήν τε δώσω τῆσδ' ὑπερθανεῖν χθονός.
αἰσχρὸν γάρ, οἱ μὲν θεσφάτων ἐλεύθεροι
κοὐκ εἰς ἀνάγκην δαιμόνων ἀφιγμένοι 1000
στάντες παρ' ἀσπίδ' οὐκ ὀκνήσουσιν θανεῖν,
πύργων πάροιθε μαχόμενοι πάτρας ὕπερ·
ἐγὼ δὲ πατέρα καὶ κασίγνητον προδοὺς
πόλιν τ' ἐμαυτοῦ δειλὸς ὣς ἔξω χθονὸς
ἄπειμι· ὅπου δ' ἂν ζῶ, κακὸς φανήσομαι. 1005
μὰ τὸν μετ' ἄστρων Ζῆν' Ἄρη τε φοίνιον,
ὃς τοὺς ὑπερτείλαντας ἐκ γαίας ποτὲ
σπαρτοὺς ἄνακτας τῆσδε γῆς ἱδρύσατο.

der Frö. 959 von sich selbst sagt: *οἰκεῖα πράγματ' εἰσάγων, οἷς χρώμεθ', οἷς ξύνεσμεν*.
990. *ἀλλ' εἶα, χώρει*] Diese der Umgangssprache angehörende Redensart wird entweder, wie hier, für sich hingestellt oder leitet einen weiteren Befehl ein, vgl. Med. 820: *ἀλλ' εἶα χώρει καὶ κόμιζ' Ἰάσονα*. Tro. 880 f.: *ἀλλ' εἶα χωρεῖτ' εἰς δόμους, ὀπάονες, | κομίζετ' αὐτήν*. Iph. in Aulis 111: *ἀλλ' εἶα χώρει τάσδ' ἐπιστολὰς λαβὼν | πρὸς Ἄργος*. Vgl. auch unten 1708.
994. *δίδωσι*, überliefert. — *συγγνωστά*, sc. *ἐστί*, das zuweilen unterdrückt wird. Auch sonst erscheint das ntr. *συγγνωστόν* („es ist verzeihlich") im Plural; vgl. Andr. 955 (wo das *ἐστί* ebenfalls unterdrückt ist): *συγγνωστὰ μέν νιν σοὶ τάδε*. Med. 703: *συγγνωστὰ μὲν γὰρ ἦν σε λυπεῖσθαι, γύναι*.
995. *τοὐμόν*, meine Handlungsweise; zu 958 und 1276.
996. *πατρίδος ἥ μ' ἐγείνατο*] S. zu 359, 626 ff. und vgl. noch Med. 1332: *γῆς προδότιν ἥ σ' ἐθρέψατο*.

999. *αἰσχρὸν γάρ, οἱ μέν*] Anstatt den die Handlungsweise des Redenden betreffenden Satz (1003 ff.) von dem *αἰσχρόν* abhängig zu machen und den caussalen Satz (999—1002: *οἱ — ὕπερ*) durch die Construction als solchen zu bezeichnen, bedient sich der Dichter der Parataktik und stellt alles von *οἱ* (999) bis *ἄπειμι* (1005) als zwei unabhängige Glieder hin.
1000. *εἰς ἀνάγκην — ἀφιγμένοι*] ἀφ. in etwas „gerathen", wie 879.
1001. *παρ' ἀσπίδα* ist idiomatisch. S. Med. 250 f.: *π α ρ' ἀσπίδα | στῆναι* und vgl. Kr. § 68, 36 A. 1, 3.
1007. *ὑπερτείλαντας*, s. 670 ff. mit der Anm. — *ἐκ γαίας*, während der einfache Genetiv hinreichend gewesen wäre. Vgl. zu 594.
1008. *ἄνακτας — ἱδρύσατο*, „zu Fürsten machte". *ἱδρύεσθαι* wird wie *τιθέναι* (855, 950, 1059, 1742, Aesch. Prom. 848), *ἱστάναι* gebraucht. Die Begriffe des Setzens und Machens sind verwandt. („Einsetzen",

ΕΥΡΙΠΙΔΟΥ

ἀλλ' εἶμι καὶ στὰς ἐξ ἐπάλξεων ἄκρων
1010 σφάξας ἐμαυτὸν σηκὸν ἐς μελάμβαθῆ
δράκοντος, ἔνθ' ὁ μάντις ἐξηγήσατο,
ἐλευθερώσω γαῖαν· εἴρηται λόγος.
στείχω δέ, θανάτου δῶρον οὐκ αἰσχρὸν πόλει
δώσων, νόσου δὲ τήνδ' ἀπαλλάξω χθόνα.
1015 εἰ γὰρ λαβὼν ἕκαστος ὅ τι δύναιτό τις
χρηστὸν διέλθοι τοῦτο κεἰς κοινὸν φέροι
πατρίδι, κακῶν ἂν αἱ πόλεις ἐλασσόνων
πειρώμεναι τὸ λοιπὸν εὐτυχοῖεν ἄν.

ΧΟΡΟΣ.
(στοφή.)
ἔβας ἔβας,
1019ᵃ ὦ πτεροῦσσα, γᾶς λόχευμα
1020 νερτέρου τ' Ἐχίδνας,
Καδμείων ἁρπαγά,
πολύφθορος πολύστονος,
μιξοπάρθενος,
δάιον τέρας,
φοιτάσι πτεροῖς
1025 χαλαῖσί τ' ὠμοσίτοις·
Διρκαίων ἅ ποτ' ἐκ

„in die Welt setzen", „herstellen" u. dgl.)
Vgl. auch zu 641.
1009. στὰς ἐξ ἐπάλξεων] Vgl.
1223 f.: ἀπ' ἐρθίου σταθεὶς πύργου.
Dabei veranschaulicht sowohl das ἐξ
als das ἐς im folgenden Verse die von
dem fallenden Körper eingeschlagene
Richtung.
1010. σφάξας ἐμαυτὸν σηκὸν
ἐς, mich durchstossend und (in Folge
dessen, zu 1009) in die Höhle fallend. Gerade σφάζω und die von σφ.
abgeleiteten Verba werden mit Vorliebe dieser Construction unterworfen.
Vgl. Aesch. Sieben 43: ταυροσφαγοῦντες ἐς μελάνδετον σάκος (nachgeahmt von Aristophanes in der Lysistrata 188 f.: εἰς ἀσπίδ' — | μηλοσφαγούσας). Xenoph. Anab. II 2, 9:
σφάξαντες ταῦρον καὶ λύκον καὶ κάπρον καὶ κριὸν εἰς ἀσπίδα. Das. IV
3, 18: καὶ οἱ μὲν μάντεις ἐσφαγιάζοντο εἰς τὸν ποταμόν. In allen diesen Fällen wird die Opferung so vorgenommen, dass das Blut in den
Schild oder Strom hineinfliesst. —
σηκὸν — μελαμβαθῆ] 1315 hören wir
von κρημνοὶ δρακόντειοι. Ueber der
Höhle des Drachen befand sich also

ein felsiger Abhang, über den der
Theil der Stadtmauer, von welchem
Menökeus sich herabstürzte, sich
hinzog.
1012. εἴρηται λόγος („dixi"),
rhetorische Formel zur Bezeichnung
des Schlusses einer längeren Auseinandersetzung. Ganz ähnlich Or. 1202 f.:
τήνδ' ἡμῖν ἔχω | σωτηρίας ἔπαλξιν· εἴρηται λόγος.
1013 f. δῶρον — δώσων, zu
1379.
1015—1018, ein echt euripideischer
Gemeinplatz.
1017 f. Doppeltes ἄν, weil der Begriff desselben nicht blos bei εὐτυχοῖεν,
sondern auch bei κακ. ἐλ. πειρ. zu betonen ist; auch mag die grosse Entfernung des ersten ἄν von seinem Verbum zu der Wiederholung beigetragen
haben.
1019 ff. Das Stück von 1019—1041
führt das von 805a — 811 Gesagte
näher aus.
1019. ἔβας ἔβας] Zu 819.
1022. μιξοπάρθενος] Halb Jungfrau, zu 805a und 1041.
1023. τέρας, zu 805a.

ΦΟΙΝΙΣΣΑΙ. 63

τόπων νέους πεδαίρουσ'
ἄκυρον ἀμφὶ μοῦσαν
ὀλομέναν Ἐρινὺν
ἔφερες ἔφερες ἄχεα πατρίδι 1030
φόνια· φόνιος ἐκ θεῶν
ὃς τάδ' ἦν ὁ πράξας.
ἰάλεμοι δὲ ματέρων,
ἰάλεμοι δὲ παρθένων
ἐστέναζον οἴκοις· 1035
ἰήιον βοὰν βοάν, 1035ᵃ
ἰήιον μέλος μέλος
ἄλλος ἄλλ' ἐπωτότυζε
διαδοχαῖς ἀνὰ πτόλιν.
βροντᾷ δὲ στεναγμὸς
ἀχά τ' ἦν ὅμοιος, 1040
ὁπότε πόλεος ἀφανίσειεν 1040ᵃ
ἁ πτεροῦσσα παρθένος τιν' ἀνδρῶν.
(ἀντιστροφή.)
χρόνῳ δ' ἔβα
Πυθίαις ἀποστολαῖσιν
Οἰδίπους ὁ τλάμων
Θηβαίαν τάνδε γᾶν 1045
τότ' ἀσμένοις, πάλιν δ' ἄχη· 1045ᵃ

1027. πεδαίρειν äolische Form (für μεταίρειν), deren sich Euripides mehrmals bedient.
1028. ἀμφί hier zur Bezeichnung der Begleitung der Handlung durch die μοῦσα (μοῦσα hier anst. αἴνιγμα [50] oder vielmehr für das monotone Ableiern des αἴνιγμα), „unter". S. 807.
1029. ὀλομέναν Ἐρινύν ist als Apposition zu μοῦσαν zu fassen, die dadurch als ein verruchtes Verhängniss bezeichnet wird. — ὀλόμενος „verrucht", wie Med. 1252 f.: τὰν | ὀλομέναν γυναῖκα.
1031. Auch hier ist die Nebeneinanderstellung zweier Casus (desselben Adjectivs, zu 750) deren einer einen Satztheil abschliesst, der andere einen solchen eröffnet, sehr wirksam.
1031 f. φόνιος — πράξας] ὁ ἐκ θεῶν ταῦτα πράξας φόνιος ἦν αὐτός. Dies die richtige Erklärung des Scholiasten.
1037. Das Verbum ἐποτοτύζω nur hier.
1039. βροντᾶν (Präsens historicum, zu 13) wie unser „donnern", zur Veranschaulichung eines furchtbaren Getöses.

1040a. ἀφανίσειεν (vgl. unser „verschwinden"), Euphemismus.
1041. ἁ πτεροῦσσα παρθένος ist die Umkehrung von παρθένιον πτερόν (805a); während dort das Vogelmässig-Thierische hervortrat, ist hier das Menschliche der Hauptbegriff. Umgekehrt Statius (Theb. VI, 112) vom Panengeschlecht: semideum pecus.
1042. χρόνῳ, „im Laufe der Zeit", hier = „endlich".
1043. Πυθίαις ἀποστολαῖσιν, durch Entsendung aus Delphi, weil Oedipus nach Anhörung des dort ihm gewordenen Orakelspruchs das Haus seiner Pflegeeltern mied (zu 44 f.) und nach Theben kam; diese Fügung des Schicksals kann dann ganz gut eine ἀποστολή genannt werden.
1045 a. ἀσμένοις hier ohne ein Substantiv, das sich übrigens sehr leicht aus dem vorangegangenen Θηβαίαν τάνδε γᾶν suppliren lässt.
ἔβα ἀσμένοις, er kam zu ihnen als zu Leuten, die sich darüber freuten,= ihnen zur Freude. Vgl. die ganz ähnliche Stelle Soph. Trach. 18 f.: χρόνῳ δ' ἐν ὑστέρῳ μέν, ἀσμένῃ δέ μοι | ὁ κλεινὸς ἦλθε Ζηνὸς Ἀλκμήνης τε παῖς.

ΕΥΡΙΠΙΔΟΥ

μητρὶ γὰρ γάμους
δυσγάμους τάλας
καλλίνικος ὢν
αἰνιγμάτων συνάπτει,
1050 μιαίνει δὲ πτόλιν·
δι' αἱμάτων δ' ἀμείβει
μυσαρὸν εἰς ἀγῶνα
καταβαλὼν ἀραῖσι
τέκεα μέλεος. ἀγάμεθ' ἀγάμεθ',
1055 ὃς ἐπὶ θάνατον οἴχεται
γᾶς ὑπὲρ πατρῴας,
Κρέοντι μὲν λιπὼν γόους,
τὰ δ' ἑπτάπυργα κλῇθρα γᾶς
καλλίνικα θήσων.
1060 γενοίμεθ' ὧδε ματέρες
1060ᵃ γενοίμεθ' εὔτεκνοι, φίλα
Παλλάς, ἃ δράκοντος αἷμα
λιθόβολον κατειργάσω,
Καδμείαν μέριμναν
ὁρμήσασ' ἐπ' ἔργον,
1065 ὅθεν ἐπέσυτο τάνδε γαῖαν
ἁρπαγαῖσι δαιμόνων τις ἄτα.

ΑΓΓΕΛΟΣ.

ὠή, τίς ἐν πύλαισι δωμάτων κυρεῖ;
ἀνοίγετ', ἐκπορεύετ' Ἰοκάστην δόμων.
ὠὴ μάλ' αὖθις· διὰ μακροῦ μέν, ἀλλ' ὅμως

1046 f. γάμους δυσγάμους] Diese Verbindung eines Substantivs mit einem aus demselben Substantiv und einer Vorsilbe wie δυσ-, ἀ-, zusammengesetzten Adjectiv wird von den Tragikern in umfassender Weise angewendet. Es wird dadurch das mit einem Zustande (oder einer Sache) verbundene Unglück (δυσ-) oder das durch irgend einen Unfall bewirkte Aufhören desselben (Ende derselben) (ἀ-) veranschaulicht. So ist hier γάμος δύσγαμος eine Ehe, die eine traurige Ehe ist (bei Soph. Oed. Kön. 1214 γάμος ἄγαμος eine Ehe die keine Ehe ist); Aesch. Pers. 680 sind νᾶες ἄναες Schiffe die keine Schiffe sind (d. h. die zu existiren aufgehört haben). Weitere Beispiele bei Köchly zu Iph. in Taur. 832. Dieselbe Wirkung wird zuweilen durch zwei nebeneinanderstehende, sich scheinbar gegenseitig aufhebende Adjective erzielt, vgl. Tro. 1291 ff.: ἁ δὲ μεγαλόπολις ἄπολις ὄλωλεν ...... Τροία.

1047 f. τάλας καλλίνικος] Objectiv war Oedipus ein τάλας, weil er dadurch den weiteren Frevel, die Blutschande mit der Mutter, herbeiführte; subjectiv, d. h. für sich und seine Umgebung, ein καλλίνικος. Ueber dergleichen Oxymora s. zu 821.
1048 f. καλλίνικος ὢν αἰαγμάτων, zu 855.
1051. δι' αἱμάτων ἀμείβει, er wechselt mit Blut, d. h. lässt einen Mord auf den andern folgen.
1054. Das Object von ἀγάμεθα, auf das sich auch das Relativum ὅς bezieht. ist unterdrückt.
1059. θήσων]· Zu 1008.
1061. αἷμα wird zuweilen für σῶμα gesetzt; so hier, 1292 und 1502.
1062. Das Adj. λιθόβολος, „von Steinen erschlagen", nur hier.
1064. ὁρμάω hier transitiv.
1065. ὅθεν, zu 662 f.
1069. μάλ' αὖθις, häufig wiederkehrende Formel, zur Betonung der Wiederholung eines Ausrufs u. s. w.

ΦΟΙΝΙΣΣΑΙ. 65

ἔξελθ᾽, ἄκουσον, Οἰδίπου κλεινὴ δάμαρ, 1070
λήξασ᾽ ὀδυρμῶν πενθίμων τε δακρύων.

ΙΟΚΑΣΤΗ.
ὦ φίλτατ᾽, ἦ που ξυμφορὰν ἥκεις φέρων
Ἐτεοκλέους θανόντος, οὗ παρ᾽ ἀσπίδα
βέβηκας ἀεὶ πολεμίων εἴργων βέλη;
[τί μοί ποθ᾽ ἥκεις καινὸν ἀγγελῶν ἔπος;] 1075
τέθνηκεν ἢ ζῇ παῖς ἐμός; σήμαινέ μοι.

ΑΓΓΕΛΟΣ.
ζῇ, μὴ τρέσῃς τόδ᾽, ὥς σ᾽ ἀπαλλάξω φόβου.

ΙΟΚΑΣΤΗ.
τί δ᾽, ἑπτάπυργοι πῶς ἔχουσι περιβολαί;

ΑΓΓΕΛΟΣ.
ἑστᾶσ᾽ ἄθραυστοι, κοὐκ ἀνήρπασται πόλις.

ΙΟΚΑΣΤΗ.
ἦλθον δὲ πρὸς κίνδυνον Ἀργείου δορός; 1080

ΑΓΓΕΛΟΣ.
ἀκμήν γ᾽ ἐπ᾽ αὐτήν· ἀλλ᾽ ὁ Καδμείων Ἄρης
κρείσσων κατέστη τοῦ Μυκηναίου δορός.

ΙΟΚΑΣΤΗ.
ἓν εἰπὲ πρὸς θεῶν, εἴ τι Πολυνείκους πέρι
οἶσθ᾽, ὡς μέλει μοι καὶ τόδ᾽, εἰ λεύσσει φάος.

ΑΓΓΕΛΟΣ.
ζῇ σοι ξυνωρὶς εἰς τόδ᾽ ἡμέρας τέκνων. 1085

ΙΟΚΑΣΤΗ.
εὐδαιμονοίης. πῶς γὰρ Ἀργείων δόρυ
πυλῶν ἀπεστήσασθε πυργηρούμενοι;
λέξον, γέροντα τυφλὸν ὡς κατὰ στέγας
ἐλθοῦσα τέρψω, τῆσδε γῆς σεσωσμένης.

So Aesch. Ag. 1343—5 und Soph. El.
1415 f.: ὤμοι — ὤμοι μάλ᾽ αὖθις.
1069 f. διὰ — ἄκουσον] Βραδέως
μὲν ἐξέρχῃ, ἀλλ᾽ ὅμως δὲ ἔξελθε καὶ ἄκουσον. Schol.
1070. ἔξελθ᾽, ἄκουσον] Nach Verben des Gehens ist das Asyndeton nicht selten, vgl. 1260.
1072. ἥκεις φέρων, zu 286.
1077. μὴ τρέσῃς τόδε] Die Formel μὴ τρέσῃς steht gewöhnlich (wie Alk. 328 und sonst) absolut; hier kommt noch der Objects-Accusativ hinzu.

1084. ὥς, da, zu 523.
1085. ξυνωρίς, iugum; vgl. 1618 und Med. 1145: πρὶν μὲν τέκνων σῶν εἰσιδεῖν ξυνωρίδα. — εἰς τόδ᾽ ἡμέρας, s. zu 425.
1086. εὐδαιμονοίης] Dieser Ausruf gehört der Conversationssprache an. Er drückt entweder einen allgemeinen Wunsch (mit Rücksicht auf das Wohlergehen eines Andern) aus (wie Hipp. 105) oder gilt dem Ueberbringer einer frohen Botschaft. S. El. 231: εὐδαιμονοίης, μισθὸν ἡδίστων λόγων.

ΕΥΡΙΠΙΔΟΥ

ΑΓΓΕΛΟΣ.

1090 ἐπεὶ Κρέοντος παῖς ὁ γῆς ὑπερθανὼν
πύργων ἐπ᾽ ἄκρων στὰς μελάνδετον ξίφος
λαιμῶν διῆκε τῇδε γῇ σωτήριον,
λόχους ἔνειμεν ἑπτὰ καὶ λοχαγέτας
πύλας ἐφ᾽ ἑπτά, φύλακας Ἀργείου δορός,
1095 σὸς παῖς, ἐφέδρους θ᾽ ἱππότας μὲν ἱππόταις
ἔταξ᾽, ὁπλίτας δ᾽ ἀσπιδηφόροις ἔπι,
ὡς τῷ νοσοῦντι τειχέων εἴη δορὸς
ἀλκὴ δι᾽ ὀλίγου. περγάμων δ᾽ ἀπ᾽ ὀρθίων
λεύκασπιν εἰσορῶμεν Ἀργείων στρατὸν
1100 Τευμησὸν ἐκλιπόντα· καὶ τάφρου πέλας
δρόμῳ συνῆψεν ἄστυ Καδμείας χθονός.
παιὰν δὲ καὶ σάλπιγγες ἐκελάδουν ὁμοῦ
ἐκεῖθεν ἔκ τε τειχέων ἡμῶν πάρα.
καὶ πρῶτα μὲν προσῆγε Νηίσταις πύλαις
1105 λόχον πυκναῖσιν ἀσπίσιν πεφρικότα
ὁ τῆς κυναγοῦ Παρθενοπαῖος ἔκγονος,
ἐπίσημ᾽ ἔχων οἰκεῖον ἐν μέσῳ σάκει,
ἐκηβόλοις τόξοισιν Ἀταλάντην κάπρον
χειρουμένην Αἰτωλόν. εἰς δὲ Προιτίδας
1110 πύλας ἐχώρει σφάγι᾽ ἔχων ἐφ᾽ ἅρματι
ὁ μάντις Ἀμφιάραος, οὐ σημεῖ᾽ ἔχων

1090. ὁ] Der nachgesetzte Artikel ist emphatisch; nämlich der welcher; auch muss ὁ — ὑπερθανὼν gleich hier hinzugefügt werden, weil Kreon noch einen andern Sohn, den Hämon, hat.
1091. μελάνδετον ξίφος ist ein mit Schwarz eingefasstes Schwert, d. h. eins, dessen Scheide mit Eisen beschlagen ist. Vgl. Aesch. Sieben 43 (eine Stelle, die Euripides wahrscheinlich vor Augen hatte): μελάνδετον σάκος.
1094. φύλακας — δορός] δορός objectiver Genetiv (Kr. § 47, 7 A. 2) nach φύλακας (ἐπιτηρητὰς καὶ ἀποσοβητὰς τῶν πολεμίων der Schol.).
1097. τῷ νοσοῦντι (substantivirtes Neutrum) τειχέων, den in Gefahr befindlichen Theilen der Mauer.
1099. λεύκασπιν mit Bezug auf Soph. Ant. 106 f.: τὸν λεύκασπιν Ἀργόθεν | φῶτα βάντα πανσαγίᾳ. Die Anspielung wurde von den Zuhörern verstanden. — εἰσορῶμεν, Präsens historicum, zu 13.
1100. Τευμησόν] Der Teumesos oder Teumessos — es ist ein niedriger, windiger Hügel (h. Mesabúni) — liegt etwa 100 Stadien nordöstlich von Theben. S. Ulrichs Reisen und Forsch. II S. 23. — τάφρου, zu 714.
1101. [Krit. Anh.]
1103. ἐκεῖθεν — ἡμῶν πάρα, von dort und von uns aus. Die Beschreibung dieser einander entgegentönenden Schlachtgesänge und Trompetenstösse erinnert an die von Aeschylos geschilderten Vorbereitungen zur Schlacht von Salamis, Pers. 386 ff.
1104. Νηίσταις πύλαις] Dieses Thor — im Griechischen erscheinen die Namen dieser Thore als Pluralformen — lag im Nordwesten der Stadt. S. die schon öfters erwähnte Karte zu Ulrichs' Abhandlung „Topographie von Theben" (a. a. O. S. 3 ff.), die bei diesem langen Botenbericht gute Dienste leistet.
1105. πεφρικότα, horridum. S. 1121.
1106. τῆς κυναγοῦ, zu 151 f.
1109. Προιτίδας πύλας] Im Nordosten der Stadt. Durch dieses Thor führte die Strasse nach Teumessos und Aulis.
1110. σφάγια — ἅρματι] S. oben 174.
1111. οὐ — ὅπλα] Dasselbe sagt

ὑβρισμέν', ἀλλὰ σωφρόνως ασημ' ὅπλα.
Ὠγύγια δ' εἰς πυλώμαθ' Ἱππομέδων ἄναξ
ἔστειχ' ἔχων σημεῖον ἐν μέσῳ σάκει
*   *   *
στικτοῖς πανόπτην ὄμμασιν δεδορκότα,   1115
τὰ μὲν σὺν ἄστρων ἐπιτολαῖσιν ὄμματα
βλέποντα, τὰ δὲ κύπτοντα δυνόντων μέτα
[ὡς ὕστερον θανόντος εἰσορᾶν παρῆν].
Ὁμολωίσιν δὲ τάξιν εἶχε πρὸς πύλαις
Τυδεύς, λέοντος δέρος ἔχων ἐπ' ἀσπίδι   1120
χαίτῃ πεφρικός· δεξιᾷ δὲ λαμπάδα
Τιτὰν Προμηθεὺς ἔφερεν ὡς πρήσων πόλιν.

Aeschylos aus (Sieben 591): σῆμα δ' οὐκ ἐπῆν σάκει. Vgl. auch zu 177. Beide Male will der Dichter die σωφροσύνη des Mannes betonen.
1113. Ὠγύγια] Im Südwesten der Stadt.
1115. πανόπτην, d. h. den hundertäugigen Argos, den Wächter der Io. Auf mehreren Vasenbildern mit dem Mythos der Io erscheint Argos mit Augen förmlich übersät; einmal (Panofka Argos Panoptes [Berl. Akad. 1837] Taf. 3) zählt man deren 123. Die Darstellung auf dem Schild des Hippomedon war ähnlich.
1116 f. τὰ μὲν — ὄμματα — τὰ δὲ freie Apposition zu dem Vorhergehenden. — Die Augen zerfielen in zwei Hälften; einige waren geöffnet (βλέποντα) und schlossen sich durch diese Haltung dem Aufgang der Sterne an; die übrigen senkten sich (κύπτοντα) und entsprachen dadurch dem Niedergang der Sterne. Aus der Kürze, deren Euripides sich hier befleissigt, geht hervor, dass sowohl der Aufgang als der Niedergang der Gestirne neben dem Argos abgebildet war: dadurch wurde der Zusammenhang zwischen dem Sternenhimmel und dessen Personification (Argos) symbolisch angedeutet. (S. Hartung zu der St.) Vgl. eine ähnliche Darstellung an einem Altar der Artemis-Selene (Müller Dkm. d. a. K. II Tf. 17 n. 190); das Brustbild der Göttin ruht auf dem Haupte des Okeanos, links erscheint Phosphoros mit der erhobenen, rechts Hesperos mit der gesenkten Fackel.
Uebrigens hat Eurip. hier auf eine Schildbeschreibung des Aeschylos Rücksicht genommen. Dieser berichtet über den Schild des Tydeus (Sieben 387 ff.): ἔχει δ' ὑπέρφρον σῆμ' ἐπ' ἀσπίδος τόδε, | φλέγονθ' ὑπ' ἄστροις οὐρανὸν τετυγμένον· | λαμπρὰ δὲ πανσέληνος ἐν μέσῳ σάκει, |·πρέσβιστον ἄστρων, νυκτὸς ὀφθαλμός, πρέπει. Eurip., der (hier und 1107) das ἐν μέσῳ σάκει des Aeschylus aufgenommen hat, weicht von seinem Vorbild darin ab, dass er eine concrete Person an die Stelle der abstracten Natur setzt und lässt uns dadurch wieder einen Einblick in den Fortschritt des Dramas während der 60 Jahre nach der Aufführung der Sieben thun. (S. auch zu 751.) „Auch das ist eine Verbesserung zu nennen, dass Euripides statt der Nacht selbst und des Sternenhimmels die Personification derselben, den Argos, wählte; denn so schickt es sich für Künstler des Alterthums, bei denen man statt der Landschafts- und Natur-Malereien überall nur Personen, die die Natur repräsentiren, in bedeutenden Handlungen abgebildet findet." Hartung.
1119. Ὁμολωίσιν — πύλαις] Im Südosten der Stadt.
1121 f. δεξιᾷ — πόλιν] Auch diese Schildbeschreibung ist dem Aeschylos entnommen; bei ihm heisst es vom Kapaneus (432 ff.): ἔχει δὲ σῆμα γυμνὸν ἄνδρα πυρφόρον, | φλέγει δὲ λαμπὰς διὰ χεροῖν ὡπλισμένη | χρυσοῖς δὲ φωνεῖ γράμμασιν „πρήσω πόλιν". Hier hat sich Eurip. strenger an sein Vorbild gehalten; gerade die letzten, von Aeschylos entlehnten Worte mussten die Zuhörer an dasselbe erinnern. — Zu Τιτὰν Προμηθεύς vgl. Soph. Oed. auf Kol. 55 f.: ὁ πυρφόρος θεός | Τιτὰν Προμηθεύς.

ὁ σὸς δὲ Κρηναίαισι Πολυνείκης πύλαις
Ἄρη προσῆγε· Ποτνιάδες δ᾽ ἐπ᾽ ἀσπίδι
1125 ἐπίσημα πῶλοι δρομάδες ἐσκίρτων φόβῳ,
εὖ πως στρόφιγξιν ἔνδοθεν κυκλούμεναι
πόρπαχ᾽ ὑπ᾽ αὐτόν, ὥστε μαίνεσθαι δοκεῖν.
ὁ δ᾽ οὐκ ἔλασσον Ἄρεος εἰς μάχην φρονῶν
Καπανεὺς προσῆγε λόχον ἐπ᾽ Ἠλέκτραις πύλαις·
1130 σιδηρονώτοις δ᾽ ἀσπίδος τύποις ἐπῆν
γίγας ἐπ᾽ ὤμοις γηγενὴς ὅλην πόλιν
φέρων μοχλοῖσιν ἐξανασπάσας βάθρων,
ὑπόνοιαν ἡμῖν οἷα πείσεται πόλις.
ταῖς δ᾽ ἑβδόμαις Ἄδραστος ἐν πύλαισιν ἦν,
1135 ἑκατὸν ἐχίδναις ἀσπίδ᾽ ἐκπληροῦν γραφῇ
ὕδρας ἔχων λαιοῖσιν ἐν βραχίοσιν
Ἀργεῖον αὔχημ᾽· ἐκ δὲ τειχέων μέσων
δράκοντες ἔφερον τέκνα Καδμείων γνάθοις.
παρῆν δ᾽ ἑκάστου τῶνδέ μοι θεάματα
1140 ξύνθημα παραφέροντι ποιμέσιν λόχων.
καὶ πρῶτα μὲν τόξοισι καὶ μεσαγκύλοις
ἐμαρνάμεσθα σφενδόναις θ᾽ ἑκηβόλοις

1123. ὁ σὸς — Πολυνείκης] Das possessive Adj. σός wird hier, wie unser „mein", „dein" mit dem Namen eines Verwandten verbunden, ohne dass der betreffende Verwandtschaftsgrad näher angegeben wäre. — Κρηναίαισι — πύλαις] Im Norden der Stadt.
1124 ff. Ποτνιάδες] „Γλαῦκον τὸν Σισύφου φασὶν ἔχειν ἵππους οὕτω λυττώσας ὡς καὶ αὐτὸν ὕστερον Γλαῦκον καταφαγεῖν. ἔτρεφε δὲ ἐν Ποτνίαις, πόλει τῆς Βοιωτίας, ὅθεν καὶ τοὔνομα ἔσχον αἱ ἵπποι Ποτνιάδες." Schol.
1125. ἐπίσημα, als Schildzeichen.
1126. Sie drehten sich um Zapfen und brachten so die Illusion hervor, dass sie rasend wären. Auch sonst werden derartige Vorrichtungen erwähnt. So in Aeschylos' Sieben 385 f. (am Schilde des Tydeus): ὑπ᾽ ἀσπίδος δὲ τῷ | χαλκήλατοι κλάζουσι κώδωνες φόβον. Hesiod vom Schilde des Herakles (161 ff.): ἐν δ᾽ ὀφίων κεφαλαὶ δεινῶν ἔσαν..... | τῶν καὶ ὀδόντων μὲν καναχὴ πέλεν εὖτε μάχοιτο | Ἀμφιτρυωνιάδης.
1129. Ἠλέκτραις πύλαις] Im Süden der Stadt.
1130. Das Adj. σιδηρόνωτος nur hier.

1131 f. Vielleicht mit Rücksicht auf die Beschreibung des Schildzeichens des Eteoklos bei Aeschylos (466 ff.): ἀνὴρ ὁπλίτης κλίμακος προσαμβάσεις | στείχει πρὸς ἐχθρῶν πύργον, ἐκπέρσαι θέλων.
1133. ὑπόνοιαν Apposition zu ὅλην πόλιν.
1134. ταῖς δ᾽ ἑβδόμαις — πύλαισιν] Dieses „siebente" Thor hiess Ὕψισται πύλαι und befand sich im Westen der Stadt. Vgl. Pausan. IX 8, 5 und Ulrichs a. a. O. S. 8.
1135 — 7. Die Ordnung ist: ἔχων λαιοῖσιν ἐν βραχίοσιν Ἀργεῖον αὔχημα ὕδρας ἐκπληροῦν γραφῇ ἀσπίδα ἑκατὸν ἐχίδναις. Die Hydra füllte die Aussenseite des Schildes mit ihren Windungen. Bei Aeschylos hat Hippomedon einen Schild, auf dessen Höhlung sich windende Schlangenkörper angenietet sind (495 f.): ἴφεων δὲ πλεκτάναισι περίδρομον κύτος | προσηδάφισται κοιλογάστορος κύκλου.
1137 f. ἐκ — γνάθοις] Auch diese Worte weisen auf eine Schildbeschreibung in den Sieben des Aeschylos hin; dort (541 ff.) heisst es von Parthenopäus: Σφίγγ᾽ ὠμόσιτον .... | ...... ῥωμᾷ .... | φέρει δ᾽ ὑφ᾽ αὑτῇ φῶτα Καδμείων ἕνα, | ὡς πλεῖστ᾽ ἐπ᾽ ἀνδρὶ τῷδ᾽ ἰάπτεσθαι βέλη.

ΦΟΙΝΙΣΣΑΙ. 69

πετρῶν τ' ἀραγμοῖς· ὡς δ' ἐνικῶμεν μάχῃ,
ἔκλαγξε Τυδεὺς χὠ σὸς ἐξαίφνης γόνος·
ὦ τέκνα Δαναῶν, πρὶν κατεξάνθαι βολαῖς, 1145
τί μέλλετ' ἄρδην πάντες ἐμπίπτειν πύλαις,
γυμνῆτες ἱππῆς ἁρμάτων τ' ἐπιστάται;
ἠχῆς δ' ὅπως ἤκουσαν, οὔτις ἀργὸς ἦν·
πολλοὶ δ' ἔπιπτον κρᾶτας αἱματούμενοι,
ἡμῶν τ' ἐς οὖδας εἶδες ἂν πρὸ τειχέων 1150
πυκνοὺς κυβιστητῆρας ἐκνενευκότας,
ξηρὰν δ' ἔδευον γαῖαν αἵματος ῥοαῖς.
ὁ δ' Ἀρκάς, οὐκ Ἀργεῖος, Ἀταλάντης γόνος,
τυφὼς πύλαισιν ὥς τις ἐμπεσὼν βοᾷ
πῦρ καὶ δικέλλας ὡς κατασκάψων πόλιν· 1155
ἀλλ' ἔσχε μαργῶντ' αὐτὸν ἐναλίου θεοῦ
Περικλύμενος παῖς λᾶαν ἐμβαλὼν κάρᾳ
ἁμαξοπληθῆ, γεῖσ' ἐπάλξεων ἄπο·
ξανθὸν δὲ κρᾶτα διεπάλυνε καὶ ῥαφὰς
ἔρρηξεν ὀστέων, ἄρτι δ' οἰνωπὸν γένυν 1160
καθημάτωσεν· οὐδ' ἀποίσεται βίον
τῇ καλλιτόξῳ μητρὶ Μαινάλου κόρῃ.

1143. ἐνικῶμεν, „im Vortheil waren"; denn der Kampf ist noch nicht entschieden. — ὡς δ' ἐνικῶμεν μάχη = 1472.
1150. εἶδες ἄν, hätte man sehen können; Gebrauch der zweiten Person an Stelle unseres die allgemeine Gültigkeit des Vorgangs veranschaulichenden man. S. Kr. § 61, 3 A. 1.
1151. κυβιστητῆρας ein als Adjectiv gebrauchtes Substantiv: „ἐπὶ τῆς κεφαλῆς πίπτοντας" der Schol.
1152. ἔδενον bezieht sich auf beide Theile; immerhin ist der rasche Uebergang von der abhängigen Construction (mit acc. c. inf.) zu der unabhängigen (mit impf. ind.) bemerkenswerth. — In dergleichen Botenreden nehmen es die Dichter mit der Syntax nicht so genau.
1153. ὁ δ' — Ἀργεῖος] Diese Worte werden durch die Stelle der Schutzflehenden (888 ff.) erklärt: ὁ τῆς κυναγοῦ δ' ἄλλος Ἀταλάντης γόνος, | παῖς Παρθενοπαῖος, εἶδος ἐξοχώτατος, | Ἀρκὰς μὲν ἦν, ἐλθὼν δ' ἐπ' Ἰνάχου ῥοὰς | παιδεύεται κατ' Ἄργος. „Quum dicat poeta οὐκ Ἀργεῖος, suspicio est fuisse, qui eum etiam natum Argis putaverint." Hermann. Vielleicht will der Dichter auch an seine eigene Darlegung des Sachverhalts in den Schutzflehenden erinnern.
1154. βοᾷ, „laut fordern", mit dem Acc. des verlangten Gegenstandes. Vgl. Menanders Worte (IV S. 220 Mein.): ἄκρατον ἐβόων τὴν μεγάλην.
1156 f. ἐναλίου θεοῦ — παῖς] Die Söhne des Poseidon (ὄμματα καὶ κεφαλὴν ἴκελος Διὶ τερπικεραύνῳ, | Ἄρεϊ δὲ ζώνην, στέρνον δὲ Ποσειδάωνι Hom. B 478 f.) waren mit ungewöhnlicher Stärke begabt. — Περικλύμενος, ‿ ‿ ‿ | ‿ ‿ |.
1158. ἁμαξοπληθῆ, so gross, dass er einen Wagen füllte; solche Steine hiessen auch ἁμαξαῖοι. Vgl. die bekannte homerische Stelle ι 240 ff., wo von dem ungeheuren Thürstein des Kyklopen die Rede ist: αὐτὰρ ἔπειτ' ἐπέθηκε θυρεὸν μέγαν ὕψοσ' ἀείρας, | ὄβριμον· οὐκ ἂν τόν γε δύω καὶ εἴκοσ' ἄμαξαι | ἐσθλαὶ τετράκυκλοι ἀπ' οὔδεος ὀχλίσσειαν (vgl. Müller Handbuch der Archäologie der Kunst § 268, 1).
— γεῖσα, Apposition zu λᾶαν, indem der von Periklymenos geworfene Stein aus einer abgebrochenen Mauerzinne bestand. S. auch 1401 mit der Anm.
1159. Das Verbum διαπαλύνω nur hier.

ἐπεὶ δὲ τάσδ' εἰσεῖδεν εὐτυχεῖς πύλας,
ἄλλας ἐπῄει παῖς σός, εἰπόμην δ' ἐγώ.
1165 ὁρῶ δὲ Τυδέα καὶ παρασπιστὰς πυκνοὺς
Αἰτωλίσιν λόγχαισιν εἰς ἄκρον στόμα
πύργων ἀκοντίζοντας, ὥστ' ἐπάλξεων
λιπεῖν ἐρίπνας φυγάδας· ἀλλά νιν πάλιν,
κυναγὸς ὡσεί, παῖς σὸς ἐξαθροίζεται,
1170 πύργοις δ' ἐπέστησ' αὖθις. εἰς δ' ἄλλας πύλας
ἠπειγόμεσθα, τοῦτο παύσαντες νοσοῦν.
Καπανεὺς δὲ πῶς εἴποιμ' ἂν ὡς ἐμαίνετο;
μακραύχενος γὰρ κλίμακος προσαμβάσεις
ἔχων ἐχώρει, καὶ τοσόνδ' ἐκόμπασε,
1175 μηδ' ἂν τὸ σεμνὸν πῦρ νιν εἰργαθεῖν Διος
τὸ μὴ οὐ κατ' ἄκρων περγάμων ἑλεῖν πόλιν.
καὶ ταῦθ' ἅμ' ἠγόρευε καὶ πετρούμενος
ἀνεῖρφ' ὑπ' αὐτὴν ἀσπίδ' εἱλίξας δέμας,
κλίμακος ἀμείβων ξέστ' ἐνηλάτων βάθρα.
1180 ἤδη δ' ὑπερβαίνοντα γεῖσα τειχέων
βάλλει κεραυνῷ Ζεύς νιν· ἐκτύπησε δὲ
χθών, ὥστε δεῖσαι πάντας· ἐκ δὲ κλιμάκων
ἐσφενδονᾶτο χωρὶς ἀλλήλων μέλη,
[κόμαι μὲν εἰς Ὄλυμπον, αἷμα δ' εἰς χθόνα,]
1185 χεῖρες δὲ καὶ κῶλ' ὡς κύκλωμ' Ἰξίονος
εἱλίσσετ'· εἰς γῆν δ' ἔμπυρος πίπτει νεκρός.
ὡς δ' εἶδ' Ἄδραστος Ζῆνα πολέμιον στρατῷ,
ἔξω τάφρου καθῖσεν Ἀργείων στρατόν.
οἱ δ' αὖ παρ' ἡμῶν δεξιὸν Διὸς τέρας
1190 ἰδόντες ἐξήλαυνον ἁρμάτων ὄχους
ἱππεῖς ὁπλῖται· κεἰς μέσ' Ἀργείων ὅπλα
συνῆψαν ἔγχη, πάντα δ' ἦν ὁμοῦ κακά·
ἔθνῃσκον ἐξέπιπτον ἀντύγων ἄπο,

1163. εὐτυχεῖς Prädicat = εὐτυχεῖς
οὔσας.
1168. ἐρίπνη ist gewöhnlich ein
„schroffer, jäher Berg" (El. 210: οὐ-
ρείας ἂν' ἐρίπνας); hier, mit ἐπάλξεων
verbunden, sind ἔριπναι die „schroffen
Zinnen".
1169. Das Verbum ἐξαθροίζομαι
nur hier.
1171. παύσαντες νοσοῦν] παύω
steht mit folgendem Particip, wenn
„Jemand oder etwas in einer Thätig-
keit oder einem Zustande unterbrochen
wird." Jac. und Seiler.
1178. S. zu 1382.
1183. ἐσφενδονᾶτο] Das Sich-
Loslösen und Davonfliegen der Glieder
ging so schnell vor sich, dass man
Schleudersteine zu sehen meinte.
1184. [Krit. Anh.]

1185. κύκλωμα, Rad.
1186. ἔμπυρος νεκρός, als. . . .
1188. ἔξω τάφρου, zu 714.
1189. οἱ παρ' ἡμῶν, nostri, die
Unserigen. — αὖ, dagegen.
1191. εἰς μέσ' Ἀργείων ὅπλα,
„mitten in die Argeier hinein". Die
Construction spiegelt die Lebhaftigkeit
des Redenden wieder. Während wir
bei ξυνῆψαν ἔγχη schon mitten in der
feindlichen Schlachtordnung sind, denkt
der Sprecher noch an den auf die-
selbe erfolgenden Angriff und setzt so
sein εἰς.
1192. ξυνῆψαν ἔγχη, „griffen
sie mit den Speeren an". — πάντα
— κακά] Vgl. Tryphiodor. Einnahme
Ilions 573: πάντα δ' ὁμοῦ κεκίνητο.
1193. ἔθνῃσκον ἐξέπιπτον]
Asyndeton, zu 976. Aehnlich, auch

ΦΟΙΝΙΣΣΑΙ. 71

τροχοί τ' ἐπήδων ἄξονές τ' ἐπ' ἄξοσι,
νεκροὶ δὲ νεκροῖς ἐξεσωρεύονθ' ὁμοῦ.
πύργων μὲν οὖν γῆς ἔσχομεν κατασκαφὰς 1195
εἰς τὴν παροῦσαν ἡμέραν· εἰ δ' εὐτυχὴς
ἔσται τὸ λοιπὸν ἥδε γῆ, θεοῖς μέλει
[καὶ νῦν γὰρ αὐτὴν δαιμόνων ἔσωσέ τις].

ΧΟΡΟΣ.

καλὸν τὸ νικᾶν· εἰ δ' ἀμείνον' οἱ θεοὶ 1200
γνώμην ἔχουσιν, εὐτυχὴς εἴην ἐγώ.

ΙΟΚΑΣΤΗ.

καλῶς τὰ τῶν θεῶν καὶ τὰ τῆς τύχης ἔχει·
παῖδές τε γάρ μοι ζῶσι κἀκπέφευγε γῆ.
Κρέων δ' ἔοικε τῶν ἐμῶν νυμφευμάτων
τῶν τ' Οἰδίπου δύστηνος ἀπολαῦσαι κακῶν, 1205
παιδὸς στερηθείς, τῇ πόλει μὲν εὐτυχῶς,
ἰδίᾳ δὲ λυπρῶς. ἀλλ' ἄνελθέ μοι πάλιν,
τί τἀπὶ τούτοις παῖδ' ἐμὼ δρασείετον.

ΑΓΓΕΛΟΣ.

ἔα τὰ λοιπά· δεῦρ' ἀεὶ γὰρ εὐτυχεῖς.

ΙΟΚΑΣΤΗ.

τοῦτ' εἰς ὕποπτον εἶπας· οὐκ ἐατέον. 1210

ΑΓΓΕΛΟΣ.

μεῖζόν τι χρῄζεις παῖδας ἢ σεσωσμένους;

ΙΟΚΑΣΤΗ.

καὶ τἀπίλοιπά γ' εἰ καλῶς πράσσω κλύειν.

---

dem Gegenstande nach, in einer Botenrede in Aeschylos' Persern 416: παίοντ', ἔθραυον. 426: ἔπαιον, ἐρράχιζον.
1194. Auch hier bringt die Lebhaftigkeit der Schilderung Unebenheit mit sich: es sollte eigentlich heissen τροχοί τ' ἐπήδων ἐπὶ τροχοῖς, ἄξ. κτλ.
1195. Das Verbum ἐκσωρεύω, „aufhäufen", nur hier.
1200 ff. Mit dem καλὸν τὸ νικᾶν knüpft der Chor unmittelbar an die letzten Worte des Boten an. Der Sieg ist noch nicht endgültig entschieden; vorläufig (εἰς τὴν παροῦσαν ἡμέραν) ist nur der erste Angriff abgeschlagen. — Der Sinn ist: „Es ist zwar schön zu siegen: doch wenn die Götter es anders beschliessen und dem Recht (zu 154) zum Siege verhelfen, so hoffe ich wenigstens auf meine persönliche Sicherheit." — Darauf erwidert Iokaste, dass schon jetzt alles in Ordnung sei. Sie ist mit dem bisherigen Resultat (παῖδές τε γάρ μοι ζῶσι κἀκπέφευγε γῆ) vollkommen zufrieden.
1202. καλῶς — ἔχει, zu 117; τὰ τῶν θεῶν, zu 958.
1205. ἀπολαῦσαι κακῶν] ἀπολαύω ist, wie ἐπαυρίσκομαι (La Roche zu Homers Ilias A 410) eine vox media.
1206 f. τῇ πόλει — λυπρῶς, zu 918.
1207. ἄνελθέ — πάλιν, komm auf jenes zurück.
1210. εἰς ὕποπτον] Wir haben hier jenes eigenthümliche εἰς, das den Eindruck einer Handlung oder Rede bezeichnet („das klingt verdächtig"). Es entspricht zuweilen unserem „zum", „zur" („zur Freude sprechen" und Aehnliches).

ΕΥΡΙΠΙΔΟΥ

ΑΓΓΕΛΟΣ.
μέθες μ'· ἔριμος παῖς ὑπασπιστοῦ σέθεν.
ΙΟΚΑΣΤΗ.
κακόν τι κεύθεις καὶ στέγεις ὑπὸ σκότῳ.
ΑΓΓΕΛΟΣ.
1215 οὐκ ἄν γε λέξαιμ' ἐπ' ἀγαθοῖσί σοι κακά.
ΙΟΚΑΣΤΗ.
ἢν μή γε φεύγων ἐκφύγῃς πρὸς αἰθέρα.
ΑΓΓΕΛΟΣ.
αἰαῖ· τί μ' οὐκ εἴασας ἐξ εὐαγγέλου
φήμης ἀπελθεῖν, ἀλλὰ μηνῦσαι κακά;
τὼ παῖδε τὼ σὼ μέλλετον, τολμήματα
1220 αἴσχιστα, χωρὶς μονομαχεῖν παντὸς στρατοῦ,
λέξαντες Ἀργείοισι Καδμείοισί τε
εἰς κοινὸν οἷον μήποτ' ὤφελον λόγον.
Ἐτεοκλέης δ' ὑπῆρξ' ἀπ' ὀρθίου σταθεὶς
πύργου, κελεύσας σῖγα κηρῦξαι στρατῷ·
1225 [ἔλεξε δ'· ὦ γῆς Ἑλλάδος στρατηλάται]
Δαναῶν ἀριστῆς, οἵπερ ἤλθετ' ἐνθάδε,
Κάδμου τε λαός, μήτε Πολυνείκους χάριν
ψυχὰς ἀπεμπολᾶτε μήθ' ἡμῶν ὕπερ.
ἐγὼ γὰρ αὐτὸς τόνδε κίνδυνον μεθεὶς
1230 μόνος συνάψω συγγόνῳ μόνῳ μάχην·
κἂν μὲν κτάνω τόνδ', οἶκον οἰκήσω μόνος,
ἡσσώμενος δὲ τῷδε παραδώσω [πόλιν].

1213. μέθες με convers., s. Alk. 544 (wo ebenfalls zu Anfang des Verses).
1215. ἄν λέξαιμι, zu 615. — ἐπ' ἀγαθοῖσι, auf das Gute, d. h. nach Erwähnung desselben.
1216. ἢν μή γε, doch du musst: falls du nicht...... — φεύγων ἐκφύγῃς] Diese Nebeneinanderstellung des Particips und des verstärkten, das Resultat der in dem Particip steckenden Handlung bezeichnenden verbi finiti wie Homer Ξ 81: βέλτερον ὅς φεύγων προφύγῃ κακὸν ἠὲ ἁλώῃ, welcher Vers dem Dichter vielleicht vorgeschwebt hat. — Der Zusatz πρὸς αἰθέρα — also auf Flügeln — weist auf die Unmöglichkeit des Entkommens hin: ähnlich Or. 1593: ἢν γε μὴ φύγης πτεροῖς.
1217. ἐξ, nach, indem die temporale Bedeutung aus der localen hervorgeht. S. Kr. I § 68, 17 A. 7.
1218. Nach ἀλλά ist — als Gegenstück zu εἴασας — ein Wort wie ἀναγκάζεις unterdrückt.
1219 f. τολμήματα αἴσχ. eingeschobener Vocativ, zur Bezeichnung des von dem Redenden empfangenen Eindrucks.
1223 f. ἀπ' ὀρθίου σταθεὶς πύργου, indem die Worte von der der Befestigung aus gesprochen werden. Vgl. Xen. Anab. I 2, 7: παράδεισος μέγας, ἀγρίων θηρίων πλήρης, ἃ ἐκεῖνος ἐθήρευεν ἀπὸ ἵππου. Vgl. das lat. ex equo pugnare, ex cathedra loqui. S. auch zu 1010.
1224. σῖγα statt σιγήν, indem der von den Herolden wirklich gebrauchte Ruf an die Stelle der abstracten Bezeichnung tritt.
1230. συνάπτειν oder μάχην συνάπτειν wird meistens mit dem Dativ der Person verbunden, mit welcher man handgemein wird, aber man kann auch sagen Τυδεὺς μάχην ξυνῆψε Πολυνείκης θ' ἅμα (Schutzfl. 144).

ΦΟΙΝΙΣΣΑΙ. 73

ὑμεῖς δ' ἀγῶν' ἀφέντες Ἀργείαν χθόνα
νίσσεσθε, βίοτον μὴ λιπόντες ἐνθάδε
[σπαρτῶν τε λαὸς ἅλις ὃς κεῖται νεκρός]. 1235
τοσαῦτ' ἔλεξε· σὸς δὲ Πολυνείκης γόνος
ἐκ τάξεων ὤρουσε κἀπῄνει λόγους.
πάντες δ' ἐπερρόθησαν Ἀργεῖοι τάδε
Κάδμου τε λαὸς ὡς δίκαι' ἡγούμενοι.
ἐπὶ τοῖσδε δ' ἐσπείσαντο, κἀν μεταιχμίοις 1240
ὅρκους συνῆψαν ἐμμενεῖν στρατηλάται.
ἤδη δ' ἔκρυπτον σῶμα παγχάλκοις ὅπλοις
δισσοὶ γέροντος Οἰδίπου νεανίαι·
φίλοι δ' ἐκόσμουν, τῆσδε μὲν πρόμον χθονὸς
σπαρτῶν ἀριστεῖς, τὸν δὲ Δαναϊδῶν ἄκροι. 1245
ἔσταν δὲ λαμπρὼ χρῶμά τ' οὐκ ἠλλαξάτην
μαργῶντ' ἐπ' ἀλλήλοισιν ἱέναι δόρυ.
παρεξιόντες δ' ἄλλος ἄλλοθεν φίλων
λόγοις ἐθάρσυνόν τε κἀξηύδων τάδε·
Πολύνεικες, ἐν σοὶ Ζηνὸς ὀρθῶσαι βρέτας 1250
τρόπαιον Ἄργει τ' εὐκλεᾶ δοῦναι λόγον·
Ἐτεοκλέα δ' αὖ· νῦν πόλεως ὑπερμαχεῖς,
νῦν καλλίνικος γενόμενος σκήπτρων κράτει.
τάδ' ἠγόρευον παρακαλοῦντες εἰς μάχην.
μάντεις δὲ μῆλ' ἔσφαζον, ἐμπύρους τ' ἀκμὰς 1255
ῥήξεις τ' ἐνώμων ὑγρότητ' ἐναντίαν
ἄκραν τε λαμπάδ', ᾗ δυοῖν ὅρους ἔχει,
νίκης τε σῆμα καὶ τὸ τῶν ἡσσωμένων.
ἀλλ' εἴ τιν' ἀλκὴν ἢ σοφοὺς ἔχεις λόγους

1233. χθόνα Acc. der Richtung; vgl. 638.
1238. ἐπερρόθησαν, „begrüssten mit rauschendem Beifall". — ῥόθος bezeichnet jedes surrende Geräusch, so z. B. das durch die Wellenschlag hervorgebrachte Getöse, daher ῥοθέω von dem unartikulirten Durcheinander zugleich ausgesprochener Worte gesagt wird (ἀπὸ μεταφορᾶς τοῦ ἤχου τῶν κυμάτων der Schol.): so Soph. Ant. 259: λόγοι δ' ἐν ἀλλήλοισιν ἐρρόθουν κακοί. Davon ἐπιρροθέω, Beifall zurufen.
1240. ἐπὶ τοῖσδε, sc. λόγοις. Das ἐπί zur Bezeichnung der Bedingung, zu 590. — μεταίχμιον hier, wie 1279, im Plural.
1241. Das Verbum ἐμμένειν steht hier absolut (vgl. Med. 752f.: ὄμνυμι Γῆν καὶ λαμπρὸν Ἡλίου φάος | θεούς τε πάντας ἐμμενεῖν ἅ σοι κλύω); sonst gewöhnlich τινί oder ἔν τινι.
1243. νεανίαι, die Söhne; vgl. 1360 und die Erklärung von παρθένος

oben 159. So sagen auch wir statt „Söhne" zuweilen „Knaben", „Jungen". (Kr. § 47, 5 A. 2).
1246. ἔσταν, epische Form (für ἔστησαν); s. Kr. II § 36, 1 A. 5. — χρῶμα ἀλλάσσειν (vgl. Med. 1168: χροιὰν ἀλλάξασα), wie unser: die Farbe wechseln.
1250. ἐν σοί, in deiner Hand liegt es; s. Kr. I § 68, 12 A. 6.
1251. τρόπαιον, als Trophäe. Ganz ähnlich 1473.
1253. καλλίνικος, zu 858. — σκήπτρων, zu 601.
1255 f. Die Stelle ist verdorben, doch ist wenigstens so viel klar, dass es sich in 1256. Verse um das Untersuchen der Eingeweide und der Feuchtigkeit (ὑγρότης) handelt, die den als ungünstig betrachteten qualmenden Rauch (Köchly zu Iph. in Taur. 16) hervorbrachte.
1257. δυοῖν hier mit dem Plural verbunden (während der Dual ge-

ΕΥΡΙΠΙΔΟΥ

1260 ἦ φίλτρ' ἐπῳδῶν, στεῖχ', ἐρήτυσον τέκνα
δεινῆς ἁμίλλης, ὡς ὁ κίνδυνος μέγας
καὶ τἆθλα δεινά· δάκρυά σοι γενήσεται
δισσοῖν στερείσῃ τῇδ' ἐν ἡμέρᾳ τέκνοιν. (Geht ab.)

ΙΟΚΑΣΤΗ
(in's Haus rufend).

ὦ τέκνον ἔξελθ', Ἀντιγόνη, δόμων πάρος·
1265 οὐκ ἐν χορείαις οὐδὲ παρθενεύμασι
νῦν σοι προχωρεῖ δαιμόνων κατάστασις,
ἀλλ' ἄνδρ' ἀρίστω καὶ κασιγνήτω σέθεν
εἰς θάνατον ἐκνεύοντε κωλῦσαί σε δεῖ
ξὺν μητρὶ τῇ σῇ μὴ πρὸς ἀλλήλοιν θανεῖν.

ΑΝΤΙΓΟΝΗ
(aus dem Palaste kommend).

1270 τίν', ὦ τεκοῦσα μῆτερ, ἔκπληξιν νέαν
φίλοις ἀυτεῖς τῶνδε δωμάτων πάρος;

ΙΟΚΑΣΤΗ.
ὦ θύγατερ, ἔρρει σῶν κασιγνήτων βίος.

ΑΝΤΙΓΟΝΗ.
πῶς εἶπας;

ΙΟΚΑΣΤΗ.
αἰχμὴν ἐς μίαν καθέστατον.

ΑΝΤΙΓΟΝΗ.
οἴ 'γώ, τί λέξεις, μῆτερ;

ΙΟΚΑΣΤΗ.
οὐ φίλ', ἀλλ' ἕπου.

ΑΝΤΙΓΟΝΗ.
1275 ποῖ, παρθενῶνας ἐκλιποῦσ';

ΙΟΚΑΣΤΗ.
ἀνὰ στρατόν.

ΑΝΤΙΓΟΝΗ.
αἰδούμεθ' ὄχλον.

ΙΟΚΑΣΤΗ.
οὐκ ἐν αἰσχύνῃ τὰ σά.

bräuchlicher ist), vgl. Kr. I § 44, 2 A. 3 und II § 44, 2 A. 1.
1260. στεῖχ', ἐρήτυσον] Zu 1070.
1265. παρθενεύματα, ein Gesammtbegriff, der alle Beschäftigungen und das ganze Treiben eines unverheiratheten griechischen Mädchens zusammenfasst, vgl. Ion 1425: ὦ χρόνιον ἱστῶν παρθένευμα τῶν ἐμῶν.

1266. προχωρεῖ, geht nicht = darf nicht gehen, vgl. zu 602.
1268. ἐκνεύω (vgl. 920 und 1151) bezeichnet hier das „Sich-Hinneigen" zu etwas (das dem-Tode-Entgegengehen).
1272. ἔρρει, zu 624.
1273. εἶπας, zu 679.
1275. παρθενῶνας ἐκλιποῦσα, s. zu 89.
1276. οὐκ ἐν αἰσχύνῃ, gehört

ΦΟΙΝΙΣΣΑΙ. 75

ΑΝΤΙΓΟΝΗ.
δράσω δὲ δὴ τί;
ΙΟΚΑΣΤΗ.
συγγόνων λύσεις ἔριν.
ΑΝΤΙΓΟΝΗ.
τί δρῶσα, μῆτερ;
ΙΟΚΑΣΤΗ.
προσπίτνουσ' ἐμοῦ μέτα.
ΑΝΤΙΓΟΝΗ.
ἡγοῦ σὺ πρὸς μεταίχμι', οὐ μελλητέον.
ΙΟΚΑΣΤΗ.
ἔπειγ' ἔπειγε, θύγατερ· ὡς ἢν μὲν φθάσω 1280
παῖδας πρὸ λόγχης, οὑμὸς ἐν φάει βίος
[ἢν δ' ὑστερήσῃς, οἰχόμεσθα, κατθανεῖ].
θανοῦσι δ' αὐτοῖς συνθανοῦσα κείσομαι. (Beide ab.)

ΧΟΡΟΣ.
(στροφή.)
αἰαῖ αἰαῖ,
τρομερὰν φρίκᾳ τρομερὰν φρέν' ἔχω· 1285
διὰ σάρκα δ' ἐμὰν
ἔλεος ἔλεος ἔμολε ματέρος δειλαίας.
δίδυμα τέκεα πότερος ἄρα πότερον αἱμάξει,
ἰώ μοι πόνων,
ἰὼ Ζεῦ, ἰὼ γᾶ, 1290
ὁμογενῆ δέραν, ὁμογενῆ ψυχὰν

nicht zur Scham, hat mit Scham nichts zu schaffen = „hier gilt keine Scham" Hartung. Kr. II § 68, 12 A. 4 und die dort angeführte Stelle (Hel. 1277): ἐν εὐσεβεῖ γοῦν νόμιμα μὴ κλέπτειν νεκρῶν. — τὰ σά, dein Zustand; substantivirtes Neutrum als Gesammtbegriff ihres Wesens (Or. 1613: τἀμὰ δ' οὐχὶ τλήμονα; vgl. auch oben 775 und 403 τὰ φίλων, Verhältnisse zu Freunden, Freundschaft) und all' der Beziehungen zwischen Geschwistern, die in dem gegenwärtigen Moment etwas nützen können.
1281. ο ὑμὸς ἐν φάει βίος] φάος steht oft metaphorisch für Rettung, Glück. Vgl. Bakch. 608: ὦ φάος μέγιστον ἡμῖν εὐίου βακχεύματος. Aesch. Pers. 299: ἐμοῖς μὲν εἶπας δώμασιν φάος μέγα. S. auch zu 1339.
1282. Vgl. Soph. Ant. 73: φίλη μετ' αὐτοῖ κείσομαι (Worte der Antigone, die dem Dichter hier vorgeschwebt haben).
1287. ἔλεος ἔλεος] Zu 819.
1288. δίδυμα τέκεα πότερος ἄ. π.] διδ. τέκ. drückt das gegenseitige Verhältniss der beiden Kämpfenden zunächst im Allgemeinen aus; die Betrachtung desselben lässt das Grausenhafte der nächsten Worte erkennen. Dieser innere Zusammenhang der beiden Satztheile lässt uns die grössere Freiheit der Construction, die wir auch schon früher in der bewegten Rede gefunden haben (zu 1193 f.) übersehen. πότερος πύτερον, welcher von beiden (wird) den andern?
1291. Die Worte ὁμογενῆ — ψυχάν setzen die durch die Ausrufungen in 1289 f. unterbrochene Construction fort. Hatten wir zuerst von den ganzen Personen gehört, so kommen wir jetzt zu den einzelnen Körper-

ΕΥΡΙΠΙΔΟΥ

δι' ἀσπίδων, δι' αἱμάτων;
τάλαιν' ἐγὼ τάλαινα,
1294—5 πότερον ἄρα νέκυν ὀλόμενον ἀχήσω;
(ἀντιστροφή.)
φεῦ δᾶ φεῦ δᾶ,
δίδυμοι θῆρες, φόνιαι ψυχαὶ
δορὶ παλλόμεναι
πέσεα πέσεα δάι' αὐτίχ' αἱμάξετον.
1300 τάλανες, ὅ τι ποτὲ μονομάχον ἐπὶ φρέν' ἠλθέτην,
βοᾷ βαρβάρῳ
ἰαχὰν στενακτὰν
μελομέναν νεκροῖς δάκρυσι θρηνήσω.
σχεδὸν τύχα πέλας φόνος·
1305 κρινεῖ ξίφος τὸ μέλλον.
1306—7 πότμος ἄποτμος ὁ φόνος ἕνεκ' Ἐρινύων.
ἀλλὰ γὰρ Κρέοντα λεύσσω τόνδε δεῦρο συννεφῆ
πρὸς δόμους στείχοντα, παύσω τοὺς παρεστῶτας
γόους.

ΚΡΕΩΝ.

1310 οἴμοι, τί δράσω; πότερ' ἐμαυτὸν ἢ πόλιν
στένω δακρύσας, ἣν πέριξ ἔχει νέφος
τοιοῦτον ὥστε δι' Ἀχέροντος ἰέναι;
ἐμός τε γὰρ παῖς γῆς ὄλωλ' ὑπερθανών,
τοὔνομα λαβὼν γενναῖον, ἀνιαρὸν δ' ἐμοί·

theilen, deren Erwähnung das Schreckliche des Bruderkampfes noch klarer veranschaulicht. — Die Namen dieser Körpertheile stehen in freier Apposition zu πότερον.
1292. αἱμάτων, Leiber, zu 1061.
1297. Vgl. 1573 mit der Anm.
1299. Das Wort πέσος („der fallende Körper", =πέσημα, πτῶμα [unten 1697]) nur hier.
1300. ὅτι leitet den Satztheil ein, der die Bezeichnung der Männer als τάλανες rechtfertigen soll, also = „dass" in caussallem Sinne. — μονομάχον ἐπὶ φρένα, zu der zweikämpfenden Gesinnung, d. h. zu der Gesinnung, die den Zweikampf zur Folge hat.
1301. βοᾷ βαρβάρῳ, zu 301.
1303. μελομέναν νεκροῖς, der den Todten ein Gegenstand der Sorge ist (vgl. 759), der (weil er von ihnen gewissermassen verlangt wird) den Todten gebührt.
1308 f. Die caussale Verbindung tritt hier in der Weise auf, dass der — mittelst ἀλλὰ γάρ — den Grund angebende Satztheil zuerst steht, während man denselben erst im zweiten Gliede erwarten würde.
1310 f. οἴμοι, τί δράσω, häufig wiederkehrende tragische Formel; vgl. Med. 1271. Or. 1610. Soph. Oed. auf Kol. 1254. Phil. 1350. — οἴμοι — δακρύσας] Vgl. Soph. Oed. auf Kol. 1254 f.: οἴμοι, τί δράσω; πότερα τἀμαυτοῦ κακὰ | πρόσθεν δακρύσω, παῖδες, ἢ τὰ τοῖδ' ὁρῶν | πατρὸς γέροντος. Die Aehnlichkeit der beiden Stellen ist wohl kein blosser Zufall.
1311 f. νέφος metaphorisch für Dunkelheit, vgl. ras. Herakl. 1216 f.: οὐδεὶς σκότος γὰρ ὧδ' ἔχει μέλαν νέφος, | ὅστις κακῶν σῶν συμφορὰν κρύψειεν ἄν, vgl. mit Homer Il 350: θανάτου δὲ μέλαν νέφος ἀμφεκάλυψεν.
1313 f. Vgl. zu 918.
1313. ἐμός τε γὰρ] Dieses erste, mit τε anhebende Glied lässt uns ein zweites mit καί erwarten, das aber ausbleibt, weil der von seinem Schmerz über den Tod des Sohnes überwältigte Kreon nur an diesen denkt und das Uebrige vergisst.

ΦΟΙΝΙΣΣΑΙ. 77

ὃν ἄρτι κρημνῶν ἐκ δρακοντείων ἑλὼν 1315
αὐτοσφαγῆ δύστηνος ἐκόμισ' ἐν χεροῖν,
βοᾷ δὲ δῶμα πᾶν· ἐγὼ δ' ἥκω μετὰ
γέρων ἀδελφὴν γραῖαν Ἰοκάστην, ὅπως
λούσῃ προὐθῆταί τ' οὐκέτ' ὄντα παῖδ' ἐμόν.
τοῖς γὰρ θανοῦσι χρὴ τὸν οὐ τεθνηκότα 1320
τιμὰς διδόντα χθόνιον εὐσεβεῖν θεόν.

ΧΟΡΟΣ.

βέβηκ' ἀδελφῃ σῇ, Κρέων, ἔξω δόμων
κόρη τε μητρὸς Ἀντιγόνη κοινῷ ποδί.

ΚΡΕΩΝ.

ποῖ κἀπὶ ποίαν συμφοράν; σήμαινέ μοι.

ΧΟΡΟΣ.

ἤκουσε τέκνα μονομάχῳ μέλλειν δορὶ 1325
εἰς ἀσπίδ' ἥξειν βασιλικῶν δόμων ὕπερ.

ΚΡΕΩΝ.

πῶς φῄς; νέκυν τοι παιδὸς ἀγαπάζων ἐμοῦ
οὐκ εἰς τόδ' ἦλθον ὥστε καὶ τάδ' εἰδέναι.

ΧΟΡΟΣ.

ἀλλ' οἴχεται μὲν σὴ κασιγνήτη πάλαι·
δοκῶ δ' ἀγῶνα τὸν περὶ ψυχῆς, Κρέον, 1330
ἤδη πεπρᾶχθαι παισὶ τοῖσιν Οἰδίπου.

ΚΡΕΩΝ.

οἴμοι, τὸ μὲν σημεῖον εἰσορῶ τόδε,
σκυθρωπὸν ὄμμα καὶ πρόσωπον ἀγγέλου
στείχοντος, ὃς πᾶν ἀγγελεῖ τὸ δρώμενον.

ΑΓΓΕΛΟΣ.

ὦ τάλας ἐγώ, τίν' εἴπω μῦθον ἢ τίνας λόγους; 1335

1315. κρημνῶν ἐξ δρακοντείων, zu 1010.
1318. Man bemerke die Stellung von γέρων zwischen Präposition und Nomen.
1319 f. Das Waschen und Ausstellen des Leichnams wurde von den weiblichen Verwandten besorgt, vgl. Hek. 611 f.: ὥς παῖδα λουτροῖς τοῖς πανυστάτοις ἐμὴν | νύμφην τ' ἄνυμφον παρθένον τ' ἀπάρθενον | λούσω προὐθῶμαί θ'.
1321. χθόνιον θεόν, nämlich den Hades. Vgl. 810 und Andr. 544: Ἀιδην χθόνιον καταβήσει.

1323. κόρη, Tochter, s. zu 1243.
1325. μονομάχῳ — δορί] Diese Redensart kehrt 1363 wieder.
1326. Zu 78.
1328. οὐκ εἰς τόδ' ἦλθον, wie unser: „bin ich nicht dazu gekommen."
1329. οἴχεται, ist fort.
1331. παισί, zu 737.
1332 ff. Auch sonst wird von dem Aussehen des Boten auf die zu erwartende Kunde geschlossen; vgl. Med. 1118 ff.: καὶ δὴ δέδορκα τόνδε τῶν Ἰάσονος | στείχοντ'

ΚΡΕΩΝ.
οἰχόμεσθ'· οὐκ εὐπροσώποις φροιμίοις ἄρχει λόγου.
ΑΓΓΕΛΟΣ.
ὦ τάλας, δισσῶς αὐτῶ· μεγάλα γὰρ φέρω κακά.
ΚΡΕΩΝ.
πρὸς πεπραγμένοισιν ἄλλοις πήμασιν; λέγεις δὲ τί;
ΑΓΓΕΛΟΣ.
οὐκέτ' εἰσὶ σῆς ἀδελφῆς παῖδες ἐν φάει, Κρέον.
ΚΡΕΩΝ.
1340 αἰαῖ·
μεγάλα μοι θροεῖς πάθεα καὶ πόλει.
ὦ δώματ' εἰσηκούσατ' Οἰδίπου τάδε
[παίδων ὁμοίαις συμφοραῖς ὀλωλότων];
ΧΟΡΟΣ.
ὥστ' ἂν δακρῦσαί γ', εἰ φρονοῦντ' ἐτύγχανεν.
ΚΡΕΩΝ.
1345 οἴμοι ξυμφορᾶς βαρυποτμωτάτας,
οἴμοι κακῶν δύστηνος· ὦ τάλας ἐγώ.
ΑΓΓΕΛΟΣ.
εἰ καὶ τὰ πρὸς τούτοισί γ' εἰδείης κακά.
ΚΡΕΩΝ.
καὶ πῶς γένοιτ' ἂν τῶνδε δυσποτμώτερα;
ΑΓΓΕΛΟΣ.
τέθνηκ' ἀδελφὴ σὴ δυοῖν παίδοιν μέτα.
ΧΟΡΟΣ.
1350 ἀνάγετ' ἀνάγετε κωκυτόν,
ἐπὶ κάρα τε λευκοπήχεις κτύπους χεροῖν.
ΚΡΕΩΝ.
ὦ τλῆμον, οἷον τέρμον', Ἰοκάστη, βίου
γάμων τε τῶν σῶν Σφιγγὸς αἰνιγμοῖς ἔτλης.
πῶς καὶ πέπρακται διπτύχων παίδων φόνος

ὀπαδῶν· *πνεῦμα δ' ἠρεθισμένον* | *δείκνυσιν ὥς τι καινὸν ἀγγελεῖ κακόν.*
1339. ἐν φάει, im Licht, = am Leben. φάος metaphorisch für βίος (zu 1281); vgl. auch die Redensart βλέπειν φάος (Aesch. Pers. 261, 299).
1347. εἰ, elliptisch; „was würdest du sagen, wenn" —
1351. Das Adjectiv λευκόπηχυς ist hier von den Händen auf die von denselben geführten Schläge übertragen; Aehnliches 172. 792.

1353. αἰνιγμοῖς] wegen, in Folge des Räthsels. Der Dativ zur Bezeichnung der Ursache (oder des Grundes); vgl. 1408, 1583 und Or. 459 ff.: ἀπωλόμην, Μενέλαε· Τυνδάρεως ὅδε | στείχει πρὸς ἡμᾶς, οὗ μάλιστ' αἰδώς μ' ἔχει | εἰς ὄμματ' ἐλθεῖν τοῖσιν ἐξειργασμένοις.
1354. διπτύχων παίδων] Das Adjectiv δίπτυχος drückt die Gepaartheit aus; Euripides wendet es mit besonderer Vorliebe an. S. Iph.

ΦΟΙΝΙΣΣΑΙ.

ἀρᾶς τ' ἀγώνισμ' Οἰδίπου; σήμαινέ μοι. 1355

ΑΓΓΕΛΟΣ.

τὰ μὲν πρὸ πύργων εὐτυχήματα χθονὸς
οἶσθ'· οὐ μακρὰν γὰρ τειχέων περιπτυχαί,
ὥστ' οὐχ ἅπαντά σ' εἰδέναι τὰ δρώμενα.
ἐπεὶ δὲ χαλκέοις σῶμ' ἐκοσμήσανθ' ὅπλοις
οἱ τοῦ γέροντος Οἰδίπου νεανίαι, 1360
ἔστησαν ἐλθόντ' εἰς μέσον μεταίχμιον
[δισσὼ στρατηγὼ καὶ διπλὼ στρατηλάτα]
ὡς εἰς ἀγῶνα μονομάχου τ' ἀλκὴν δορός.
βλέψας δ' ἐς Ἄργος ἧκε Πολυνείκης ἀράς·
ὦ πότνι' Ἥρα, σὸς γάρ εἰμ', ἐπεὶ γάμοις 1365
ἔζευξ' Ἀδράστου παῖδα καὶ ναίω χθόνα,
δός μοι κτανεῖν ἀδελφόν, ἀντήρη δ' ἐμὴν
καθαιματῶσαι δεξιὰν νικηφόρον,
αἴσχιστον αἰτῶν στέφανον, ὁμογενῆ κτανεῖν.
[πολλοῖς δ' ἐπῄει δάκρυα τῆς τύχης ὅση, 1370
κἄβλεψαν ἀλλήλοισι διαδόντες κόρας.]
Ἐτεοκλέης δὲ Παλλάδος χρυσάσπιδος
βλέψας πρὸς οἶκον ηὔξατ'· ὦ Διὸς κόρη,
δὸς ἔγχος ἡμῖν καλλίνικον ἐκ χερὸς
εἰς στέρν' ἀδελφοῦ τῆσδ' ἀπ' ὠλένης βαλεῖν 1375
κτανεῖν θ' ὃς ἦλθε πατρίδα πορθήσων ἐμήν.
ἐπεὶ δ' ἀφείθη, πυρσὸς ὥς, Τυρσηνικῆς

in Taur. 242, 1289 (vgl. 474): δίπτυ-
χοι νεανίαι. Med. 1136: ἐπεὶ τέκνων
σῶν ἦλθε δίπτυχος γονή. El. 1238 f.
und sonst: ja unten 1635 liest man
sogar τριπτύχους θρήνους.

1357. μακράν, so weit.
1360. νεανίαι, zu 1243.
1365. σὸς γάρ εἰμ'] Polyneikes
wendet sich an die Hera, zu-
nächst weil sie im Allgemeinen Be-
schützerin der Ehe und folglich des
Ehebündnisses ist, das er geschlossen
hat; dann aber auch, weil sie die spe-
cifisch argivische Gottheit ist
(χθόνα, dein Land). In der Nähe von
Argos stand ihr prachtvoller Tempel,
den der Reisende Pausanias II 17 be-
schreibt.
1367 f. ἐμήν und δεξιάν gehören
zusammen. Vgl. Kr. I § 51, 4 A. 1.
1372. χρυσάσπιδος] Anspielung
auf die Goldelfenbeinstatue der Athene
Parthenos auf der Akropolis. Vgl.
auch Ion 8 f.: ἔστιν γὰρ οὐκ ἄσημος
Ἑλλήνων πόλις, | τῆς χρυσολόγχου Παλ-
λάδος κεκλημένη.
1373 ff. Jeder von beiden hat seine

besondere Gottheit; auch im Uebrigen
verräth die Anlage der beiden Gebete
einen gewissen Parallelismus. 1364
βλέψας δ' ἐς Ἄργος, 1373 βλέψας πρὸς
οἶκον; 1367 δός μοι κτανεῖν ἀδελφόν,
1374 ff. δὸς ἡμῖν . . . . εἰς στέρν' ἀδελ-
φοῦ . . . . βαλεῖν κτανεῖν θ'; 1368 δε-
ξίαν, 1374 f. ἐκ χερός und τῆσδ' ἀπ'
ὠλένης; endlich 1368 νικηφόρον, 1374
καλλίνικον (beide Adjj. strenggenommen
proleptisch). — 1376. Vgl. zu 604.
1377. Der Trompetenstoss war das
Signal zum Kampfe. Τυρσηνικῆς
σάλπιγγος, weil die Erfindung der
Trompete den in Etrurien hausenden
Tyrrhenern zugeschrieben wurde. Ein
Scholiast bemerkt: Μετὰ τὰ Τρωικὰ καὶ
τὴν εἰς γῆν Ῥωμαίαν Αἰνείου κατοίκησιν
Τυρρηνοὶ τὴν σάλπιγγα ἐφεῦρον ἐν τοῖς
Ἰταλικοῖς πολέμοις, ὅθεν καὶ Τυρρηνὶς
ἡ σάλπιγξ ἐκλήθη. Ein anderer: οἱ
Ἕλληνες ἐπὶ τοῦ Τρωικοῦ πολέμου οὐκ
ἐχρῶντο ταύτῃ. Ὅμηρος γοῦν αὐτὸς
μὲν οἶδε τὴν σάλπιγγα (s. Σ 219), οὐ
ποιεῖ δὲ χρωμένοις σάλπιγγι τοὺς ἥρωας.
πρῶτος δὲ Ἀρχώνδας συμμαχῶν τοῖς
Ἡρακλείδαις ἤγαγεν εἰς Ἕλληνας τὴν
Τυρσηνικὴν σάλπιγγα. — Auch Aeschy-

σάλπιγγος ἠχὴ σῆμα φοινίου μάχης,
ἦξαν δρόμημα δεινὸν ἀλλήλοις ἔπι·
1380 κάπροι δ᾽ ὅπως θήγοντες ἀγρίαν γένυν
ξυνῆψαν, ἀφρῷ διάβροχοι γενειάδας·
ᾖσσον δὲ λόγχαις· ἀλλ᾽ ὑφίζανον κύκλοις,
ὅπως σίδηρος ἐξολισθάνοι μάτην.
εἰ δ᾽ ὄμμ᾽ ὑπερσχὸν ἴτυος ἅτερος μάθοι,
1385 λόγχην ἐνώμα, στόματι προφθῆναι θέλων.
ἀλλ᾽ εὖ προσῆγον ἀσπίδων κεγχρώμασιν
ὀφθαλμόν, ἀργὸν ὥστε γίγνεσθαι δόρυ.
πλείων δὲ τοῖς ὁρῶσιν ἐστάλασσ᾽ ἱδρὼς
ἢ τοῖσι δρῶσι, διὰ φίλων ὀρρωδίαν.
1390 Ἐτεοκλέης δὲ ποδὶ μεταψαίρων πέτρον
ἴχνους ὑπόδρομον, κῶλον ἐκτὸς ἀσπίδος
τίθησι· Πολυνείκης δ᾽ ἀπήντησεν δορί,
πληγὴν σιδήρῳ παραδοθεῖσαν εἰσιδών,
κνήμης τε διεπέρασεν Ἀργεῖον δόρυ·
1395 στρατὸς δ᾽ ἀνηλάλαξε Δαναϊδῶν ἅπας.
κἀν τῷδε μόχθῳ γυμνὸν ὦμον εἰσιδὼν
ὁ πρόσθε τρωθεὶς στέρνα Πολυνείκους βίᾳ

los (Eum. 567) und Sophokles (Ai. 17) erwähnen die tyrrhenische Trompete. — πυρσὸς ὥς, um die Klarheit des Schalls zu veranschaulichen. Dieses Gleichniss ist um so passender, als der πυρσός das Signal war, dessen man sich bei Nacht bediente.
1378. σῆμα φοινίου μάχης = 252.
1379. ἦξαν δρόμημα] Ueber diese Verbindung des Verbums mit einem stamm- oder sinnverwandten Accusativ s. Kr. I § 46, 5 A. 1. So oben 844: πυκνὴν βαίνων ἥλυσιν. Fr. 114: ὦ νὺξ ἱερά, | μακρὸν ὡς ἵππευμα διώκεις. Med. 626 (vgl. 587): γαμεῖς τοιοῦτον ὥστε σ᾽ ἀρνεῖσθαι γάμον. Das. 553: τί τοῦδ᾽ ἄν εὕρημ᾽ εὗρον εὐτυχέστερον.
1382. ὑφίζανον, „verkrochen sich hinter"... Diese Stellung der Kämpfer findet sich auf alten Bildwerken, so z. B. auf dem Fries von Phigalia, s. Stackelberg Der Apollotempel von Bassä Tf. X. XVI. Der Schild war zuweilen sehr gross, wie aus mehreren Vasenbildern hervorgeht, s. z. B. Gerhard Auserles. griech. Vasenb. Tf. 1, 107. In dem vorliegenden Falle hatten die Schilde einen solchen Umfang, dass sie den ganzen Körper bedeckten; vgl. 1391.

1383, 1393. σίδηρος der Speer, wie oben 517 das „Schwert".
1385. Wenn die Lesart richtig ist, so muss στόματι mit λόγχην ἐνώμα verbunden werden. ἐνώμα geht dann auf's Zielen nach dem Gesicht: so hat es auch der Scholiast verstanden (τὴν αἰχμὴν τὴν ἑαυτοῦ ἐκίνει κατὰ τοῦ στόματος, προλαβεῖν θέλων αὐτόν, πρὶν καλυφθῆναι δηλονότι).
1386 f. ἀλλ᾽ — ὀφθαλμόν] An dem Schildrande waren kleine Visirlöcher angebracht, durch die man die Bewegungen des Gegners beobachtete (ein Scholiast: μικρὰς ὀπὰς περὶ τὴν ἴτυν, δι᾽ ὧν ἐθεῶντο τοῖς ἐναντίοις).
— Das Wort κέγχρωμα nur hier.
1389. φίλων, Genetiv des Gegenstandes, auf den die Stimmung (ὀρρωδία) sich bezieht; objectiver Genetiv, s. Kr. § 47, 7 A. 2.
1390. Das Verbum μεταψαίρω nur hier.
1393. πληγὴν σιδήρῳ παραδοθεῖσαν] Der Grieche fasste die Aussenwelt so lebhaft auf, dass er häufig directe Beziehungen statuirt, wo wir einen Umweg machen. Der Schlag ist ein directes Geschenk der Blösse an den Speer. Homer ist voll von derartigen Beziehungen; vgl. namentlich Ψ 167 f.: ἡ δ᾽ (nämlich μελίη)

ΦΟΙΝΙΣΣΑΙ. 81

διῆκε λόγχην, κἀπέδωκεν ἡδονὰς
Κάδμου πολίταις, ἀπὸ δ' ἔθραυσ' ἄκρον δόρυ.
εἰς δ' ἄπορον ἥκων δορὸς ἐπὶ σκέλος πάλιν 1400
χωρεῖ, λαβὼν δ' ἀφῆκε μάρμαρον πέτρον,
μέσον δ' ἄκοντ' ἔθραυσεν· ἐξ ἴσου δ' Ἄρης
ἦν, κάμακος ἀμφοῖν χεῖρ' ἀπεστερημένοιν.
ἔνθεν δὲ κώπας ἁρπάσαντε φασγάνων
ἐς ταὐτὸν ἧκον, συμβαλόντε δ' ἀσπίδας 1405
πολὺν ταραγμὸν ἀμφιβάντ' εἶχον μάχης.
καί πως νοήσας Ἐτεοκλῆς τὸ Θεσσαλὸν
εἰσήγαγεν σόφισμ' ὁμιλίᾳ χθονός.
ἐξαλλαγεὶς γὰρ τοῦ παρεστῶτος πόνου,

ὑπὲρ ᾳὑτοῖ | γαίῃ ἐνεστήρικτο, λιλαιο-
μένη χροὸς ἆσαι.
1398. Auch hier offenbart sich die Lebhaftigkeit des griechischen Geistes. Der Dichter unterbricht seine Schilderung des Erfolges des Eteokles, um die Freude seiner Partei zu betonen.
1400. εἰς δ' ἄπορον ἥκων, „in Verlegenheit gerathend", δορός, in Bezug auf die Lanze; Genetiv, weil ἄπορον hier für das mit dem Genetiv des mangelnden Gegenstandes verbundene ἀπορία(ν) steht.
1400 f. ἐπὶ σκέλος — χωρεῖ, zog sich zurück. (ἐπὶ σκέλος, unter Beibehaltung der Lage, Stellung des Beins.) Ein Lexicon gibt folgende Erklärung: χωρεῖν ἐπὶ σκέλος· τὸ ὀπίσω ἀναχωρεῖν μὴ δόντα τοῖς ὑπεναντίοις τὰ νῶτα. — ποὺς wird ähnlich gebraucht.
1401. μάρμαρον πέτρον] μάρμαρος (von μαρμαίρω) ist ursprünglich ein Adjectiv, das mit πέτρος verbunden, mit demselben zu einem Wort und Begriff verschmilzt, „Felsblock". So schon Homer (Π 734 f.), dem Euripides hier gefolgt ist: πέτρον | μάρμαρον ὀκριόενθ'. Dann kann man aber auch das πέτρος wieder weglassen, und einfach μάρμαρος für Felsblock sagen, vgl. 663. Solche Steine gebrauchten die Helden im Einzelkampf, s. auch Hom. H 264 f. und oben 1157. Erst in verhältnissmässig später Zeit gewöhnt man sich daran, mit μάρμαρος eine besondere Steinart, „Marmor", zu bezeichnen.
1402. ἐξ ἴσου, Umschreibung des Adjectivs durch eine Präposition und ein substantivirtes Neutrum. S. Kr. I § 43, 4 A. 5.
Euripides I.

1403. χεῖρ' ἀπεστερημένοιν] χεῖρ' Accusativ des Bezugs; s. zu 264.
1405. εἰς ταὐτὸν ἧκον, wurden handgemein.
1406. Aus der ursprünglichen Bedeutung des Verbums ἀμφιβαίνειν, herumgehen, entwickelt sich, zunächst bei Homer, einerseits der Begriff des sorglichen Beschützens (wie A 37: κλῦθί μευ, ἀργυρότοξ', ὃς Χρύσην ἀμφιβέβηκας) und andererseits der des In-Besitz-Nehmens (vgl. den Gebrauch von περιέρχομαι), so Z 355 : ἐπεί σε μάλιστα πόνος φρένας ἀμφιβέβηκεν. Die letztere Bedeutung auch hier: „indem sie sich in Besitz nahmen", sich fest an einander drückten. — πολὺν ταραγμὸν εἶχον μάχης, hatten ein starkes Kampfgetöse, d. h. brachten bei ihrem Kampf ein grosses Getöse hervor.
1407 f. τὸ Θεσσαλὸν — σόφισμα] Es handelt sich um eine besondere List, die Eteokles den Thessalern abgelernt hatte und nun einführt (εἰσήγαγεν) und anwendet. Ueberhaupt zeichneten sich die Thessalier durch Gewandtheit und List aus. Ein Scholiast: παροιμία τὸ Θεσσαλὸν σόφισμα, τάττεται δὲ ἐπὶ τῷ παραλογίζεσθαι καὶ ἀπατᾶν· ποικίλοι γὰρ τὰ ἤθη οἱ Θεσσαλοὶ καὶ οὐκ ὀρθοὶ τὴν γνώμην. Die Scholien erzählen einige Geschichten, die diese Anlage in ein helles Licht setzen.
1408. ὁμιλίᾳ χθονός erklärt, woher Eteokles diese Kunde kam. Er hatte sich unter den Thessaliern aufgehalten und ihre Finten studirt. Auch hier (zu 1353) bezeichnet der Dativ die Ursache der beschriebenen Handlung.

6

ΕΥΡΙΠΙΔΟΥ

1410 λαιὸν μὲν εἰς τοὔπισθεν ἀναφέρει πόδα,
πρόσω τὰ κοῖλα γαστρὸς εὐλαβούμενος·
προβὰς δὲ κῶλον δεξιὸν δι' ὀμφαλοῦ
καθῆκεν ἔγχος σφονδύλοις τ' ἐνήρμοσεν.
ὁμοῦ δὲ κάμψας πλευρὰ καὶ νηδὺν τάλας
1415 σὺν αἱματηραῖς σταγόσι Πολυνείκης πίτνει.
ὁ δ' ὡς κρατῶν δὴ καὶ νενικηκὼς μάχῃ,
ξίφος δικὼν εἰς γαῖαν ἐσκύλευέ νιν,
τὸν νοῦν πρὸς αὑτὸν οὐκ ἔχων, ἐκεῖσε δέ.
ὃ καί νιν ἔσφηλ'· ἔτι γὰρ ἐμπνέων βραχύ,
1420 σάζων σίδηρον ἐν λυγρῷ πεσήματι,
μόλις μέν, ἐξέτεινε δ' εἰς ἧπαρ ξίφος
Ἐτεοκλέους ὁ πρόσθε Πολυνείκης πεσών.
γαῖαν δ' ὀδὰξ ἑλόντες ἀλλήλων πέλας
πίπτουσιν ἄμφω κοὐ διώρισαν κράτος.

ΧΟΡΟΣ.

φεῦ φεῦ, κακῶν σῶν, Οἰδίπου, σ' ὅσων στένω·
1426 τὰς σὰς δ' ἀρὰς ἔοικεν ἐκπλῆσαι θεός.

ΑΓΓΕΛΟΣ.

ἄκουε δή νυν καὶ τὰ πρὸς τούτοις κακά.
ἐπεὶ τέκνω πεσόντ' ἐλειπέτην βίον,
ἐν τῷδε μήτηρ ἡ τάλαινα προσπίτνει
1430 [σὺν παρθένῳ τε καὶ προθυμίᾳ ποδός].
τετρωμένους δ' ἰδοῦσα καιρίους σφαγὰς
ᾤμωξεν· ὦ τέκν', ὑστέρα βοηδρόμος
πάρειμι. προσπίτνουσα δ' ἐν μέρει τέκνα
ἔκλαι' ἐθρήνει τὸν πολὺν μαστῶν πόνον
1435 στένουσ', ἀδελφή θ' ἡ παρασπίζουσ' ὁμοῦ·
ὦ γηροβοσκὼ μητρός, ὦ γάμους ἐμοὺς
προδόντ' ἀδελφὼ φιλτάτω. στέρνων δ' ἄπο

1412. κῶλον Acc. des Bezugs, zu 264.
1415. σύν, „unter", wie 807. Die Präposition bezeichnet die Gleichzeitigkeit der beiden Vorfälle, die Begleitung der Handlung (des Falles) durch die Blutströme.
1422. ὁ πρόσθε — πεσών entspricht dem ὁ πρόσθε τρωθείς oben 1397.
1423. ὀδὰξ ἑλόντες nach dem Vorgange Homers, s. Λ 748: δίο δ' ἀμφὶς ἕκαστον | φῶτες ὀδὰξ ἕλον οὔδας. Χ 16 f.: ἦ κ' ἔτι πολλοὶ | γαῖαν ὀδὰξ εἷλον, und sonst.
1425. Wegen wie grosser dich heimsuchender Leiden, o Oedipus, bejammere ich dich, d. h. wie gross sind die Leiden, um derentwillen ich dich bejammere.
1429. ἐν τῷδε, „in diesem Augenblick", s. 285. — προσπίτνει Praesens historicum, s. zu 13.
1431. καιρίους σφαγάς führt die durch τετρωμένους mitgetheilte Thatsache aus und erklärt des Näheren, worin dieselbe besteht; descriptiver Accusativ.
1434. ἔκλαι' ἐθρήνει] Asyndeton, s. zu 976.
1436 f. ὦ γάμους — φιλτάτω] Wo der Vater nichts vermag, sind die Brüder die natürlichen Beschützer der Tochter und haben dafür zu sorgen, dass dieselbe sich standesgemäss verheirathe. Eine solche Aufgabe fiel z. B. dem Redner Demosthenes zu.

ΦΟΙΝΙΣΣΑΙ. 83

φύσιμ' ἀνεὶς δύσθνητον Ἐτεοκλῆς ἄναξ
ἤκουσε μητρός, κἀπιθεὶς ὑγρὰν χέρα
φωνὴν μὲν οὐκ ἀφῆκεν, ὀμμάτων δ' ἄπο 1440
προσεῖπε δακρύοις, ὥστε σημῆναι φίλα.
ὁ δ' ἦν ἔτ' ἔμπνους, πρὸς κασιγνήτην δ' ἰδὼν
γραῖάν τε μητέρ' εἶπε Πολυνείκης τάδε·
ἀπωλόμεσθα, μῆτερ· οἰκτείρω δὲ σὲ
καὶ τήνδ' ἀδελφὴν καὶ κασίγνητον νεκρόν. 1445
φίλος γὰρ ἐχθρὸς ἐγένετ', ἀλλ' ὅμως φίλος.
θάψον δέ μ' ὦ τεκοῦσα καὶ σὺ σύγγονε
ἐν γῇ πατρῴᾳ, καὶ πόλιν θυμουμένην
παρηγορεῖτον, ὡς τοσόνδε γοῦν τύχω
χθονὸς πατρῴας, κεἰ δόμους ἀπώλεσα. 1450
ξυνάρμοσον δὲ βλέφαρά μου τῇ σῇ χερί,
μῆτερ — τίθησι δ' αὐτὸς ὀμμάτων ἔπι —
καὶ χαίρετ'· ἤδη γάρ με περιβάλλει σκότος.
ἄμφω δ' ἅμ' ἐξέπνευσαν ἄθλιον βίον.
μήτηρ δ' ὅπως ἐσεῖδε τήνδε συμφοράν, 1455
ὑπερπαθήσασ' ἤρπασ' ἐκ νεκρῶν ξίφος
κἄπραξε δεινά· διὰ μέσου γὰρ αὐχένος
ὠθεῖ σίδηρον, ἐν δὲ τοῖσι φιλτάτοις
θανοῦσα κεῖται περιβαλοῦσ' ἀμφοῖν χέρας.
ἀνῆξε δ' ὀρθὸς λαὸς εἰς ἔριν λόγων, 1460
ἡμεῖς μὲν ὡς νικῶντα δεσπότην ἐμόν,
οἱ δ' ὡς ἐκεῖνον. ἦν δ' ἔρις στρατηλάταις,
οἱ μὲν πατάξαι πρόσθε Πολυνείκην δορί,
οἱ δ' ὡς θανόντων οὐδαμοῦ νίκη πέλοι.
[κἂν τῷδ' ὑπεξῆλθ' Ἀντιγόνη στρατοῦ δίχα.] 1465
οἱ δ' εἰς ὅπλ' ᾖσσον· εὖ δέ πως προμηθίᾳ
καθῆστο Κάδμου λαὸς ἀσπίδων ἔπι·
κἄφθημεν οὔπω τεύχεσιν πεφραγμένον

1439. ὑγρὰν χέρα] Ein feuchtes Gelenk verfügt nicht über die Kraft, die einem trockenen innewohnt: daher kann „matt", „schlaff" mit ὑγρός bezeichnet werden. Vgl. Soph. Ant. 1236 f.: ἐς δ' ὑγρὸν | ἀγκῶν' ἔτ' ἔμφρων παρθένῳ προσπτύσσεται. Wahrscheinlich hat auch hier Eurip. seinen Vorgänger nachgeahmt.

1442. Der Dichter geht zum andern Bruder über, indem er ihn zunächst mittelst eines Pronomens signalisirt und erst im folgenden Verse seinen Namen nachbringt. Dieses Aufsparen des eigentlichen Namens ist dem Euripides geläufig.

1450. δόμους, Thron, Herrschaft.
1451. ξυνάρμοσον, „drücke zu".

1453. ἤδη — σκότος] Vgl. Hipp. 1444: αἰαῖ, κατ' ὄσσων κιγχάνει μ' ἤδη σκότος. Alk. 269: σκοτία δ' ἐπ' ὄσσοις νὺξ ἐφέρπει. Die Redensart ist Homer entnommen.

1456. ἥρπασ' — ξίφος] Aehnlich 1577. Der nothwendige Singular ξίφος resp. φάσγανον ist an beiden Stellen mit dem möglichen Plural νεκρῶν verbunden, weil die Beziehung zu beiden Leichnamen festgehalten werden musste. Derartige dichterische Freiheiten nimmt der Leser ohne Weiteres hin.

1461. Nach μέν ist aus dem vorhergehenden Verse λέγοντες hinzuzudenken.

1467. καθῆστο ἀσπίδων ἔπι,

6*

84 ΕΥΡΙΠΙΔΟΥ

Ἀργεῖον εἰσπεσόντες ἐξαίφνης στρατόν.
1470 κοὐδεὶς ὑπέστη, πεδία δ᾽ ἐξεπίμπλασαν
φεύγοντες, ἔρρει δ᾽ αἷμα μυρίων νεκρῶν
λόγχαις πιτνόντων. ὡς δ᾽ ἐνικῶμεν μάχῃ,
οἱ μὲν Διὸς τρόπαιον ἵστασαν βρέτας,
οἱ δ᾽ ἀσπίδας συλῶντες Ἀργείων νεκρῶν
1475 σκυλεύματ᾽ εἴσω τειχέων ἐπέμπομεν.
ἄλλοι δὲ τοὺς θανόντας Ἀντιγόνης μέτα
νεκροὺς φέρουσιν ἐνθάδ᾽ οἰκτίσαι φίλοις.
πόλει δ᾽ ἀγῶνες οἱ μὲν εὐτυχέστατοι
τῇδ᾽ ἐξέβησαν, οἱ δὲ δυστυχέστατοι.

ΧΟΡΟΣ.
1480 οὐκ εἰς ἀκοὰς ἔτι δυστυχία
δώματος ἥκει· πάρα γὰρ λεύσσειν
πτώματα νεκρῶν τρισσῶν ἤδη
τάδε πρὸς μελάθροις κοινῷ θανάτῳ
σκοτίαν αἰῶνα λαχόντων.

(Inzwischen ist der Leichenzug auf der Mitte der Bühne angelangt. Antigone tritt hinzu und beginnt den nun folgenden Klaggesang.)

ΑΝΤΙΓΟΝΗ.

(στροφὴ α΄.)
1485 οὐ προκαλυπτομένα βοτρυχώδεος
ἁβρὰ παρηίδος οὐδ᾽ ὑπὸ
παρθενίας τὸν ὑπὸ βλεφάροις
‿ φοίνικ᾽ ἐρύθημα προσώπου,
αἰδομένα φέρομαι βάκχα νεκύων,
1490 κράδεμνα δικοῦσα κόμας ἀπ᾽ ἐμᾶς,
στολίδος κροκόεσσαν ἀνεῖσα τρυφάν,
ἀγεμόνευμα νεκροῖσι πολύστονον. αἰαῖ, ἰώ μοι.

sass gerüstet da; ἐπί bezeichnet hier die engste Verknüpfung.
1470. ὑπέστη, hielt Stand.
1472. ὡς — μάχῃ] Dieser Redensart sind wir schon 1143 begegnet; aber während sie dort das Sich-Neigen des Sieges auf eine Seite bezeichnet, drückt sie hier die bereits eingetroffene Entscheidung aus.
1473. τρόπαιον, zu 1251.
1476. Ἀντ. μέτα gehört zu ἄλλοι.
1478 f. εὐτυχέστατοι — δυστυχέστατοι] Zwei einen Reim bildende Superlative. S. zu 718. In dem vorliegenden Falle ist der Reim, zu dem auch der Gegensatz zwischen den beiden Worten einlud, wohl gesucht worden. Vgl. den verwandten Fall, Med. 408 f.: γυναῖκες, εἰς μὲν

ἐσθλ᾽ ἀμηχανώταται, | κακῶν δὲ πάντων τέκτονες σοφώταται.
1485 ff. Ueber die Responsion einzelner Theile dieses Klaggesanges s. das Verzeichniss der Metra.
1485. Das Adj. βοτρυχώδης nur hier.
1486. ἁβρά substantivirtes Neutrum, „Weichheit".
1486 f. ὑπὸ παρθενίας, aus Rücksicht auf meinen jungfräulichen Stand. Zur Sache vgl. zu 89.
1488. φοίνικα ist einen Substantiv, „Purpur". Das in freier Apposition hinzutretende ἐρύθημα προσώπου gibt an, worin die Röthe besteht.
1492. ἀγεμόνευμα (das Wort nur hier), abstractum pro concreto, und zwar nom., indem Antigone sich

ΦΟΙΝΙΣΣΑΙ. 85

ω Πολύνεικες, ἔφυς ἄρ' ἐπώνυμος, ὤμοι, Θήβαις· 1493—4
σὰ δ' ἔρις οὐκ ἔρις, ἀλλὰ φόνῳ φόνος 1495
Οἰδιπόδα δόμον ὤλεσε κρανθεὶς
αἵματι δεινῷ, αἵματι λυγρῷ.
(στροφὴ β΄.)
τίνα δὲ προσῳδὸν
ἢ τίνα μουσοπόλον στοναχὰν ἐπὶ
δάκρυσι δάκρυσιν, ὦ δόμος ὦ δόμος, 1500
(ἀντιστρ. β΄.)
ἀνακαλέσωμαι,
τρισσὰ φέρουσα τάδ' αἵματα σύγγονα,
ματέρα καὶ τέκνα, χάρματ' Ἐρινύος;
ἃ δόμον Οἰδιπόδα πρόπαν ὤλεσε,
τᾶς ἀγρίας ὅτε 1505
δυσξύνετον ξυνετὸς μέλος ἔγνω
Σφιγγὸς ἀοιδοῦ σῶμα φονεύσας.
ἰώ μοι, πάτερ,
τίς Ἑλλὰς ἢ βάρβαρος ἢ
τῶν προπάροιθ' εὐγενετᾶν ἕτερος 1510
ἔτλα κακῶν τοσᾶνδ'
αἵματος ἀμερίου
τοιάδ' ἄχεα φανερά;
τάλαιν' ὡς ἐλελίζω.
τίς ἄρ' ὄρνις ἢ δρυὸς ἢ ἐλάτας 1515
ἀκροκόμοις ἀμφὶ κλάδοις
ἑζομένα μονομάτωρ ὀδυρμοῖς
ἐμοῖς ἄχεσι συνῳδός;
(στροφὴ γ΄.)
◡ – αἴλινον αἰάγμασιν ἃ

eine Begleiterin der Todten nennt. νεκροῖσι, zu 17.
1493 f. Sinn: du warst für Theben ein wahrer Polyneikes, hast mit Rücksicht auf Theben deinem Namen Ehre gemacht. S. auch zu 637.
1495. Dein Streit — nein, nicht Streit war's, sondern.... — φόνῳ φόνος, Mord um Mord. Der Dativ bezeichnet den Gegenstand, dem die Handlung gilt.
1496. Οἰδιπόδα, dor. Form des Genetivs (homerisch Οἰδιπόδαο) von der patronym. Form des Namens (Οἰδιπόδης).
1502. αἵματα, „Körper", zu 1061.
1504. ἅ, nämlich die Erinys.
1506. δυσξυνετὸν ξυνετός, ein echt euripideischer Gegensatz. Vgl. zu 272 und 821.
1509. Ἑλλάς, „Grieche", indem das Adj. Ἑλλάς, das sonst häufig ein fem. ist, hier im masculinum erscheint.
1514. ἐλελίζω, „ταραττομένη ἀγωνιῶ". So der Schol.
1516. ἀμφί bezeichnet ursprünglich eine (mehr oder weniger enge) locale Verbindung und kann daher für ἐπί stehen. Vgl. auch Kr. II § 68, 30 A. 2. Köchly zu Iph. in Taur. 6.
1517. Das Adj. μονομάτωρ nur hier.
1519. αἴλινον, Klaggesang. Das Wort ist aus αἶ und Λίνος zusammengesetzt. Λίνος war ein schöner Knabe, der in der Blüthe seiner Jahre weggerafft wurde; in verschiedenen Gegenden der alten Welt hatte man ein Lied, das sich mit ihm beschäftigte. Dieses Lied hiess auch λίνος. Schon Homer kennt dasselbe; in der Ilias (Σ 570) kommt es in der Schildbeschrei-

1520 τοῖσδε προκλαίω μονάδ' αἰῶνα
διάξουσα τὸν ἀεὶ χρόνον ἐν
λειβομένοισιν δακρύοισιν.
τίν' ἰαχήσω;
τίν' ἐπὶ πρῶτον ἀπὸ χαίτας
1525 σπαραγμοῖς ἀπαρχὰς βάλω;
ματρὸς ἐμᾶς διδύ-
μοισι γάλακτος παρὰ μαστοῖς
ἢ πρὸς ἀδελφῶν
οὐλόμεν' αἰκίσματα νεκρῶν;
1530 ὀτοτοτοῖ λῖπε σοὺς δόμους,
ἀλαὸν ὄμμα φέρων,
πάτερ γεραιέ, δεῖξον,
Οἰδιπόδα, σὸν αἰῶνα μέλεον, ὃς ἐν
δώμασιν ἀέριον σκότον ὄμμασι
1535 σοῖσι βαλὼν ἕλκεις μακρόπνουν ζωάν.
κλύεις, ὦ κατ' αὐλὰν ἀλαίνων γεραιὸν
πόδα δεμνίοις
δύστανος ἰαύων;

ΟΙΔΙΠΟΥΣ
(kommt, mühsam einherschreitend, aus dem Palaste hervor).

(ἀντιστρ. γ'.)
τί μ', ὦ παρθένε, βακτρεύμασι τυ-
1540 φλοῦ ποδὸς ἐξάγαγες εἰς φῶς ⌣
λεχήρη σκοτίων ἐκ θαλάμων
οἰκτροτάτοισιν δακρύοισιν,
πολιὸν αἰθέρος ἀφανὲς εἴδωλον ἢ
νέκυν ἔνερθεν ἢ
1545 ποτανὸν ὄνειρον;

ΑΝΤΙΓΟΝΗ.
(στροφὴ δ'.)
δυστυχὲς ἀγγελίας ἔπος οἴσει,

bung vor und wird hier bei der Weinlese gesungen. Aus dem Ruf αἲ αἲ Λίνε entstand nun das zusammengesetzte Wort αἴλινος, gerade wie ἔλεγος aus dem Ruf ἒ ἒ λέγ' entstanden sein soll.

1524 f. Auf wen zuerst soll ich von meinem Haar die durch Ausraufen gewonnenen Erstlinge (d. i. die Erstlinge meines Haars, ἀπαρχαί gebraucht wie ἀκροθίνια, zu 203) werfen?

1529. αἰκίσματα, abstractum pro concreto.

1533. ἐν δώμασιν (vgl. 1536 κατ' αὐλάν) gehört zu ἕλκεις μ. ζ.

1533 ff. Die Verse 1521 f. und 1533 f. sind dem Sinne nach verwandt.

Antigone vergleicht ihr künftiges Leben mit dem bisherigen ihres Vaters. Auch die einzelnen Worte entsprechen einander. 1520 μονάδ' αἰῶνα, 1533 σὸν αἰῶνα μέλεον, 1521 διάξουσα — χρόνον, 1535 ἕλκεις — ζωάν.

1538. ἰαύων transitiv (dieser Gebrauch des Worts nur hier).

1539. βάκτρευμα nur hier.

1542. οἰκτροτάτοισιν δακρύοισιν, nämlich deinen.

1544. ἢ ποτανὸν ὄνειρον erinnert an Aesch. Agam. 81 f., wo der Chor der Greise von sich sagt: παιδὸς δ' οὐδὲν ἀρείων | ὄναρ ἡμερόφαντον ἀλαίνει.

1546. οἴσει wirst du für dich da-

ΦΟΙΝΙΣΣΑΙ.

ὦ πάτερ, οὐκέτι σοι τέκνα λεύσσει
φάος οὐδ' ἄλοχος, παραβάκτροις
ἃ πόδα σὸν τυφλόπουν θεραπεύμασιν αἰὲν ἐμόχθει,
ὦ πάτερ, ὤμοι. 1550

ΟΙΔΙΠΟΥΣ.

ὤμοι ἐμῶν παθέων· πάρα γὰρ στενάχειν τάδ',
ἀυτεῖν.
τρισσαὶ ψυχαὶ ποίᾳ μοίρᾳ
πῶς ἔλιπον φάος, ὦ τέκνον, αὔδα.

ΑΝΤΙΓΟΝΗ.

(ἀντιστρ. δ'.)
οὐκ ἐπ' ὀνείδεσιν οὐδ' ἐπὶ χάρμασιν, 1555
ἀλλ' ὀδύναισι λέγω· σὸς ἀλάστωρ
ξίφεσιν βρίθων ⌣⌣ — —
καὶ πυρὶ καὶ σχετλίαισι μάχαις ἐπὶ παῖδας ἔβα σούς,
ὦ πάτερ, ὤμοι.

ΟΙΔΙΠΟΥΣ.

αἰαῖ.

ΑΝΤΙΓΟΝΗ.

τί τάδε καταστένεις; 1560

ΟΙΔΙΠΟΥΣ.

τέκνα.

ΑΝΤΙΓΟΝΗ.

δι' ὀδύνας ἔβας,
εἰ τὰ τέθριππά γ' ἔθ' ἅρματα λεύσσων
ἀελίου τάδε σώματα νεκρῶν
ὄμματος αὐγαῖς σαῖς ἐπενώμας.

ΟΙΔΙΠΟΥΣ.

τῶν μὲν ἐμῶν τεκέων φανερὸν κακόν· 1565

vontra\gen = erhalten, erfahren. Vgl. ἀποίσεται μόρον 595. — Das Adj. δυστυχές gehört dem Sinne nach mehr zu ἀγγελίας als zu ἔπος; derartige Verbindungen sind den Tragikern geläufig. Vgl. Ion 1067: εἰς ἄλλας βιότου μορφὰς κάτεισιν.
1546 f. οἴσει — λεύσ'σει Reim, s. zu 1478 f.
1548. παράβακτρος und τυφλόπους nur hier. — Das Adj. τυφλόπους wiederholt das Wort, welches es näher bezeichen soll. Ueber diesen Pleonasmus s. zu 324. — μοχθεῖν hier transitiv („sorglich pflegen"), wie ras. Herakl. 280 f.: πῶς γὰρ οὐ φιλῶ | ἄτικτον, ἀμόχθησα;

1550. ὦ πάτερ, ὤμοι ist ein Refrain (s. 1559).
1555. οὐκ — λέγω] ἐπὶ mit dem Dativ bezeichnet u. A., wie unser „zum" oder „zur" die Absicht, mit der etwas geäussert wird. Vgl. auch 1574. 1592. — ὀνείδεσιν, weil Oedipus in seinem hilflosen Zustande an Beschimpfungen und Kränkungen aller Art gewöhnt ist: s. 874. 877. — ἐπὶ χάρμασιν, zur Schadenfreude. Der Ausdruck schon bei Homer und Hesiod.
1558. ἔβα in feindlichem Sinne, zu 153.
1561. δι' ὀδύνας ἔβας = Alk. 874. El. 1210. Die Erklärung der Redensart s. zu 384. — 1562 f. S. 2.

ΕΥΡΙΠΙΔΟΥ

ἁ δὲ τάλαιν' ἄλοχος τίνι μοι, τέκνον, ὤλετο μοίρᾳ;

ΑΝΤΙΓΟΝΗ.

δάκρυα γοερὰ φανερὰ πᾶσι τιθεμένα,
τέκεσι μαστὸν
ἔφερεν ἔφερεν ἱκέτις ἱκέτιν ὁρομένα.

(ἀντιστρ. α΄.)

1570 εὗρε δ' ἐν Ἠλέκτραισι πύλαις τέκνα
λωτοτρόφον κατὰ λείμακα
λόγχαις κοινὸν ἐνυάλιον
μάτηρ, ὥστε λέοντας ἐναύλους,
μαρναμένους ἐπὶ τραύμασιν, αἵματος
1575 ἤδη ψυχρὰν λοιβὰν φονίαν,
ἃν ἔλαχ' Ἅιδας, ὤπασε δ' Ἄρης·
χαλκόκροτον δὲ λαβοῦσα νεκρῶν πάρα φάσγανον εἴσω
σαρκὸς ἔβαψεν, ἄχει δὲ τέκνων ἔπεσ' ἀμφὶ τέκνοισιν.
πάντα δ' ἐν ἄματι τῷδε συνάγαγεν,
1580 ὦ πάτερ, ἀμετέροισι δόμοισιν ἄ-
χη θεὸς ὅστις τᾷδε τελευτᾷ.

ΧΟΡΟΣ.

πολλῶν κακῶν κατῆρξεν Οἰδίπου δόμοις
τόδ' ἦμαρ· εἴη δ' εὐτυχέστερος βίος.

ΚΡΕΩΝ.

οἴκτων μὲν ἤδη λήγεθ', ὡς ἄρα τάφου
1585 μνήμην τίθεσθαι· τῶνδε δ', Οἰδίπου, λόγων
ἄκουσον· ἀρχὰς τῆσδε γῆς ἔδωκέ μοι
Ἐτεοκλέης παῖς σός, γάμων φερνὰς διδοὺς
Αἵμονι κόρης τε λέκτρον Ἀντιγόνης σέθεν.
οὔκουν σ' ἐάσω τήνδε γῆν οἰκεῖν ἔτι·
1590 σαφῶς γὰρ εἶπε Τειρεσίας οὐ μή ποτε
σοῦ τήνδε γῆν οἰκοῦντος εὖ πράξειν πόλιν.
ἀλλ' ἐκκομίζου. καὶ τάδ' οὐχ ὕβρει λέγω
οὐδ' ἐχθρὸς ὢν σοι, διὰ δὲ τοὺς ἀλάστορας

1567. τιθεμένα, erregend, zu 1008.
1570. Ἠλέκτραισι πύλαις] Zu 1129.
1571. λωτοτρόφος nur hier.
1572—4. κοινὸν ἐνυάλιον und μαρναμένους gehören zusammen. Ueber die Construction s. zu 1379.
1573. ὥστε — ἐναύλους] S. 1297. Auch Or. 1401 werden zwei wüthende Krieger mit Löwen verglichen: λέοντες Ἕλλανες δύο διδύμω.
1574. ἐπὶ τραύμασιν, mit der Absicht, einander Wunden zu schlagen. Zu 1555.
1575. ψ. λοιβὰν φ. epexegetisch als Apposition zu μαρναμένους, zur Bezeichnung dessen, worin nach dem Redenden das blutige Schauspiel besteht.
1577. νεκρῶν πάρα, zu 1456.
1577 f. εἴσω σαρκὸς ἔβαψεν tragische Construction, statt ἐν σαρκί oder εἰς σάρκα.
1578. ἄχει τέκνων, aus Leid über die Kinder. Der Dativ zur Angabe des Grundes; zu 1353.
1583. Möge sein Leben künftig glücklicher sein.
1586 ff. S. 756 ff.
1588. κόρης und σέθεν gehören zusammen.
1592. ὕβρει, aus Uebermuth.

ΦΟΙΝΙΣΣΑΙ. 89

τοις σοις δεδοικώς μή τι γῆ πάθῃ κακόν.

ΟΙΔΙΠΟΥΣ.

ὦ μοῖρ', ἀπ' ἀρχῆς ὥς μ' ἔφυσας ἄθλιον 1595
καὶ τλήμον', εἴ τις ἄλλος ἀνθρώπων ἔφυ·
ὃν καὶ πρὶν εἰς φῶς μητρὸς ἐκ γονῆς μολεῖν,
ἄγονον Ἀπόλλων Λαΐῳ μ' ἐθέσπισε
φονέα γενέσθαι πατρός· ὦ τάλας ἐγώ.
ἐπεὶ δ' ἐγενόμην, αὖθις ὁ σπείρας πατὴρ 1600
κτείνει με νομίσας πολέμιον πεφυκέναι·
χρῆν γὰρ θανεῖν νιν ἐξ ἐμοῦ· πέμπει δέ με
μαστὸν ποθοῦντα θηρσὶν ἄθλιον βοράν·
οὗ σωζόμεσθα. Ταρτάρου γὰρ ὤφελεν
ἐλθεῖν Κιθαιρὼν εἰς ἄβυσσα χάσματα, 1605
ὅς μ' οὐ διώλεσ', ἀλλὰ δουλεῦσαί τέ με
δαίμων ἔδωκε Πόλυβον ἀμφὶ δεσπότην.
κτανὼν δ' ἐμαυτοῦ πατέρ' ὁ δυσδαίμων ἐγὼ
εἰς μητρὸς ἦλθον τῆς ταλαιπώρου λέχος,
παῖδάς τ' ἀδελφοὺς ἔτεκον, οὓς ἀπώλεσα, 1610
ἀρὰς παραλαβὼν Λαΐου καὶ παισὶ δούς.
οὐ γὰρ τοσοῦτον ἀσύνετος πέφυκ' ἐγὼ
ὥστ' εἰς ἔμ' ὄμματ' εἴς τ' ἐμῶν παίδων βίον
ἄνευ θεῶν του ταῦτ' ἐμηχανησάμην.
εἶεν· τί δράσω δῆθ' ὁ δυσδαίμων ἐγώ; 1615
τίς ἡγεμών μοι ποδὸς ὁμαρτήσει τυφλοῦ;
ἥδ' ἡ θανοῦσα; ζῶσά γ' ἂν σάφ' οἶδ' ὅτι.
ἀλλ' εὔτεκνος ξυνωρίς; ἀλλ' οὐκ ἔστι μοι.
ἀλλ' ἔτι νεάζων αὐτὸς εὕροιμ' ἂν βίον;
πόθεν; τί μ' ἄρδην ὧδ' ἀποκτείνεις, Κρέον; 1620
ἀποκτενεῖς γάρ, εἴ με γῆς ἔξω βαλεῖς.
οὐ μὴν ἑλίξας γ' ἀμφὶ σὸν χεῖρας γόνυ
κακὸς φανοῦμαι· τὸ γὰρ ἐμόν ποτ' εὐγενὲς
οὐκ ἂν προδοίην, οὐδέ περ πράσσων κακῶς.

1601. κτείνει] Hier und an andern Stellen in dieser Rede tritt das Präsens historicum (zu 13) auf.
1604. οὗ Genetiv des pron. rel., „wodurch".
1604 f. Der Τάρταρος als Symbol des Untergangs, wie Ἀχέρων (1312) als Symbol der Dunkelheit.
1609. εἰς μητρὸς ἦλθον — λέχος epische Formel, zu 817.
1610. παῖδάς τ' ἀδελφούς] Aehnlich Soph. Oed. Kön. 1480 f.: ὦ τέκνα, ποῦ ποτ' ἐστέ; δεῦρ' ἴτ', ἔλθετε | ὡς τὰς ἀδελφὰς τάσδε τὰς ἐμὰς χέρας.
1613 f. S. 871 mit der Anm.
1616. ποδὸς τυφλοῦ, zu 103.
1618. εὔτεκνος, aus schönen Kindern bestehend: εὔτ. ξυνωρίς, schönes Kinderpaar. ξυνωρίς, zu 1085.
1619. Würde ich, selbst wenn ich noch jung wäre, mir das Leben fristen können?
1620. ἀποκτείνειν wie unser „vernichten". Vgl. den analogen Gebrauch des engl. „kill" (tödten).
1621. ἀποκτενεῖς γάρ] Diese nachträgliche Ausführung und Erklärung eines recht drastischen Ausdrucks ist echt euripideisch. — εἰ — βαλεῖς] Vgl. zu 388 f.
1623. τὸ ἐμὸν εὐγενές, meine Seelenadel. Substantivirtes Neutrum (Kr. I § 43, 4 A. 27). Vgl. Hipp. 656: τοὐμὸν εὐσεβές.

ΚΡΕΩΝ.

1625 σοί τ' εὖ λέλεκται γόνατα μὴ χρώζειν ἐμά,
ἐγώ δὲ ναίειν σ' οὐκ ἐάσαιμ' ἂν χθόνα.
νεκρῶν δὲ τῶνδε τὸν μὲν εἰς δόμους χρεὼν
ἤδη κομίζειν, τὸν δὲ [δ', ὃς πέρσων πόλιν
πατρίδα σὺν ἄλλοις ἦλθε,] Πολυνείκους νέκυν
1630 ἐκβάλετ' ἄθαπτον τῆσδ' ὅρων ἔξω χθονός.
κηρύξεται δὲ πᾶσι Καδμείοις τάδε·
„ὃς ἂν νεκρὸν τόνδ' ἢ καταστέφων ἁλῷ
ἢ γῇ καλύπτων, θάνατον ἀνταλλάξεται
[ἐᾶν δ' ἄκλαυστον ἄταφον, οἰωνοῖς βοράν]."
1635 σὺ δ' ἐκλιποῦσα τριπτύχους θρήνους νεκρῶν
κόμιζε σαυτήν, Ἀντιγόνη, δόμων ἔσω
[καὶ παρθενεύου τὴν ἰοῦσαν ἡμέραν
μένουσ' ἐν ᾗ σε λέκτρον Αἵμονος μένει].

ΑΝΤΙΓΟΝΗ.

ὦ πάτερ, ἐν οἵοις κείμεθ' ἄθλιοι κακοῖς.
1640 ὥς σε στενάζω τῶν τεθνηκότων πλέον·
οὐ γὰρ τὸ μέν σοι βαρὺ κακῶν, τὸ δ' οὐ βαρύ,
ἀλλ' εἰς ἅπαντα δυστυχὴς ἔφυς, πάτερ.
ἀτὰρ σ' ἐρωτῶ τὸν νεωστὶ κοίρανον·
[τί τόνδ' ὑβρίζεις πατέρ' ἀποστέλλων χθονός;]
1645 τί θεσμοποιεῖς ἐπὶ ταλαιπώρῳ νεκρῷ;

ΚΡΕΩΝ.

Ἐτεοκλέους βουλεύματ', οὐχ ἡμῶν τάδε.

ΑΝΤΙΓΟΝΗ.

ἄφρονά γε, καὶ σὺ μῶρος ὃς ἐπείθου τάδε.

ΚΡΕΩΝ.

πῶς; τἀντεταλμέν' οὐ δίκαιον ἐκπονεῖν;

ΑΝΤΙΓΟΝΗ.

οὔκ, ἢν πονηρά γ' ᾖ κακῶς τ' εἰρημένα.

1626. ἐάσαιμ' ἂν (wie 1666 und 1668), zu 615.
1632 f. Die Bekanntmachung in oratio recta. Die Mittheilung des Wortlauts des Edikts mildert den Eindruck der Parataxe.
1635. τριπτύχους, weil die einzelnen Klaggesänge so eng mit einander verknüpft sind. Vgl. auch zu 1354. — νεκρῶν, objectiver Genetiv nach θρήνους, vgl. oben 1094.
1642. εἰς ἅπαντα, in jeder Beziehung. Aehnlich Fragm. 46: ὥστ' οὔτις ἀνδρῶν εἰς ἅπαντ' εὐδαιμονεῖ. Vgl. auch zu 619 (εἰς πολλά).
1645. τί θεσμοποιεῖς] Auch bei Sophokles spricht Antigone dem Kreon das Recht ab, dergleichen Vorschriften zu erlassen. Ant. 450 ff.: οὐ γάρ τί μοι Ζεὺς ἦν ὁ κηρύξας τάδε, | οὐδ' ἡ ξύνοικος τῶν κάτω θεῶν Δίκη, | οἳ τούσδ' ἐν ἀνθρώποισιν ὥρισαν νόμους, | οὐδὲ σθένειν τοσοῦτον ᾠόμην τὰ σὰ κηρύγμαθ', ὥστ' ἄγραπτα κἀσφαλῆ θεῶν | νόμιμα δύνασθαι θνητὸν ὄνθ' ὑπερδραμεῖν. — Das Verbum θεσμοποιέω nur hier.

1647. Dieselbe Anklage findet sich im Munde der Antigone bei Sophokles, Ant 470: σχεδόν τι μώρῳ μωρίαν ὀφλισκάνω.

ΦΟΙΝΙΣΣΑΙ. 91

ΚΡΕΩΝ.
τί δ'; οὐ δικαίως ὅδε κυσὶν δοθήσεται; 1650
ΑΝΤΙΓΟΝΗ.
οὐκ ἔννομον γὰρ τὴν δίκην πράσσεσθέ νιν.
ΚΡΕΩΝ.
εἴπερ γε πόλεως ἐχθρὸς ἦν, οὐκ ἐχθρὸς ὤν;
ΑΝΤΙΓΟΝΗ.
οὐκοῦν ἔτισε τῇ τύχῃ τὸν δαίμονα.
ΚΡΕΩΝ.
καὶ τῷ τάφῳ νυν τὴν δίκην παρασχέτω.
ΑΝΤΙΓΟΝΗ.
τί πλημμελήσας, τὸ μέρος εἰ μετῆλθε γῆς; 1655
ΚΡΕΩΝ.
ἄταφος ὅδ' ἀνήρ, ὡς μάθῃς, γενήσεται.
ΑΝΤΙΓΟΝΗ.
ἐγώ σφε θάψω, κἂν ἀπεννέπῃ πόλις.
ΚΡΕΩΝ.
σαυτὴν ἄρ' ἐγγὺς τῷδε συνθάψεις νεκρῷ.
ΑΝΤΙΓΟΝΗ.
ἀλλ' εὐκλεές τοι δύο φίλω κεῖσθαι πέλας.
ΚΡΕΩΝ.
λάζυσθε τήνδε κεἰς δόμους κομίζετε. 1660
ΑΝΤΙΓΟΝΗ.
οὐ δῆτ', ἐπεὶ τοῦδ' οὐ μεθήσομαι νεκροῦ.
ΚΡΕΩΝ.
ἔκριν' ὁ δαίμων, παρθέν', οὐχ ἃ σοὶ δοκεῖ.
ΑΝΤΙΓΟΝΗ.
κἀκεῖνο κέκριται, μὴ 'φυβρίζεσθαι νεκρούς.

1651. τὴν δίκην und νιν doppelter Accusativ nach πράσσεσθαι.— οὐκ — δίκην, mit dem vorangestellten Prädicat, prägnant für οὐκ ἔννομος γάρ ἐστιν ἡ δίκη ἥν. S. auch zu 915.
1652. οὐκ ἐχθρὸς ὤν, da er doch (ursprünglich) nicht sein Feind (= sein Kind) war. Das Particip zur Bezeichnung des Grundes der Behauptung.
1655. Aehnlich äussert sich Antigone in Aeschylos' Sieben 1049: παθὼν κακῶς κακοῖσιν ἀντημείβετο. Vgl. auch zu 154.

1656. Darauf kann Kreon nicht antworten: und so fügt er seinem Befehl das barsche ὡς μάθῃς bei. Diese Formel gehört der Conversationssprache an und drückt die Ungeduld eines Redenden aus, der von einem Andern bestürmt oder hingehalten wird. S. 1681 u. Kykl. 676: ὁ ξένος, ἵν' ὀρθῶς ἐκμάθῃς, μ' ἀπώλεσε.
1659. Vgl. Soph. Ant. 73: φίλη μετ' αὐτοῦ κείσομαι, φίλου μέτα.
1663. Vgl. die zu 1276 angeführte Stelle der Helena.

ΕΥΡΙΠΙΔΟΥ

ΚΡΕΩΝ.
ὡς οὔτις ἀμφὶ τῷδ᾽ ὑγρὰν θήσει κόνιν.
ΑΝΤΙΓΟΝΗ.
1665 ναὶ πρός σε τῆσδε μητρὸς Ἰοκάστης, Κρέον.
ΚΡΕΩΝ.
μάταια μοχθεῖς· οὐ γὰρ ἂν τύχοις τάδε.
ΑΝΤΙΓΟΝΗ.
σὺ δ᾽ ἀλλὰ νεκρῷ λουτρὰ περιβαλεῖν μ᾽ ἔα.
ΚΡΕΩΝ.
ἓν τοῦτ᾽ ἂν εἴη τῶν ἀπορρήτων πόλει.
ΑΝΤΙΓΟΝΗ.
ἀλλ᾽ ἀμφὶ τραύματ᾽ ἄγρια τελαμῶνας βαλεῖν.
ΚΡΕΩΝ.
1670 οὐκ ἔσθ᾽ ὅπως σὺ τόνδε τιμήσεις νέκυν.
ΑΝΤΙΓΟΝΗ.
ὦ φίλτατ᾽, ἀλλὰ στόμα γε σὸν προσπτύξομαι.
ΚΡΕΩΝ.
* εἰς γάμους σοὺς συμφορὰν κτήσει γόοις.
ΑΝΤΙΓΟΝΗ.
ἦ γὰρ γαμοῦμαι ζῶσα παιδὶ σῷ ποτε;
ΚΡΕΩΝ.
πολλή σ᾽ ἀνάγκη· ποῖ γὰρ ἐκφεύξει λέχος;
ΑΝΤΙΓΟΝΗ.
1675 νὺξ ἆρ᾽ ἐκείνη Δαναΐδων μ᾽ ἕξει μίαν.
ΚΡΕΩΝ.
εἶδες τὸ τόλμημ᾽ οἷον ἐξωνείδισεν;
ΑΝΤΙΓΟΝΗ.
ἴστω σίδηρος ὅρκιόν τέ μοι ξίφος.
ΚΡΕΩΝ.
τί δ᾽ ἐκπροθυμεῖ τῶνδ᾽ ἀπηλλάχθαι γάμων;

1664. ὥς, „so wisse denn, dass......", zu 625.
1665. Man bemerke die Stellung von σέ zwischen Präposition und Substantiv.
1666, 1668. ἂν τύχοις und ἂν εἴη, gemilderte Indicative (Futur resp. Präsens). S. zu 615.
1668. ἓν — τῶν] „Auch das ist eines von den Dingen". — ἀπορρή-των πόλει] Vgl. Soph. Ant. 44: ἀπόρρητον πόλει. — 1672. [Krit. Anh.]
1674. πολλή σ᾽ ἀνάγκη, mit dem Acc. der Person, die den Zwang erduldet.
1675. ἕξει μίαν] „wird mich haben als"; d. h. in jener Nacht „werde ich zu......".
1676. τὸ — ἐξωνείδισεν, welch furchtbare Drohung sie als Schmähung ausgestossen hat?
1677. μοι, zu 17.

ΦΟΙΝΙΣΣΑΙ. 93
ΑΝΤΙΓΟΝΗ.
συμφεύξομαι τῷδ' ἀθλιωτάτῳ πατρί.
ΚΡΕΩΝ.
γενναιότης σοι, μωρία δ' ἔνεστί τις.   1680
ΑΝΤΙΓΟΝΗ.
καὶ ξυνθανοῦμαί γ', ὡς μάθῃς περαιτέρω.
ΚΡΕΩΝ.
ἴθ', οὐ φονεύσεις παῖδ' ἐμόν, λίπε χθόνα.   (Geht ab.)
ΟΙΔΙΠΟΥΣ.
ὦ θύγατερ, αἰνῶ μέν σε τῆς προθυμίας.
ΑΝΤΙΓΟΝΗ.
ἀλλ' εἰ γαμοίμην, σὺ δὲ μόνος φεύγοις, πάτερ —
ΟΙΔΙΠΟΥΣ.
μέν' εὐτυχοῦσα, τἄμ' ἐγὼ στέρξω κακά.   1685
ΑΝΤΙΓΟΝΗ.
καὶ τίς σε τυφλὸν ὄντα θεραπεύσει, πάτερ;
ΟΙΔΙΠΟΥΣ.
πεσὼν ὅπου μοι μοῖρα κείσομαι πέδῳ.
ΑΝΤΙΓΟΝΗ.
ο δ' Οἰδίπους ποῦ καὶ τὰ κλείν' αἰνίγματα;
ΟΙΔΙΠΟΥΣ.
ὄλωλ'· ἓν ἦμάρ μ' ὤλβισ', ἓν δ' ἀπώλεσεν.
ΑΝΤΙΓΟΝΗ.
οὔκουν μετασχεῖν κἀμὲ δεῖ τῶν σῶν κακῶν;   1690
ΟΙΔΙΠΟΥΣ.
αἰσχρὰ ψυχὴ θυγατρὶ σὺν τυφλῷ πατρί.
ΑΝΤΙΓΟΝΗ.
οὔ, σωφρονούσῃ γ, ἀλλὰ γενναία, πάτερ.
ΟΙΔΙΠΟΥΣ.
προσάγαγέ νύν με, μητρὸς ὡς ψαύσω σέθεν.
ΑΝΤΙΓΟΝΗ.
ἰδού, γεραιᾶς φιλτάτης ψαῦσον χερί.
ΟΙΔΙΠΟΥΣ.
ω μῆτερ, ὦ ξυνάορ' ἀθλιωτάτη.   1695

1680. τις kann, wie unser „gewiss", ein ziemlich bedeutendes Quantum bezeichnen.
1681, ὡς μάθης, zu 1656.
1682. οὐ φονεύσεις, du wirst — d. h. sollst — nicht tödten. Der Indicativ als starker Willensausdruck, an Stelle des directen Imperativs. Vgl. zu 602.
1685. στέρξω „werde ertragen", „mich in .... hineinfinden". Wie αἰνεῖν, so hat auch στέργειν häufig eine abgeschwächte Bedeutung.
1688. ποῖ]Wobleiben da?S.zu548.

ΕΥΡΙΠΙΔΟΥ

ΑΝΤΙΓΟΝΗ.
οἰκτρὰ πρόκειται, πάντ' ἔχουσ' ὁμοῦ κακά.
ΟΙΔΙΠΟΥΣ.
Ἐτεοκλέους δὲ πτῶμα Πολυνείκους τε ποῦ;
ΑΝΤΙΓΟΝΗ.
τώδ' ἐκτάδην σοι κεῖσθον ἀλλήλοιν πέλας.
ΟΙΔΙΠΟΥΣ.
πρόσθες τυφλὴν χέρ' ἐπὶ πρόσωπα δυστυχῆ.
ΑΝΤΙΓΟΝΗ.
1700 ἰδού, θανόντων σῶν τέκνων ἅπτου χερί.
ΟΙΔΙΠΟΥΣ.
ὦ φίλα πεσήματ' ἄθλι' ἀθλίου πατρός.
ΑΝΤΙΓΟΝΗ.
ὦ φίλτατον δῆτ' ὄνομα Πολυνείκους ἐμοί.
ΟΙΔΙΠΟΥΣ.
νῦν χρησμός, ὦ παῖ, Λοξίου περαίνεται.
ΑΝΤΙΓΟΝΗ.
ὁ ποῖος; ἀλλ' ἦ πρὸς κακοῖς ἐρεῖς κακά;
ΟΙΔΙΠΟΥΣ.
1705 ἐν ταῖς Ἀθήναις κατθανεῖν μ' ἀλώμενον.
ΑΝΤΙΓΟΝΗ.
ποῦ; τίς σε πύργος Ἀτθίδος προσδέξεται;
ΟΙΔΙΠΟΥΣ.
ἱερὸς Κολωνός, δώμαθ' ἱππίου θεοῦ.
ἀλλ' εἷα, τυφλῷ τῷδ' ὑπηρέτει πατρί,
ἐπεὶ προθυμεῖ τῆσδε κοινοῦσθαι φυγῆς.
ΑΝΤΙΓΟΝΗ.
1710—1 ἴθ' εἰς φυγὰν τάλαιναν· ὄρεγε χέρα φίλαν,
πάτερ γεραιέ, πομπίμαν
ἔχων ἔμ' ὥστε ναυσίπομπον αὔραν.
ΟΙΔΙΠΟΥΣ.
ἰδοὺ πορεύομαι, τέκνον,
1715 σύ μοι ποδαγὸς ἀθλία γενοῦ.

1699. τυφλὴν χέρα, zu 103 und 838.

1701. ἄθλι' ἀθλίου] Zu 371.

1707. ἱππίου θεοῦ, des Poseidon. (Soph. Oed. Kol. 54 f. 668).

1712. ὥστε ναυσίπομπον αὔραν, zu 835.

ΦΟΙΝΙΣΣΑΙ. 95

ΑΝΤΙΓΟΝΗ.
γενόμεθα γενόμεθ' ἄθλιοί
γε δῆτα Θηβαιᾶν μάλιστα παρθένων.
ΟΙΔΙΠΟΥΣ.
πόθι γεραιὸν ἴχνος τίθημι;
βάκτρα πρόσφερ', ὦ τέκνον.
ΑΝΤΙΓΟΝΗ.
τᾷδε τᾷδε βᾶθί μοι, 1720
τᾷδε τᾷδε πόδα τίθει
ὥστ' ὄνειρον ἰσχύν [ἔχων].
ΟΙΔΙΠΟΥΣ.
ἰὼ ἰώ, δυστυχεστάτας φυγᾶς·
ἐλαύνων τὸν γέροντά μ' ἐκ πάτρας.
ἰὼ ἰώ, δεινὰ δείν' ἐγὼ τλάς. 1725
ΑΝΤΙΓΟΝΗ.
τί τλάς; τί τλάς; οὐχ ὁρᾷ Δίκα κακούς,
οὐδ' ἀμείβεται βροτῶν ἀσυνεσίας.
ΟΙΔΙΠΟΥΣ.
ὅδ' εἰμὶ μοῖσαν ὃς ἐπὶ καλ-
λίνικον οὐράνιον ἔβαν
παρθένου κόρας αἴ- 1730
νιγμ' ἀσύνετον εἱρών.
ΑΝΤΙΓΟΝΗ.
Σφιγγὸς ἀναφέρεις ὄνειδος.
ἄπαγε τὰ πάρος εὐτυχήματ' αὐδῶν.
τάδε σ' ἐπέμενε μέλεα πάθεα
φυγάδα πατρίδος ἄπο γενόμενον, 1735
ὦ πάτερ, θανεῖν που.

1716. Antigone nimmt das Wort ἀθλία auf. — ἄθλιοι, masc., nach der bekannten Regel, wonach das Adjectiv, das sich auf eine Frau bezieht, die im Plural von sich spricht, im masc. plur. erscheint. S. Med. 384 f.: κράτιστα τὴν εὐθεῖαν, ᾖ πεφύκαμεν | σοφοὶ μάλιστα, φαρμάκοις αὐτοὺς ἑλεῖν. Das. 765 f.: νῦν καλλίνικοι τῶν ἐμῶν ἐχθρῶν, φίλαι, | γενησόμεσθα. Soph. Ant. 925 f.: ἀλλ' εἰ μὲν οὖν τάδ' ἐστὶν ἐν θεοῖς καλά, | παθόντες ἂν ξυγγνοῖμεν ἡμαρτηκότες.
1718. ἴχνος τιθέναι ist eine Umschreibung für βαδίζειν. S. Iph. in Taur. 32: ὃς ὠκὺν πόδα τιθείς. Das. 752 erscheint die Redensrrt ἴχνος τιθ.

in der ursprünglichen, volleren Form: μήποτε κατ' Ἄργος ζῶσ' ἴχνος θείην ποδός. — γεραιόν, s. zu 103.
1722. ὥστ' ὄνειρον, zu 1545.
1728 f. μοῦσαν, Sängerin. — ἔβαν hier in feindlichem Sinne; vgl. zu 153.
1730. παρθένου κόρας, Abundanz der Rede wie Bakch. 1365: ὄρνις — κύκνος. Hel. 19: κύκνου —· ὄρνιθος.
1732. Σφιγγὸς — ὄνειδος] Vgl. Aesch. Sieben 539 ff.: τὸ γὰρ πόλεως ὄνειδος — Σφίγγ' ὠμόσιτον. S. auch zu 281. — ἀναφέρεις, refers.
1733. ἄπαγε, hier mit dem Particip, nach Analogie von παύω (s. zu 1171).

ποθεινὰ δάκρυα παρὰ φίλαισι παρθένοις
λιποῦσ' ἄπειμι πατρίδος ἀποπρὸ γαίας
ἀπαρθένευτ' ἀλωμένα.
1740 φεῦ τὸ χρήσιμον φρενῶν
εἰς πατρός γε συμφορὰς
εὐκλεᾶ με θήσει·
τάλαιν' ἐγὼ σοῦ συγγόνου θ' ὑβρισμάτων,
ὃς ἐκ δόμων νέκυς ἄθαπτος οἴχεται
1745 μέλεος ὄν, εἴ με καὶ θανεῖν, πάτερ, χρεών,
σκότια γᾷ καλύψω.

1739. ἀπαρθένευτα, in einer Weise wie es Mädchen nicht ziemt, zu 311.
1740. τὸ χρήσιμον, substantivirtes Neutrum als Eigenschaft.
1741. εἰς, in Bezug auf, vgl. 598.
1742. εὐκλεᾶ] Dieser Gedanke entspriesst dem gesunden Selbstgefühl der Hellenen. — θήσει, zu 1008.
1744. οἴχεται, s. zu 976. Das Präsens — „ist todt", wie 1329.
1746. [Krit. Anh.]

Metra.

103—192.

Dieses Stück gehört zu denjenigen μέλη, welche Hermann (Elem. Doctr. Metr. S. 747) als cantica soluta bezeichnet. Es ist ein Gemisch, dessen Hauptbestandtheile vollständige Trimeter, Dochmien und daktylisch angelegte Partien sind.

103— 5.	⏑ ⏑ ⏒ ⏑ ⏒, ⏑ – – ⏑ – – ⏒ – ⏑ –, ⏑ ⏑ – ⏒ – – –	} dochmischer Rhythmus.
109—11.	⏑ –, ⏑ ⏒ – – – Dochmius. ⏑ ⏑ – ⏑ ⏑ – ⏑ ⏑ – Anapäste. ⏑ ⏒ – – – Dochmius.	
114—16.	– ⏒ – – –, – ⏒ – ⏑ ⏒ – ⏒ – ⏑ –, – ⏒ – ⏑ – – ⏒ – – –	} Dochmien.
119.	⏑ – ⏑ ⏑ – ⏑ ⏑ – Enoplius. ⏑ ⏑ ⏑, – – – ⏑ – Dochmius. – – ⏑ – ⏑ – ⏑ ⏑ – ⏒ – – – Dochmius.	
127 f.	⏒ – – ⏑ –, ⏑ ⏒ – ⏑ – Dochmien. ⏑ – ⏑, – ⏑ ⏑ – ⏑ ⏑ – – daktyl. Rhythmus.	
130. 132.	– ⏒ – – – – ⏑ –, ⏑ ⏒ – ⏑ –, ⏑ –	} Dochmien.
135 f.	– ⏑ ⏑ – ⏑ ⏑ – ⏑ ⏑ – ⏑ ⏑ – ⏑ ⏑ – – – – –	} daktyl. Rhythmus.
137.	⏑ ⏒ – ⏑ – Dochmius.	
146 f.	⏒ – ⏒, – ⏒ – ⏑ – ⏑ – – – ⏑ –	} Dochmien.
149. 151—3.	⏑ ⏒ – ⏑ – – ⏑ ⏑ – ⏑ ⏑ – – – ⏑ ⏑ – ⏑ ⏑ Daktylen. – ⏑ ⏑ – ⏑ ⏑ – – – ⏑ ⏑ – ⏑ ⏑ – ⏒ vollst. Hexam. ⏒ ⏑ –, ⏑ ⏒ – – – Dochmius.	
156 f.	– ⏒ – ⏑ –, ⏑ ⏒ – – – ⏑ ⏒ – – –	} Dochmien.
163 f.	⏑ ⏑ – ⏑ ⏑ –, ⏑ ⏑ – ⏑ ⏑ – ⏑ ⏑ – ⏑ ⏑ –, ⏑ ⏑ – ⏑ –	} anapäst. Rhythmus.
165—7.	⏑ ⏒ ⏒ ⏑ ⏒, ⏑ ⏒ – ⏑ – ⏑ – – ⏑ –, ⏑ – – ⏑ – ⏑ ⏒ ⏒ ⏑ –	} Dochmien.
169.	⏑ – – ⏑ –, ⏒ ⏑ –, ⏑ – – ⏑ – dochm. Rhythmus.	
175.	⏑ ⏒ – – –, ⏑ ⏒ – – – ⏑ – – ⏑ –, ⏑ ⏒ – – –	} Dochmien.

METRA.

182 f.
– ⌢ – ⌣ –, ⌣ – – ⌣ – } Dochmien.
– – ⌢ ⌣ –, ⌣ – –
⌣ ⌢ – ⌣ –, ⌣ ⌢ – – – } Dochmien.
⌣ – – ⌣ –, ⌣ ⌢ – ⌣ –

184. ⌣ ⌣ – ⌣ ⌣ – ⌣ ⌣ – ⌣ ⌣ – – – anapäst. Rhythmus.
185. ⌣ – ⌣ – ⌣ – ⌣ – Iamben.
186. – ⌢ – – –, – – – – ·– (verdorbener oder unvollständ. Vers).
187 ff.
– – – ⌣ – –, – – – –
– – – ⌣ –, ⌣ – – ⌣ – } dochm. Rhythmus.
⌣ ⌢ – – –, ⌢ ⌣ –

190–2.
– ⌣ ⌣ – ⌣ ⌣ – – – ⌣ ⌣̆
– ⌣ ⌣ – ⌣ ⌣ – ⌣ ⌣ – ⌣̆ } daktyl. Rhythmus (vgl. den krit. Anhang).
– ⌣ ⌣ – ⌣ ⌣ – – –

202–260.

202–225 (202–213 = 214–225).
Glykoneen.

⌢ ⌣ – ⌣ ⌣ – ⌣ –
– ⌣ – ⌣ ⌣ – ⌣ –
– – – ⌣ ⌣ – –
– – ⌣̄ – ⌣ ⌣ –
⌢ ⌣ – ⌣ ⌣ ⌢ ⌣ –
– – – ⌣ ⌣ – –
⌢ ⌣ – ⌣ ⌣ – ⌣ ⌣̿
– – – ⌣ ⌣ – ⌣ –
⌢ ⌣ – – – ⌣ ⌣ – (Antistr. ⌢ ⌣ – ⌣ ⌣ – ⌣ –)
⌢ ⌣ – ⌣ ⌣ – ⌣ –
– – – ⌣ ⌣ – ⌣ –
– – – ⌣ ⌣ – –

226 ff., ebenfalls glykoneischer Rhythmus.

– – – ⌣ ⌣ – ⌣ –
⌢ ⌣ – ⌣ ⌣ ⌢ ⌣ –
– – – ⌣ ⌣ – –
– – – ⌣ – ⌣ ⌣ –
– – – ⌣ ⌣ – ⌣̆
– – – ⌣ – ⌣ ⌣ –
⌢ ⌣ – ⌣ ⌣ – ⌣ –
– – – ⌣ ⌣ – ⌣ –
⌢ ⌣ – ⌣ ⌣ ⌢ ⌣ –
– – – ⌣ ⌣ – ⌣ –
⌣ – ⌣ – – ⌣ ⌣ –
⌢ ⌣ – ⌣ ⌣ ⌢ ⌣ –
– – – ⌣ ⌣ – ⌣̆

239–260 (239–249 = 250–260).
Trochäisher Rhythmus, und zwar 239–245 = 250–256 gleichförmig – ⌣ – ⌣ – ⌣ – (trochäischer Dimeter), während
246 = 257   – – – – –, – – dochm. Rhythmus,
247 = 258   – ⌣ ⌣̿ ⌣ – ⌣ ⌢ ⌣
248 = 259   – ⌣ – ⌣ – ⌣ – ⌣ – – } trochäischer Rhythmus.
249 = 260   – ⌣ – ⌣ – ⌣ –

293 ff.

⌣ ⌢ – ⌣ –, – – – Dochmius u. s. w.
⌣ – ⌣ – ⌣ – ⌣ – ⌣ Iamben.
⌣ –, ⌣ – – ⌣ – – ⌣ – – Drei Bakchien mit Vorschlag.
⌣ – ⌣ –, ⌣ ⌢ ⌢ ⌣ ⌢ Iamb. Monometer mit Dochmius.

METRA. 99

```
         ⏑ ⌒ – ⏑ –   Dochmius.
         ⏑ – – ⏑ –, ⏑ – ⏑ – –  ⎫
         ⏑ – – ⏑ –, ⏑ ⌒ ⌒ ⏑ –  ⎬ Dochmischer Rhythmus.
         ⏑ – – ⏑ –, ⏑ –         ⎭
```

301 ff. [Zu den cantica soluta gehörend].
[305, 311, 327, 338 vollständige iambische Trimeter.]

```
301 ff.      – – – ⏑ –   Dochmius.
             ⏑ – ⏑ – ⏑ – – – –
             ⏑ ⌒ ⏑ – – – ⏑ – ⏑ –   (verdorbener Vers).
             ⏑ – ⏑ –
306 ff.   Iamben.
309.         – ⌒ – ⏑ –, – ⏑ – – –   Dochmius u. s. w.
310 ff.   Iamben.
316.         ⌒ ⏑ – – ⏑ –, – ⏑ – – ⏑ –   Kretiker.
317.         – ⏑ – ⏑ – ⏑ –   Iamb. Rhythmus.
318.         ⏑ – – ⏑ –, ⏑ ⌒ – ⏑ –   Dochmien.
319.         ⏑ – ⏑ – ⏑ –, ⏑ – – – –   Iamben und Dochmien.
320 f.       – ⏑ – – ⏑ – ⎫
             – ⏑ –, – – – ⎭ Kretiker u. s. w. (wahrscheinlich verdorben).
322—326 und 328 f. Dochmien.
330.         ⏑ ⏑ – ⏑ ⏑ –, ⏑ ⏑ – ⏑ ⏑ –   Anapäste.
331—3.    Iamben.
334 ff.      ⏑ – – ⏑ –, ⏑ –           ⎫
             ⏑ ⌒ – ⏑ –, ⏑ – – ⏑ –     ⎬ dochmischer Rhythmus.
337—343.  Iamben.
344—6.    Dochmischer Rhythmus.
347.         ⏑ ⏑ ⏑ – ⏑ – – ⏑ ⏑ – –   (verdorbener Vers).
348 f.    Dochmien.
350.         ⏑ – ⏑ ⏑ – ⏑ ⏑ – ⏑
351—3.    Daktylischer Rhythmus.
354.      Dochmien.
```

588—637
trochäische Tetrameter.

638—689.

1) 638 ff., wo 638—656 = 657—675.
   Trochäisch-iambischer Rhythmus, mit Auflösungen.
   [644 – ⏑ ⏑ – ⏑ – ⏑ –, in der Antistrophe (663) – ⏑
   ⌒ ⏑ – ⏑ – (die Strophe noch nicht völlig geheilt; über 649 f.
   s. den krit. Anhang.]
2) 676 ff., Nachgesang, ebenfalls meistens Trochäen und Iamben.

784—833.

1) 784 ff., wo 784—800 = 801—817 (vgl. den krit. Anhang zu 815).
   Daktylisch-anapästischer Rhythmus [785 — 787 = 802 —
   804, 789—806, 791 f. = 808 f. vollständige Hexameter].
2) 818—833. Nachgesang, ebenfalls meistens daktylisch - anapästischer Rhythmus (818 ⌒ ⏑ – – ⏑ ⏑ – ⏑ ⏑, 819 — 821
   und 823 f. vollständige Hexameter).

METRA.

1019—1066,
wo 1019—1041 = 1042—1066.

Trochäisch-iambischer Rhythmus.

1283—1307,
wo 1283—1295 = 1296—1307.

1283 ff.	— ⏑ — — — —, ⏑ ⏑ — ⏑̆ — ⏑ ⏑ — ⏑ ⏑ —	} anapästischer Rhythmus.
1287—9.	⏑ ⏒ ⏒ ⏑ ⏒, ⏑ —, ⏑ — — ⏑̄ — ⏑ ⏒ ⏒ ⏑ ⏒, ⏑ ⏒ ⏒ ⏑ —, ⏑̄ —	} dochm. Rhythmus.
1290.	⏑ — — ⏑ — ⏑́ Bakchien.	
1291.	⏑ ⏒ — ⏑ —, ⏑ ⏒ — — Dochmien.	
1292.	⏑ — ⏑ — ⏑ — ⏑ — ⏑ — ⏑ — ⏑ — ⏑	} Iambischer Rhythmus.
1294—5.	⏑ ⏒ ⏒ ⏑ ⏒, ⏑ ⏒ — ⏑̄ — Dochmien.	

1308 f. und 1335—1339
trochäische Tetrameter.

1340—1351.

1340. 1341 = 1345 1350 f.	— — — — ⏑ ⏒ — ⏑ —, ⏑ ⏒ — ⏑ — Dochmien. ⏒ ⏒ ⏒ ⏑ —, ⏑ — ⏑ ⏒ — ⏑ —, ⏑ — — ⏑ —, ⏑ —	} dochm. Rhythmus.

1480—1484
anapästischer Rhythmus.

1485—1581.

Grosses System, wo 1485—1497 = 1570—1581,
1498—1500 = 1501—1503,
1519—1522 = 1539—1542,
1546—1550 = 1555—1559.

I. 1485—1507 **daktylisch-anapästischer Rhythmus.**
II. 1508—1518. Gemischte Rhythmen, und zwar vorzugsweise **Choriamben.**

⏑ — — ⏑ —
⏑ — ⏑ —, — ⏑ ⏑ —
— ⏑ ⏑ —, — ⏑ ⏑ —, ⏑ ⏒
⏑ — ⏑ — ⏑ —
— ⏑ ⏑ — ⏑ ⏑ —
— ⏑ ⏑ ⏒ ⏑ ⏒
⏑ — — ⏑ ⏑ — —
⏑ ⏑ — ⏑ — ⏑ ⏑ — ⏑ ⏑ —
— ⏑ ⏑ — — ⏑ ⏑ —

METRA. 101

                        – ⏑ ⏑ – ⏑ ⏑ – – ⏑ – –   (wahrscheinlich verdorben).
                        ⏑ – ⏑ ⌢⏑ – ⏑
III.   1519—1529, wovon 1519—1522 = 1539—1542.
               Zuerst choriambischer Rhythmus.
               ⏑ – (fehlt in der Strophe) – ⏑ ⏑ –, – ⏑ ⏑ –
               von hier an lauter Choriamben.
       1523.   ⌢⏑ – –
       1524 f. ⌢⏑ –, ⌢⏑ ⏑ –, – ⎫
               ⏑ –, – ⏑ –, – ⏑ – ⎬ Kretiker.
       1526 ff. – ⏑ ⏑ –, ⏑ ⏑   ⎭
                – ⏑ ⏑ –, – ⏑ ⏑ –, – ⎫
                – ⏑ ⏑ –, –   ⎬ choriambischer Rhythmus.
                – ⏑ ⏑ –, – ⏑ ⏑ –, – ⎭
IV.   1530 ff. Zuerst unregelmässige Glykoneen.
                ⌢⏑ – ⏑ ⏑ – ⏑ –
                ⌢⏑ – ⏑ ⏑ –
                ⏑ – ⏑ – ⏑ – –
                – ⏑ ⏑ – ⏑ – – ⏑ ⏑ ⌢⏑ ⌢
       1534 f. Daktylischer Rhythmus.
       1536.   Bakchien.
       1537 f. ⏑ ⏑ – ⏑ – ⎫
               – – ⏑ ⏑ – – ⎬ verdorben?
V.   1543—5.
               ⌢⏑ –, ⏑ ⏑, ⌢⏑ –, – ⏑ –   Kretiker (theilweise ver-
               ⌢⏑ – ⏑ – ·   dorben).
               ⏑ – ⏑ ⏑ – ⏑
VI.   1546—1559, wo 1546—1550 = 1555—1559.
               Daktylischer Rhythmus.
VII.   1560—1569.
       1560 f. – – ⏑ ⌢⏑ – – ⏑ –
               ⏑ ⏑, ⏑ ⌢ – ⏑ –
               Von hier an wieder Daktylen.
       1567—9. ⌢⏑ ⌢⏑, ⌢⏑ – ⏑, ⌢⏑ – ⎫
               ⌢⏑ – ⏑   ⎬ Trochäen.
               ⌢⏑ ⌢⏑, ⌢⏑ ⌢⏑, ⌢⏑ –   ⎭

1710—1746.

Jambisch-trochäischer Rhythmus mit eingestreuten Hypo-
dochmien (1718 Bakchien; einzelnes verdorben).

Kritischer Anhang.

(Abweichungen von: Euripidis Phoenissae. Ex recensione Augusti Nauckii. Lipsiae sumptibus et typis B. G. Teubneri. MDCCCLXV.)

Vorerinnerung: Mit Rücksicht auf die handschriftliche Ueberlieferung zerfallen die erhaltenen Stücke des Euripides in zwei Classen, von denen die eine auf Handschriften des 12. und 13. Jahrhunderts beruht, während die andere sich auf späte, aus dem 14. und 15. Jahrhundert stammende Codices stützt. Die Phoenissen gehören der ersten Classe an; auch wurden sie von den Byzantinern in jene Trias von Stücken (Hekabe, Orestes, Phönissen) aufgenommen, über die man seit dem Ende des 13. Jahrhunderts bei der Lectüre nicht mehr hinausging. In Folge dessen sind die drei genannten Tragödien in zahlreichen Abschriften verbreitet; indessen verrathen dieselben so deutliche Spuren von willkürlicher Ueberarbeitung, dass man seit etwa 15 Jahren übereingekommen ist, bei der Wiederherstellung des Textes nur diejenigen Handschriften zu berücksichtigen, welche ausser der byzantinischen Trias auch noch andere Stücke enthalten. Den Anstoss zu diesem jetzt überall befolgten Verfahren gab die von Ad. Kirchhoff besorgte Ausgabe (2 Bde. Berl. 1855), in der für die erste Classe (Alkestis, Andromache, Hekabe, Hippolytos, Medea, Orestes, Rhesos, Troerinnen und Phoenissen) im Ganzen 15 Handschriften benutzt sind. Von diesen kommen hier folgende in Betracht: Marc. 471 (A bei Kirchh.), saec. XII; Vat. 909 (B), saec. XII; Par. 2712 (E), saec. XIII; Marc. 468 (F), saec. XIII; Cod. Flor. Is. Vossii, jetzt verloren (b); Laur. XXXI, 10 (c), saec. XIV; Laur. XXXII, 2 (C), saec. XIV. — Von diesen liefern die ersten vier (ABEF) einen mehr oder weniger reinen Text, während bc$C$ durch die willkürlichen Verschlimmbesserungen der byzantinischen Grammatiker verunstaltet sind.

---

57. δέ] So Wakefield; τε die Handschriften.
81. Das von dem Sinne erforderte λύσουσ' wurde von Valckenaer vorgeschlagen; λύουσ' die Hdss.
121 f. βραχίονι] So ABF[c]*; βραχίονα, wie Nauck geschrieben hat, nur C.
129. ἀστρωπός] So zuerst Dindorf; ἀστερωπος die Hdss.
169. ἀλίου] So Hermann; ἠλίου C, ἀελίου die übrigen Hdss.
177 f. ὡς ἀτρ. κέντρα καὶ σώφρονα | πώλοις μεταφέρων ἰθύ-

---

* Ein Buchstabe in eckigen Klammern bedeutet, dass das Vorhandensein einer Lesart in der betreffenden Hds. nur geschlossen werden kann.

KRITISCHER ANHANG. 103

νει die Hdss. — *κέντρα πώλοις μετάφρενον ἰθύνει* citirt Eustath. zur Il. S. 557, 36 (Rom.), Kirchhoff denkt an *πώλοισιν μεταφρένων ἰθύνει*. Ich habe mit Hartung *διαφέρων* geschrieben und glaube dass die Stelle sich erklären lässt, wenn ich auch nicht läugnen will dass einiges verdorben sein kann.

186. *Μυκήναισιν*] So cC, *Μυκήναισι* [F], *Μυκήνεσι* B, *Μυκηνηίσι* A. Nauck schreibt *Μυκηνηίσιν*.

187. *Τριαίνᾳ*] Die Erklärung dieser Schreibart s. im Commentar; *τριαίνᾳ* Nauck mit den Hdss.

190—192. Hier ist mit Nauck und den übrigen Herausgebern abzutheilen: *μήποτε μήποτε τάνδ᾽, ὦ πότνια, | χρυσεοβόστρυχον ᾧ Διὸς ἔρνος, | Ἄρτεμι, δ. τ.*

198. Das von mir hergestellte *λῆμα* wird durch den Sinn erfordert. Die Hdss. haben *χρῆμα*, das man vergebens zu erklären versucht hat.

199. *ψόγων* anstatt des handschriftlichen *λόγων* Stobaeus Flor. 73, 36. Auch sonst ist *ψόγος* durch *λόγος* verdrängt worden; vgl. Hartung zu Hik. 565.

221. Hier habe ich nach dem Vorschlage von Nauck (in der Annotat. crit. zum 2. Bande des Eurip.) die Umstellung *γενόμαν λάτρις* vorgenommen: dadurch wird die Uebereinstimmung der Verse 209 und 221 erzielt.

255. Die Hdss. *ἀθανάτας θεοῦ* (*ἀθανάτους C*). In Betreff dieser — ganz und gar unmöglichen — Lesart schliesse ich mich den Ausführungen Hartungs an, nur dass ich statt seines *ἀθανάτους θεοὺς* den Sing. *ἀθάνατον θεὸν* hergestellt habe. Jedenfalls braucht man hier einen von *εἱλίσσων* abhängigen Accusativ. Vgl. den Commentar.

252. *σῆμα*] So Heimsöth nach den Scholien (*σύμβολον μάχης*) — vgl. auch 1378 —; *σχῆμα* die Hdss.

308 ff. Die Handschriften in erfreulicher Uebereinstimmung: *βοστρύχων τε κυανόχρωτα χαίτας πλόκαμον*. Der Unsinn, der in diesen Worten liegt, ist von Geel und Hartung aufgedeckt worden. Wir haben mit Hartung *κυανόχρωτι — πλοκάμῳ* hergestellt. Ueberhaupt muss diese ganze Haargeschichte sich auf Polyneikes beziehen; denn von dem Haar der alten, durch Leiden gebeugten Jokaste kann man doch unmöglich sagen, dass es *κυανόχρως* sei.

324. Um einen vollständigen Dochmius herzustellen, haben wir nach dem Vorschlage Kirchhoffs *ὦ τέκνον* geschrieben; *τέκνον* ohne *ὦ* die Hdss.

325. *ἀμφιτρύχη* A, *ἀμφὶ τρύχη* die übrigen. Das von dem Sinn erforderte *ἀμφιτρυχῆ* hat sich bei Hesychius (I S. 165 Schmidt), Suidas (I S. 310 Bernh. [wo *ἀμφιτρυγῆ*]) und in dem Lexicon bei Bekker Anecd. Gr. S. 389 erhalten.

349. *ἔσοδος*] So Seidler; die Handschriften schwanken zwischen *εἴσοδοι, εἴσοδον* und *εἴσοδος*. — *ἔσοδοι* Nauck.

361. *δ᾽ ἐτάρβησ᾽*] So Hermann; *δὲ τάρβους* die Hdss. (*δὲ τάρβος*, wie Nauck liest, der King'sche Codex.)

370. *ναμ'*] So die unzweifelhaft richtige Emendation Musgrave's; *δι' ὄσσων ὄμμ'* (!) die Hdss. (*αἷμ' C*).

372. Dieser Vers gehört, wie Kirchoff gesehen hat, nicht hieher; er unterbricht den einfachen Fortgang der Erzählung und Construction und ist ausserdem aus Alk. 427 (*κουρᾷ ξυρῆκει καὶ μελαγχίμοις πέπλοις* compilirt. — *ξυρηκὲς*] So die Hdss.; *ξυρῆκες* Nauck.

391. *ἔχειν*] So Plutarch Moral. S. 605 E; *ἔχει* die Hdss. — *ἔχειν* ist schon wegen der folgenden Infinitive (392 ff.) nöthig; auch wird dadurch die Verbindung der Verse 390 und 391 erleichtert.

409—414. In den Hdss. finden sich diese Verse in der durch die Verszahlen bezeichneten Ordnung; die Umstellung schlug Jacobs vor.

416. *ἤ*] So ABF; *ᾖ* die Aldina mit den übrigen Hdss. (?) Der Sinn scheint das erstere zu erfordern.

448 f. Noch ist es nicht gelungen, diese verdorbene Stelle zu heilen. Möglicherweise ist mit der blossen Verwandlung von *καὶ* in *τὰς* geholfen. — 449 hat, wie Badham sah, *πόλιν* das ursprüngliche *μόλις* verdrängt.

458. *τοῦτον*] So Geel; *ταὐτὸν* die Hdss.

473 f. Eine genügende Erklärung dieses Monstrums von einem Satz ist noch nicht gefunden.

504. *ἡλίου* die Hdss. mit den Schol. und Plutarch. Moral. S. 481 A; *αἰθέρος* Stob. Flor. 47, 3. — *ἀνατολὰς* die · älteren Hdss.; *ἀντολὰς* die jüngeren (von Kirchoff nicht durchgängig benutzten) Hdss. — So wie der Vers jetzt lautet, kann er nicht richtig sein; wahrscheinlich ist *ἄστρων* verdorben.

519. *μαθήσομαι*] So Geel (vgl. die Erklärung im Commentar); *μεθήσομαι*, was man vergebens zu erklären versucht hat, die Hdss.

526. Dieser schlecht stylisirte Vers hat viel Kopfbrechens verursacht; *χρὴ πλὴν καλοῖς ἔργοις ἔπι* ist die scharfsinnige Emendation von Hense Exercit. critt. (Hal. 1868) S. 58.

537. *ξυμμάχους τε ξυμμάχοις*, wie wir geschrieben haben, die meisten Hdss. (*συμμάχοις* [B], *συμμάχους τε συμμάχοις C*).

548. *ἀπονεμεῖς*] So die Aenderung Porsons, durch deren Annahme die schwierige Stelle (s. die Verhandlungen über *ἔχων* oder *ἔχειν* im vorhergehenden Verse) am Leichtesten geheilt wird, (*ἀπονεῖμαι* die von Kirchhoff durchgängig benutzten Hdss.; „*ἀπονέμειν* correctum in recentioribus" Kirchh.)

564. Hier und 185 haben die Hdss. (falls man dieses aus Kirchhoff's Schweigen schliessen darf) *αἰχμαλώτιδας*. In dem Abdruck von 1865 hat Nauck (wohl nur aus Versehen) hier *αἰχμαλωτίδας*, während er 185 (und in der Ausg. von 1857 auch 564) mit Kirchhoff *αἰχμαλωτίδας* liest.

KRITISCHER ANHANG. 105

575 f. habe ich die Worte Θήβας — ἔθηκε mit Anführungszeichen versehen.
577. ἀφ'] So Geel; ὑφ' die Hdss.
584. ἀμαθία] So Bc[C]; ἀμαθίαι [AF] und die Scholien. Was in den übrigen Hdss. steht, weiss man nicht. Ich habe mit den meisten Hgg. die Dualform vorgezogen.
644. πυροφόρα δόμων die Hdss. und Ausgaben bis auf Valckenaer, der einsah, dass in dem unmöglichen δόμων der Name Ἀόνων stecken müsse.
648. Vor βαθυσπόρους schieben die Hdss. noch ein von Hermann getilgtes καὶ ein.
649 f. τέκετο (τέκετο τέκετο c, τέτοκε C) μάτηρ | Διὸς γάμοισι die Hdss. Das dem Metrum widerstrebende μάτηρ ist, wie Hermann sah, ein von einem auf die vorhandene Lücke aufmerksam gewordenen librarius herrührendes Füllstück; wir haben es daher eingeklammert und im folgenden Verse mit Dindorf nach Hermann —⏑— Διὸς γάμοις geschrieben.
652. ἕλικος] So Hermann (s. den Commentar); ἑλικτὸς die Hdss.
667. φραδαῖσι Παλλάδος] So Hermann dem Metrum zu Liebe; Παλλάδος φραδαῖσι die Hdss.
703. Dass die handschriftliche Lesart ἢ Θήβας φρονεῖν keinen Sinn gibt, ist bereits von Wecklein (Ars Sophoclis emendandi S. 200) bemerkt worden, ohne dass mit seinem εἰς Θ. φρ. geholfen wäre. Mir scheint Θήβας verdorben zu sein. Nach φρονεῖν μεῖζον ἢ erwartet man eine Person, deren Denken in einem Gegensatz zu dem des Polyneikes stünde. Da ist nun Θήβας ganz ungenügend. Wahrscheinlich ist zu lesen ἢ θνητὸν. Vgl. auch 1128: ὁ δ' οὐκ ἔλασσον Ἄρεος εἰς μάχην φρονῶν.
710. Wir haben mit Dindorf diesen Vers, „quem interpolator violata stichomythia intulit" (Dind.), eingeklammert.
782. Εὐλαβείᾳ] Valckenaer und Hartung sahen ein, dass in dem εὐλαβείᾳ der Hdss. ein Name enthalten sei.
791. οὐ πόδα θυρσομανῇ] So Musgrave (vgl. den Commentar); οὐδ' ὑπὸ θυρσομανεῖ, was keinen Sinn gibt, die Hdss. — Nach δινεύεις steht in A von erster Hand: λ" τὸ ἀλλά. In F ist von zweiter Hand ἀλλά nachgetragen; in den übrigen Hdss. scheint die Conjunction zu fehlen. Nauck hat sie verworfen; doch ist sie zur Durchführung des Gegensatzes zwischen 791 und 792 nothwendig. Auch ist sicher, dass wir in 791 einen vollständigen Hexameter vor uns haben. Vgl. zu 808.
795a. εὔοπλον] So des Metrums wegen Triclinius; ἔνοπλον die Hdss.
808. χαλαῖσι (γρ. χηλαῖσι) A, χαλαῖσι B, χαλαῖσι die übrigen Hdss. (alle?). Da dieser Vers ein Hexameter ist (s. zu 791), so schreibe ich χαλαῖς und nehme an, dass nach Καδμογενῆ ein Wort ausgefallen ist.
815. νόμιμον] So Markland; νόμιμοι die Hdss.

815 ff. Noch ist es nicht gelungen, Strophe und Antistrophe in Einklang mit einander zu bringen.

825 f. *μέσον, — | Δίρκας*] Die Erklärung dieser Interpunktion findet man im Commentar. Eine bessere Erklärung der schwierigen Stelle scheint mir noch nicht gefunden.

846. *ἐξορμῆσαι* aus *ἐξορμίσαι* A, *ἐξόρμισαι* Bb[c], *ἐξορμίσαι* F, *ἐξώρμισαι* C. Schol.: *γράφεται καὶ ἐξόρμισαι ἀντί τοῦ στῆσον τὸν σὸν πόδα.* — In den beiden Worten *ἐξ. πόδα* steckt offenbar eine Metapher, die die Ankunft des Teiresias bildlich veranschaulichen soll. *ἐξορμίζειν* bedeutet „(ein Schiff) auslaufen lassen"; wir aber brauchen gerade den entgegengesetzten Begriff, nämlich den des Einlaufens. Somit war Nauck auf dem rechten Wege, als er (Eurip. Stud. I S. 83) *ἐσορμίσαι* vorschlug; doch ist damit die Stelle noch nicht geheilt. Das *γάρ* in V. 845 weist offenbar auf die Angabe eines Grundes hin, warum Teiresias frohen Muthes (*ϑάρσει*) sein soll; und da können wir nur den Indicativ brauchen; also muss es geheissen haben: *ἐνώρμισας σὸν πόδα,* „hast du deinen Fuss einlaufen lassen".

847. *ὡς πᾶσ᾽ ἀπήνῃ*] Diese Worte sind jedenfalls verdorben. Man hat Verschiedenes vorgeschlagen: doch scheint eine ganz sichere Emendation noch nicht gefunden.

872. *σκότῳ*] So Wakefield; *χρόνῳ* die Hdss.

920. *ἀνήρ*] So Hermann; *ἀνὴρ* die Hdss.

983. *τί δῆτα ῥῦμά μοι*] So Valckenaer; *τί δῆτ᾽ ἔρυμά μοι* die Hdss. (*ἔρυγμα* B).

1029 hat Hartung gesehen, dass *τ᾽*, welches in den Hdss. zwischen *ὀλ.* und *Ἐρ.* steht, gestrichen werden muss: „denn *ὀλομέναν Ἐρινύν* steht als Apposition bei *μοῦσαν*."

1031 habe ich das Komma nach *ϑεῶν* getilgt. Vgl. den Commentar.

1101. „Aut graviter corruptus aut spurius." Kirchhoff.

1114 ff. Schol. (bei Dind. Bd. III S. 292, 7 f. 17 f. 19 f. S. 293, 6): *ἐν μέσῳ τῷ Ἱππομέδοντος σάκει ἐνεγέγραπτο ὁ Ἄργος ὁ κύων . . . . φησὶ δὲ τὸν Ἄργον, τὸν τῆς Ἰοῦς φύλακα . . . . στικτὸν ἔφερε τῆς Ἀργείας βοὸς φύλακα . . . . . . πανόπτην, τὸν κύνα τὸν Ἄργον.* Aus diesen Worten geht hervor, dass zwischen 1114 und 1115 noch ein Vers stand, der jetzt aus unsern Handschriften verschwunden ist. Auch erhellt auf den ersten Blick, dass die Bezeichnung des Argos durch die Worte des 115. Verses viel zu kurz und abgerissen ist. Hartung will: *ἐν μέσῳ σάκει | τὸν τῆς βοός ποτ᾽ Ἄργον Ἀργείας κύνα | στικτοῖς κτλ.* Hermann, der zuerst die vorhandene Lücke bemerkte, glaubt, der fehlende Vers müsse hinter 1115 gestanden haben. — **1117** wird der vom Sinne erforderte Gegensatz zwischen den geöffneten und den gesenkten Augen am Leichtesten dadurch hergestellt, dass man das handschriftliche *κρύπτοντα* in *κύπτοντα* verwandelt. Der folgende Vers (1118) ist jedenfalls unecht, da er mit dem 1139 f. Ausgesagten nicht stimmt.

KRITISCHER ANHANG. 107

1151. *ἐκνενευκότας*] So Markland; *ἐκπεπνευκότας* die Hdss.

1184. Das Stück 1183—1185 ist wahrscheinlich späterer Zusatz; vgl. die Ausführungen Geel's und Nauck's. Wir haben zunächst den abenteuerlichen Vs. 1184 eingeklammert.

1230. *μόνῳ*] So ein junger Gelehrter bei Valckenaer; *τῷ 'μῷ* die Hdss.

1233. *Ἀργείαν*] So [bc] und die jüngeren Hdss.; *Ἀργεῖοι* die übrigen. Wenn man das Letztere beibehält, so muss *χθών* als „Heimath" gefasst werden, was wohl nicht zulässig ist.

1304. *φόνος*] So ein Gelehrter bei Barnes; *φόνον* die Hdss.

1305. *ξίφος*] So Hermann; *φάος* die Hdss.

1353. *αἰνιγμοῖς*] So Geel; *αἰνιγμοὺς* (*αἰνιγμοῦς* A) oder *αἰνιγμούς τ'* die Hdss. Die Erklärung des Dativs s. im Commentar.

1434. *μάτην*] So die Hdss., von denen Nauck sich ohne Grund — zu Gunsten seines eigenen *μαστᾶν* — entfernt hat.

1491. *στολίδος — τρυφάν*] So Porson; *στολίδα — τρυφᾶς* (*τρυφάς* B) die Hdss.

1498. *τίνα δὲ*] So b und Hartung; in den übrigen Hdss. fehlt das *δὲ* (in F ist *δὴ* von zweiter Hand hinzugefügt).

1501. *ἀνεκαλέσωμαι*, wie Burges wollte, B von zweiter Hand; sonst *ἀνακαλέσομαι*.

1502. *τάδ' αἵματα*] So Musgrave; *τάδε σώματα* die von Kirchhoff durchgängig benutzten Hdss., *τάδ' αἱμακτά* die Aldina und einige von den jüngeren Hdss. als var. lect. Auch sonst werden *σῶμα* und *αἷμα* verwechselt; vgl. Hartung zu 1184. Bakch. 767.

1504. *πρόπαν*] So die Hdss.

1514. *ἐλελίζω*] So C und F (aus Corr.); sonst *ἐλελίζει*.

1517. *μονομάτωρ*] So Hartung nach der Erklärung des Scholiasten (*μονομάτωρ*, *ἡ μονομάτερος ὄρνις ἡ μεμονωμένη καὶ ἐστερημένη τῆς μητρός*); *μονομάτερος* oder *μονομάτορος* die Hdss.

1520. 1530. *αἰῶνα* und *λίπε* die Hdss. (*λεῖπε* A).

1533 habe ich anstatt des handschriftlichen *ἐπὶ*, *ἐν* hergestellt.

1535. *μακρόπνουν*] So die Hdss.

1545. *ποτανὸν*] So Seidler; *πτανὸν* die Hdss.

1547. Das in den Hdss. fehlende *ὦ* ist von den Neuern der Responsion zu Liebe eingeschaltet worden.

1555 habe ich *ἐπὶ χάρμασιν* („zur [aus] Schadenfreude") hergestellt; *ἐπιχάρμασιν* die Hdss.

1562. *γ' ἔθ'*] So Seidler: *γ' ἐς* die Hdss.

1580 f. *ὅστις τᾷδε*] So Hermann; *ὃς τάδε* die Hdss. — Ausserdem habe ich dem 1580. Vers noch das *ἄ-* von *ἄχη* beigegeben.

1596. Dieser Vers wird von Hermann und Nauck für unecht gehalten; vgl. jedoch Hense Exercitt. critt. (Hal. 1868) S. 49: „Magis convenit Oedipum longiorem suam orationem rotundiore quadam periodo incipere quam uno abruptoque versiculo". Wahrscheinlich hiess es, wie Hense nach Matthiae annimmt, καὶ τλήμον', εἴ τιν' ἄλλον ἀνθρώπων ποτέ.

1637 f. Diese beiden Verse sind entweder verdorben oder interpolirt; das Letztere ist das Wahrscheinlichere. Vgl. die vortreffliche Auseinandersetzung Hartung's.

1653. ἔτισε] So Hartung („Und büsst' er sein Verhängniss nicht durch sein Geschick?"); ἔδωκε, was ganz und gar unmöglich ist, die Hdss.

1672 habe ich * εἰς geschrieben. Das in den Hdss. vor εἰς gestellte οὐκ scheint der Zusatz eines librarius zu sein.

1743. ἐγὼ σοῦ] So Musgrave und die Scholien (ἀθλία εἰμὶ ἕνεκα τῶν σῶν κακῶν καὶ τῶν τοῦ ἀδελφοῦ Πολυνείκους ὕβρεων); ἐγὼ ohne σοῦ die Hdss.

1746. Nach diesem Verse stehen in den Handschriften noch folgende Verse:

ΟΙΔΙΠΟΥΣ.
πρὸς ἥλικας φάνηθι σάς.
ΑΝΤΙΓΟΝΗ.
ἅλις ὀδυρμάτων ἐμῶν.
ΟΙΔΙΠΟΥΣ.
σὺ δ' ἀμφὶ βωμίους λιτάς.
ΑΝΤΙΓΟΝΗ.
1750   κόρον ἔχουσ' ἐμῶν κακῶν.
ΟΙΔΙΠΟΥΣ.
ἴθ' ἀλλὰ Βρόμιος ἵνα τε σηκὸς ἄβατος ὄρεσι μαινάδων.
ΑΝΤΙΓΟΝΗ.
Καδμείαν ᾧ
νεβρίδα στολιδωσαμένα ποτ' ἐγὼ
1755   Σεμέλας θίασον
ἱερὸν ὄρεσιν ἀνεχόρευσα,
χάριν ἀχάριτον εἰς θεοὺς διδοῦσα;
ΟΙΔΙΠΟΥΣ.
ὦ πάτρας κλεινῆς πολῖται, λεύσσετ', Οἰδίπους ὅδε,
ὃς τὰ κλειν' αἰνίγματ' ἔγνων καὶ μέγιστος ἦν ἀνήρ,
1760   ὃς μόνος Σφιγγὸς κατέσχον τῆς μιαιφόνου κράτη,
νῦν ἄτιμος αὐτὸς οἰκτρὸς ἐξελαίνομαι χθονός.
ἀλλὰ γὰρ τί ταῦτα θρηνῶ καὶ μάτην ὀδύρομαι;
τὰς γὰρ ἐκ θεῶν ἀνάγκας θνητὸν ὄντα δεῖ φέρειν.
ΧΟΡΟΣ.
ὦ μέγα σεμνὴ Νίκη, τὸν ἐμὸν
1765   βίοτον κατέχοις
καὶ μὴ λήγοις στεφανοῦσα.

(1757. ἀχάριτον Elmsley; ἀχάριστον die Hdss. — 1758. κλεινῆς einige von den späten Hdss.; κλεινοὶ die von Kirchhoff durchgängig benutzten. — 1759. ἔγνων Geel; ἔγνω die Hdss. Es muss entweder ἔγνων — κατέσχον oder ἔγνω — κατέσχεν gelesen werden. — 1762. ἀλλ' (?) ἀτὰρ τί ABF, ἀλλὰ τί [C], „de ceteris non constat. ἀλλὰ γὰρ τί certatim correctum in recentioribus." Kirchh.)

KRITISCHER ANHANG.

Eine genaue Betrachtung dieses Stückes ergibt, dass dasselbe nicht hieher gehört. Zunächst entbehrt das Wechselgespräch zwischen Oedipus und Antigone nicht blos jeder Pointe, sondern widerspricht auch dem im Vorhergehenden Ausgesagten. Da Oed. 1708 f. das Anerbieten seiner Tochter angenommen hat, kann er 1747 nicht mehr sagen: πρὸς ἥλικας φάνηθι σάς, „geselle dich zu deinen Gespielinnen". Auch das Folgende, das sich auf Festesfreude, Chortanz und bakchische Lust bezieht, kommt wie hineingeschneit und hat nicht die mindeste Beziehung zu dem Bisherigen. Somit ist das ganze Stück von 1747—1757 fälschlich mit dem Schlusse der Phoenissen verbunden; es ist, wie Hartung gezeigt hat, der Parodos der Antigone unseres Dichters entnommen. — Anders verhält es sich mit dem Stück von 1758 bis zum Schlusse. Zunächst liest man sechs mässige trochäische Tetrameter, in denen wir zum Theil alte Bekannte erkennen. 1758 f. ist von Soph. Oed. Kön. 1524 f. abgeschrieben, das Folgende ist entweder Eigenthum des Interpolators, oder wie ἐξελαύνομαι χθονός (ein wohlfeiler Abschluss, vgl. 627 und 630), anderswoher gestohlen. Die beiden letzten Verse endlich passen zu dem Vorhergehenden wie die Faust auf's Auge: denn Oedipus ringt mit seinem Geschick und ist keineswegs in einer resignirten Stimmung. Ueberdiess ist 1763 nur eine Erweiterung von 382. — Die Verse 1764—1766 reproduciren den aus dem Orestes und der Iphigenie in Taurien bekannten Schluss, der wie ein anderer, fünf weiteren Tragödien angehängter Gemeinplatz im Munde des Chors nur dazu diente, das Publicum auf das Ende der Aufführung aufmerksam zu machen. Aber während diese Anrufung der Nike zum Ausgange des Orestes und der Iphigenie sehr gut stimmt, ist sie hier ganz beziehungslos und rührt daher wahrscheinlich von demselben schlussbedürftigen Interpolator her, welcher uns mit den schönen Versen 1758—1763 beschenkt hat.